JN245585

近世の宗教と地域社会

北村行遠◉編

岩田書院

序

本論文集『近世の宗教と地域社会』は、立正大学文学部史学科で日本近世史を専攻した卒業生と、長年顧問を務めた学内サークルの古文書研究会で研鑽を積み、その後も研究活動を続けている有志によって、私の古稀を賀して上梓していただいた記念論集である。

立正大学文学部史学科の卒業生を中心に組織された立正大学史学会でも、これまでに『宗教社会史研究』(一九七八年)、『宗教社会史研究Ⅱ』(一九八五年)、『宗教社会史研究Ⅲ』(二〇〇五年)と、「宗教」を冠した論文集を刊行している。これらは日本史、東洋史、西洋史、考古学の第一線で活躍する研究者によって刊行された大著であるが、期せずして今回も近世史を中心に同じ宗教をテーマにした論集を編むことができたことは、望外の幸せである。

本論文集が企画されたのは、昨年の初夏の頃と聞き及んでいる。あまり執筆時間が無かったにもかかわらず、一四名の執筆者のこれまでの研鑽の成果が存分に発揮された内容になっており、さまざまな論点が提示されているように思える。厳しい執筆条件のなかで、このような論集を上梓できたことも、日頃より研究活動を続けている執筆者各位の努力の賜物とも思っている。執筆者各位には心より感謝申し上げたい。

なお前述の非常に厳しい時間制約の中、編集作業に尽力くださった栗原健一氏には厚く御礼を申し上げたい。また、昨今の厳しい状況にもかかわらず、出版をお引き受けいただいた岩田書院の岩田博氏にも心より感謝申し上げたい。

平成三十年二月吉日

北村　行遠

近世の宗教と地域社会　目次

第一部　宗教

近世上野国における当山派修験

時　枝　　務

はじめに

修験道は、顕密仏教の寺院に属した行人たちが、寺院を超えて連帯することによって生み出した宗教である。行人たちが実践した山岳宗教は、一一世紀頃に始まるが、長い間教団を形成することはなかった。ようやく一五世紀末になって、聖護院を頂点とする本山派が結成され、全国的な組織として発展する。その後、本山派に属さない主に真言系の行人たちの間にも教団結成の動きが生まれ、江戸幕府の支援のもとに結成されたのが当山派である。

当山派は、真言系の修験者が主体となって形成されたといわれるが、真言宗との関係は、近世に醍醐寺三宝院が棟梁となってから深まった。本山派が中世後期に形成されたのに対して、当山派は江戸時代初期に江戸幕府の支援を得て発展した教団であり、あきらかに本山派に対抗して生まれた教団である。その点に注目する研究者が多く、教団形成と幕政の関係について研究が偏りがちで、村落における里修験としての当山派の実態を解明しようとする研究はほとんど試みられないまま今日に至っている。

当山派の歴史学的研究は、和歌森太郎氏によって本格的に開始され、「教派修験道」の「二大教派」の一つとして位置づけられ、「室町中期には本山派、遅くも後期には当山派の成立を認め得た」と説かれた(1)。和歌森は、中世に修験道教団が完成したと考えたため、当山派も戦国期までには結成されていたと判断したのである。その後、鈴木昭英氏は、当山派は、本来は畿内の当山正大先達衆が袈裟筋によって地方の同行を支配する体制であったが、江戸時代になって醍醐三宝院を棟梁と仰ぐようになり、組織が複雑化したことをあきらかにした(2)。また、鈴木氏は、江戸時代における当山派修験の組織について、当山正大先達を中心に素描し、伊勢方・熊野方・地客方の三派の存在などをあきらかにし、全体像を提示した。さらに、関口真規子氏は、醍醐寺が大峰山中興の祖である聖宝への信仰拠点であったことに注目し、当山正大先達衆と三宝院の接点を聖宝信仰に求めた(3)。このように、当山派の研究は、その成立に焦点が絞られており、当山派の里修験にまで研究が及んでいないのが実状である。

上野国における当山派の研究は、『群馬県史』(4)や『新編高崎市史』(5)などに当山派寺院についての記述がみえるが、簡単な紹介に終始しており、全体像はまったくみえない現状である。筆者らも、上野国の修験道について概説をまとめたが、大部分が本山派についての記述にあてられ、当山派について述べるところは少なかった(6)。要は、当山派の研究は、本山派に比べて著しく遅れており、基礎的な研究が必要とされる段階にあるということである。

そこで、本稿では、上野国における当山派の実態を、第一に当山正大先達衆と里修験の間の袈裟筋、第二に在地の触頭と触下の関係、第三に当山派と密接な関係にあった神子の注連筋の三点からあきらかにしたいと思う。

一　当山派里修験の袈裟筋

当山派では、法頭である醍醐寺三宝院との関係とともに、当山正大先達衆との袈裟筋が重視されたが、上野国における当山派の実態に迫るため、まずは上野国における当山派里修験の袈裟筋を、郡ごとに確認しておきたい。袈裟筋は、本来師弟関係を意味するが、実際には袈裟頭と袈裟下の関係として世代を超えて継続しており、寺院の本末関係と同様なあり方をみることができる。袈裟筋の頂点には当山正大先達衆がおり、その下に地域の袈裟下がいるわけで、袈裟下の同行は袈裟筋の末端に位置づけられた。

ところで、上野国の甘楽・多胡・山田の三郡では当山派修験の存在を確認することができなかったが、単なる史料的な限界なのか、実体であったのか、現時点では判断することができない。そのうち、山田郡は本山派の巣窟なので、当山派がいなかった可能性がある。同様に、緑野・吾妻・利根・那波・佐位の五郡では少ないが、本山派が多い地域であることを考えれば当然の現象といえよう。その反面、片岡・群馬・新田の三郡では当山派が多く、とりわけ片岡郡は三村に一〇院という密集した状況であり、当山派が活発に活動していた地域とみられる。さらに、前橋や高崎などの城下町にも当山派が多くいたことが知られ、都市部に集中する傾向をうかがうことができる。それは、新たに成立した城下町は、中世以来活動を展開していた本山派修験がいまだ入り込んでおらず、修験者がいない空白地域であったからであろうことはいうまでもない。

それでは、こうした郡ごとの特色を考慮しつつ、当山派修験の所在が確認できた各郡の状況について、簡略に述べておこう。繰り返し指摘しておくが、ここで述べる内容が、実体を反映したものなのか、史料不足ゆえのものなのか、現時点では判断できない点、誤解がないように注意して欲しい。

緑野郡では、森村（藤岡市）の明王院、根小屋村（高崎市）の仙重院、立石村（藤岡市）の持宝院、中村（藤岡市）の光明院、藤岡町（藤岡市）の正宝院・常法院が「勢州世儀寺末」[7]で、伊勢国（三重県）世義寺の袈裟筋であったことが知られる。世義寺は、当山正大先達で、天平一三年（七四一）に行基によって創建されたと伝え、かつては一九の坊院を有して栄えた有力な寺院である。当山派では、世義寺に代表される勢力を、伊勢方と称した。また、根小屋村の大聖寺が、三宝院末であったことが知られるが[8]、当山派修験はいずれも三宝院末に属するので、袈裟筋を知るうえでの参考にならない。

碓氷郡では、上里見村（高崎市）の宝光院が、三宝院末であったことが知られる[9]。碓氷郡に当山派修験の存在が確認できる点で重要な情報である。

片岡郡では、乗附村（高崎市）の教宝院・金泉寺、石原村（高崎市）の大学院・不動院・明王寺・東学院・重宝院・正王院が、三宝院末であったことが知られる[10]。寺院数が多いにも拘わらず、袈裟筋に関する情報がなく、今後の史料の探索が期待される地域である。

群馬郡では、高崎町（高崎市）の庚申寺、上佐野村（高崎市）の大教院が菩提山の袈裟下、下佐野村（高崎市）の本学院、南大類村（高崎市）の明王院が世義寺の袈裟下であったことが知られる[11]。菩提山は、大和国（奈良県）の正暦寺の山号で、正暦寺は当山正大先達の寺院である。正暦三年（九九二）に一条天皇の意を受けて九条兼俊が創建したところから名付けられた寺名であると伝える。また、京目村（高崎市）の不動寺が桜本坊の袈裟下、佐野窪村（高崎市）の大学院が世義寺の袈裟下[12]、植野村（前橋市）の円蔵院が世義寺直同行[13]、十八郷町（前橋市）の不動院、広瀬河岸（前橋市）の天徳院、天川町（前橋市）の大福院が「醍醐三宝院萱宮末」[14]、上並榎村（高崎市）の大重院、下並榎村（高崎市）の並榎寺、上飯塚村（高崎市）の胎蔵寺、大八木村（高崎市）の神楽寺、小八木村（高崎市）の光明寺、下小塙村（高崎市）の正泉院・善久院、浜尻村（高崎市）の大聖寺、中尾村（高崎市）の医楽寺、下佐野村の観音寺、倉賀野町（高崎市）の大宝院・清王寺が三宝院末[15]であったことが知られる。下佐野村の本学院と観音寺は、おそらく同一寺院であろうが、世義寺の袈裟下であるとともに三宝院末であったのは当然である。桜本坊は、大和国吉野山にある当山正大先達を勧めた修験道寺院で、天武天皇の頃に吉野離宮の監守であった角乗、もしくはその次男角仁によって創建されたと伝え、寛平七年（八九五）の聖宝の入峰修行に際して桜本坊の仁勢が先達を勤めたことから当山正大先達を勤めるようになったともいう。群馬郡では、世義寺と正暦寺が拮抗しながら、里修験の支配にあたったことが確認できる。

那波郡では、上福島村（玉村町）の玄宝院が「醍醐三宝院菅宮末」[16]、前河原村（伊勢崎市）の大宝院・雷電院が霊山寺の袈裟下であったことが知られる[17]。霊山寺は、大和国の当山正大先達で、天平勝宝八年（七五六）菩提遷那と行基によって開山されたとも、聖武天皇の発願で行基が創建したとも伝えられる由緒ある寺院である。霊山寺は、ほかの郡ではみられず、上野国では那波郡を特徴付ける存在となっている。

吾妻郡では、西中之条町（東吾妻町）の大宝院、中之条町（東吾妻町）の護秀院が「江戸戒光院袈裟下」であったことが知られるが[18]、戒光院は江戸触頭を勤めた鳳閣寺戒定院のことであろう。鳳閣寺戒定院は、大和国鳥住（奈良県黒滝村）にある当山派の拠点寺院で、聖宝が寛平七年に創建し、昌泰三年（九〇〇）にここで恵印灌頂を開壇したと伝える寺院である。近世には、元禄一三年（一七〇〇）に三宝院が戒定院に修験支配の権利を与え、諸国総袈裟頭として諸国の当山派修験の支配にあたることになった。したがって、これは、本来の袈裟筋ではなく、元禄一三年以後に新たに形成されたものとみられる。

利根郡では、坊新田町（沼田市）の日昌院、岡谷村（沼田市）の寿性院、新巻村（新治村）の大徳院が「勢州世義寺同行」、新巻村（新治村）の地福院が「三宝院御門跡下」、布施町（新治村）の宮本が「吉野桜本同行」であったことが知られる[19]。宮本は、個人の名のようで、一般的な修験道寺院ではなく、一代の俗山伏である可能性が高い。利根郡では、伊勢方の世義寺が、主な袈裟筋となっていたのではなかろうか。

勢多郡では、上増田村（前橋市）の来宝院、駒形町（前橋市）の安楽院・光昌院、江木村（前橋市）の快乗院・成就院、茂木村（前橋市）の大善寺、堀越村（前橋市）の来宝院、小林村（桐生市）の千光院が「醍醐三宝院菅宮末」[20]、江木村の快乗院、片貝村（前橋市）の徳蔵院、前橋町（前橋市）の常宝院、室沢村（前橋市）の正学は世義寺の袈裟下、前橋町の万光院・大教院、苗ケ島村（前橋市）の金蔵院は世義寺の直同行であったことが知られる。[21]快乗院は、基本的に世義寺の袈裟下で、法頭の三宝院の末寺でもあったということである。勢多郡は、直同行に昇格している修験道寺院もあるが、基本的に伊勢方の世義寺の袈裟筋であったとみてよい。

新田郡では、中江田村（太田市）の来宝院、出塚村（太田市）の大乗院、市野井村（太田市）の大正院、金井村（太田市）の正明院・不動院、徳川村（太田市）の持徳院、下田中村（太田市）の大教院、押切村（太田市）の玉宝院・押本院、高林村（太田市）の大膳院、由良村（太田市）の久宝院、下田島村（太田市）の田島寺・覚教院、亀岡村（太田市）の本明院、岩松村（太田市）の岩松坊が菩提山の袈裟下であったことが知られる。[22]新田郡では、正暦寺の袈裟筋が多かったことが知られ、勢多郡と相違していることが確認できる。

邑楽郡では、瀬戸井村（千代田町）の永昌寺が、三宝院末であったことが知られるが、[23]袈裟筋は不明である。

このように、上野国に関わった当山正大先達は、世義寺が緑野郡・群馬郡・利根郡・勢多郡、正暦寺が群馬郡・新田郡、桜本坊が群馬郡・利根郡、霊山寺が那波郡、戒定院が吾妻郡に袈裟下の修験を擁していた。多くの里修験を支配していたのは、世義寺と正暦寺で、桜本坊・霊山寺・戒定院はわずかな配下を擁するのみであった。しかも、桜本坊は近世後期に進出してきた可能性が高く、戒定院は江戸触頭としての職権から支配関係を構築したものとみられ、いずれも本来の袈裟筋であったとは考えにくい。同様に、三宝院の支配は広域に及ぶが、法頭として当山正大先達の上位に位置する存在である。とすると、本来は、伊勢の世義寺と大和の正暦寺・霊山寺が、上野国の当山派寺院を袈裟下として把握していた可能性が高いとみられる。とりわけ、世義寺と正暦寺の勢力が著しく、両寺が上野国の当山派修験に多大な影響を及ぼしていたと考えることができる。

当山派では、伊勢方・熊野方・地客方などの袈裟筋がみられるが、上野国では熊野方の岩本坊や梅本院はみえず、もっぱら伊勢と大和の寺院による支配がおこなわれていたとみられる。緑野・群馬・利根・勢多の各郡が伊勢、群馬・利根・那波・新田の各郡が大和ということになるが、群馬郡では両者が拮抗していた。しかし、重なるのは群馬郡だけで、むしろ郡ごとにまとまっていたとみたほうが実際に即している。

当山派の支配は、本山派のように国郡制を基礎に霞を把握するようなことはなく、あくまでも師資相承による師弟子の関係を重視するため、地域的な偏りは本来ないはずである。しかし、少なくとも上野国においては、緑野郡・利根郡・勢多郡における世義寺、新田郡における正暦寺、那波郡における霊山寺というように、郡を単位とした有力な当山正大先達が存在することが注目されるのである。このことは、袈裟筋を結ぶにあたって、里修験が地域的なまとまりをもって特定の当山正大先達と接していたことを推測させよう。

里修験と当山正大先達の間の袈裟筋の形成については、その契機や過程など不明な点が多いが、京目村の不動寺が新たに桜本坊と袈裟筋を結んだ事例が参考となろう。不動寺は、延享三年（一七四六）四月に、佐野寺・明王寺・観音寺・庚申寺とともに、山号・寺号の証拠となる書類を書き上げて当山派御役所へ提出した「差上申一札之事」に、「右古書物正保年中焼失断末ニ有」と記しており(24)、正保年間（一六四四～四八）に古文書が焼失したために袈裟筋が不明になったと主張していたようである。しかし、不動寺に伝来する古文書である天明元年（一七八一）七月一六日の寿命院秀教の権大僧都補任状は、裏判を菩提山がおこなっており(25)、正暦寺の袈裟下であった可能性が指摘できる。不動寺と寿命院の関係が不明なため、確たることはいえないが、不動寺が正暦寺の袈裟下から離れることを意図した可能性も否定できない。

いずれにせよ、不動寺は、天明四年八月に、次のような離末証文を出した。(26)

一札之事

一今般其院義、不動寺相続後住職相務候ニ付、離袈裟願来、聞届候、其院義桜本坊直同行ニ以来可被相成候、為後証離末証文差出候所、如件

高崎

庚申寺　圓　淳㊞

同中老立合

大乗院　長　盛㊞

天明四辰年八月

神楽寺弟

持　明　院

この文書によれば、神楽寺の弟である持明院が、不動寺の住職を相続するにあたって、それまでの袈裟筋を離れ桜本坊の直同行になることが、庚申寺と大乗院によって承認されたことが知られる。この文書では、旧来の袈裟筋があきらかでなく、離袈裟の全貌を把握できないが、最終的に地域の当山派修験によって離袈裟が認められたことが確認できる。今後、離袈裟の実態を解明する必要があるが、ここでは袈裟筋の変更に際して、地域の修験の承認が不可欠であった点に注目しておきたい。なぜならば、師資相承の袈裟筋は、地域の連帯とは無関係な原理のはずだからである。おそらく、袈裟筋を経の糸とし、地域的なまとまりを緯の糸とするシステムが存在したとみられるが、その実態は不明である。

当山派の里修験が、袈裟頭から袈裟下として認められる機会が、基本的には入峰修行であったことは、寺号・山号

改めに際して「大峯先達ゟ書記候山寺号之儀、入峯序を以書記差出候筋ニ而候得者」と述べている[27]ことからも推測できる。しかし、実際には「居官の補任」といって、入峰修行なしに官位を授与されたことがあったとされ[28]、袈裟筋の形成を原則通り入峰修行のみが機会であったとは断定できない。

二　当山派の在地組織

それでは、上野国内における当山派寺院は、どのように組織化されていたであろうか。また、郡ごとに状況をみておこう。

緑野郡では、森新田村（藤岡市）の宝寿院・宝昌院が、世義寺末の森村の明王院末であった[29]。森新田村と森村は隣接しており、本村と新田村の関係にあるところから、宝寿院・宝昌院は明王院の弟子が自立したものと推測できる。

群馬郡では、井野村（高崎市）の大徳院、下新田村（前橋市）の三光院、萩原村（高崎市）の大乗院、島野村（高崎市）の専龍寺、南大類村の明王寺、柴崎村（高崎市）の正泉寺が高崎町の正暦寺末の庚申寺末、中尾村の大覚院が大八木村の三宝院末の神楽寺末であった[30]。また、高崎町の庚申寺、上佐野村の大教院、下佐野村の本学院、南大類村の明王院、上京目村（高崎市）の不動寺が高崎町の触頭徳蔵寺の触下であった[31]。ここで注目されるのは庚申寺で、触頭徳蔵寺の触下でありながら、六か寺の末寺を擁していた。つまり、触頭と同行の中間に位置していたわけで、なんらかの役職名があったと推測できる。天明四年（一七八四）八月の不動寺の離末証文に庚申寺とともに加判している高崎町の大乗院の肩書きに「中老」とあるが[32]、この「中老」が、庚申寺には明記されていないものの、触頭と同行の中間の役職を示すものではないかと推測する。つまり、触頭―中老―同行という組織があったと考えるのであるが、今後より確実な史料を得て検証したい。

利根郡では、二枚原村（新治村）の明光院と円蔵、下牧村（みなかみ町）の左京が「三宝院御門跡下」の新巻村地福院の同行、大釜村（沼田市）の峰本、坊新田町の宝鏡、馬喰町（沼田市）の宝山が坊新田町の「日昌院支配」、高戸屋村（不詳）の延命院が勢多郡宿廻村（みどり市）の「重宝院弟子」、大原村（沼田市）の海山と園原村（沼田市）の法蔵院が新巻村の地福院の袈裟下である西中之条町（中之条町）の大宝院の弟子(33)であったことが知られる。このように、地福院が三人の同行、日昌院が三人、大宝院が二人、重宝院が一人の弟子を擁していたことが知られる。おそらく、同行が公的な関係であるのに対し、弟子は私的な性格が強い関係であったのではなかろうか。なお、利根郡と勢多郡で、郡境を越えた支配関係がみられることが注目される。

勢多郡では、天川新町（前橋市）の行法院が十八郷町（前橋市）の醍醐三宝院末の不動院の「帳下(34)」、石関村（前橋市）の竜正院が触頭快乗院同行、江木村の五宝院、鼻毛石村の右京が「触頭懸り弟子」、すなわち快乗院の弟子であった(35)。同行と弟子は既知の用語であるが、新たに確認できた帳下は、同行とほぼ同義である可能性が高い。帳下に対応するのは帳元・帳本であり、帳元・帳本―帳下という支配関係が形成されていたと考えられ、触頭―触下という関係に対応するものであろう。

勢多郡江木村の触頭快乗院が支配した里修験は、江木村の五宝院、片貝村の徳蔵院、前橋町の常宝院・万光院・大教院、石関村の竜正院、室沢村の正学、苗ケ島村の金蔵院、植野村の円蔵院、鼻毛石村の右京の一〇人であったが、実際には正学・金蔵院・円蔵院は無住であった(36)。したがって、名目上は一〇人であるが、現実には七人の当山派修験が触頭のもとに掌握されていたことになる。触頭快乗院の触下はすべて世義寺の袈裟下であったが、その地位は世義寺直同行・触頭同行・「触頭懸り弟子」と区々で、住所も勢多郡のみならず円蔵院のように群馬郡の者もおり、支配は郡域を越えておこなわれた。触頭快乗院が、触下寺院を記載した「当山派修験人別御改帳」を作成し、当山派御役所へ提出しているところから[37]、触頭には支配下の寺院を掌握し、必要に応じて当山派御役所へ報告する義務があったものとみられる。ここでいう、当山派御役所は、江戸の戒定院のことであろう。とすると、触頭―触下の組織は、頂点に諸国総袈裟頭戒定院を戴くもので、諸国総袈裟頭が設置された元禄一三年（一七〇〇）以後に形成された可能性が高い。

佐位郡では、保泉村（伊勢崎市）の明宝院、五目牛村（伊勢崎市）の清光院が新田郡岩松村の岩松坊の同行であったことが知られ[38]、郡域を越えた支配が行われていたことがわかる。

新田郡では、下田中村の大覚院が中江田村の来宝院の同行、世良田村（太田市）の大宝院が出塚村の竜茶院の同行、大舘村（太田市）の金剛院、押切村の文殊院が岩松村の岩松坊の同行であった[39]。新田郡岩松村の触頭岩松坊が支配した里修験は、那波郡前河原村の大宝院・雷電院、佐位郡保泉村の明宝院、五目牛村の清光院、新田郡中江田村の来宝院、出塚村の大乗院、市野井村の大正院、金井村の正明院・不動院、徳川村の持徳院、下田中村の大教院・大覚院、世良田村の大宝院、大舘村の金剛院、押切村の玉宝院・押本院・文殊院、高林村の大膳院、由良村の久宝院、下田島村の田島寺・覚教院、亀岡村の本明院の二三人であったが、実際には八人がすでに病死しており、四人が無役の状態であったので、勤役は一〇人に過ぎなかった[40]。触頭岩松坊の触下は、正暦寺と霊山寺の二系統の袈裟下が含まれ、郡域も新田郡のみならず那波郡や佐位郡に及んでいた。郡域が複数に跨ることは、ほかにも事例がみられるが、袈裟筋が複数系統に及ぶ事例は少ないのではなかろうか。もっとも、霊山寺の袈裟下は二か寺に留まり、しかも他郡であるところから、なにがしかの特殊事情が介在しているのかもしれない。岩松坊も「当山修験并神子人別上納控帳」を作成しており、触下の当山派修験の人別改めに勤めたことが判明するが[41]、やはり提出先は当山派役所で、諸国総袈裟頭戒定院との関係を想定させる。

邑楽郡では、四ツ谷村（館林市）の正宝院、梅原村（明和町）の教寿院が同郡瀬戸井村永昌寺の触下であったことが知られるが[42]、触頭永昌寺の触下の全貌は不明である。

以上、みてきたように、上野国における当山派の在地組織は、史料が少ないために断片的にしか知ることができない。

まず、触頭と触下であるが、触頭として確認できるのは、高崎町の徳蔵寺、江木村の快乗院、岩松村の岩松坊で、それぞれ群馬郡・勢多郡・新田郡を中心に支配地域が展開していた。上野国内には、その他にも多くの触頭がいたとみられるが、その寺院名さえ解明されていないのが現状である。現在確認できる範囲では、郡ごとに有力な触頭がいたとみられるが、触下の分布が郡域に収まるとは限らず、支配地域には入り組みがあったとみられる。また、岩松坊の触下には、岩松坊と異なる袈裟筋の当山派修験が含まれており、触頭と触下の関係が袈裟筋とは別に設定された可能性も考慮されるが、おそらく特殊なケースであろう。なお、江木村の快乗院は、触下を「触頭同行」と呼称しているが[43]、触下が本山派の同行と同じ位置づけであったことを示すものとみてよかろう。もっとも、触頭—触下の組織は、元禄一三年に諸国総袈裟頭が設置されて以後形成された可能性が高く、近世前期まで遡るものではないと考えられる。

つぎに、中老と帳元・帳本であるが、まず中老からみておこう。高崎町の大乗院が中老であったことは確かであるが、大乗院の組織上の位置づけが定かでなく、高崎町の庚申寺も同様な地位にあると推測されるものの肝心な肩書きがないため不明である。個人的には、触頭—中老—同行という組織があったと考えているが、確証が得られない。ついで、帳元・帳本であるが、天川新町の行法院が十八郷町の不動院の帳下であったことは疑いないものの、不動院が帳元か帳本であるかさえ史料的には確認が取れない。しかし、それでも、帳元・帳本―帳下という支配関係があったことは、疑いの余地がなかろう。帳元・帳本が、触頭に該当するのか、中老に当たるのか不明であるが、中老の可能性が大きいように思う。つまり、触頭と触下の中間に位置する役職は、中老とも帳元・帳本とも呼ばれたと推測するのである。断片的な史料だけでは、正確な判断ができないが、当山派の組織が予想以上に多様なあり方をみせていたことが確認できよう。

最後に、弟子であるが、戸屋村の延命院が宿廻村の重宝院の弟子、大釜村の峰本、坊新田町の宝鏡、馬喰町の宝山が坊新田町の日昌院の弟子、大原村の海山、園原村の法蔵院が西中之条町の大宝院の弟子、江木村の五宝院、鼻毛石村の右京が「触頭懸り弟子」であったことが知られるが、これらは師資相承を前提に形成された師弟関係で、私的な性格が濃厚な関係であったと考えられる。したがって、触頭と触下、中老・帳元・帳本と帳下・同行というような公的な性格が強い関係とは区別されるものと判断する。

このように、上野国における当山派の在地組織の一端は捉えることができたが、その全貌は遥として不明である。ただ、江戸中期に形成されたとみられる触頭―触下の関係は、江木村の触頭快乗院や岩松村の触頭岩松坊の事例にみられるように、触頭を中核とする地域組織をともなったことが知られる。当初、袈裟筋を中心として編成されていた当山派の組織が、触頭―触下の設置によって再編された可能性が指摘できよう。しかし、その後も、袈裟筋による支配が払拭されたわけではなく、三宝院との本末関係ともどもそのまま継続されたのである。こうして、形成された重層的な組織が、長年にわたって温存されたのである。結果的に、このような複雑なあり方は、教団としての結束を弱体化させ、神仏分離令や修験道廃止令への対抗を難しくさせたといえるのではなかろうか。

三　当山派修験の妻である神子の注連筋

つぎに、やや視点を変えて、当山派修験の妻である神子の注連筋について、若干の検討を加えておこう。

すでに言及した文化二年（一八〇五）の「当山派修験人別御改帳」によれば、「添合巫女」として、群馬郡植野村の円蔵院後家の山城が「注連代々」の当山神子、勢多郡片貝村の徳蔵院母の国翁の注連元が大久保村（吉岡町）の宝教院の妻、苗ケ島村の金蔵院後家の重翁の注連元が鼻毛石村の金剛院妻、上野村（前橋市）の天正院後家の繁翁の注連元が大久保村の宝教院妻であった(44)。当山神子という表現からあきらかなように、彼女らは当山派の神子であり、夫の修験者は当山派に属していた。山城は代々の注連元であったようであるが、国翁と繁翁は大久保村の宝教院妻、重翁は鼻毛石村の金剛院妻を注連元としていた。神子の注連筋は、当山派修験の妻同士で結ばれており、当山派修験の妻であることが神子の条件であったようにもみえる。群馬郡大久保村の宝教院妻は、勢多郡片貝村の国翁と上野村の繁翁を配下に置いており、郡域を越えて注連筋を結んでいたことが知られる。

ついで、天明七年（一七八七）八月の「当山修験并神子人別上納控帳」によれば、新田郡を中心とする当山派修験二五か寺中一五か寺が、神子を妻としていたことが知られ、当山派修験と神子の婚姻が広くおこなわれていたことが判明する。新田郡前河原村（伊勢崎市）の光重院妻の山城、中江田村の来宝院妻の和泉、出塚村の竜茶院妻の国翁、亀岡村の本明院妻の神翁、下田島村の田島寺妻の但馬が「注連元代々」、押切村の玉宝院妻の出雲の注連元が武蔵国佐谷田村（埼玉県）の神子、下田中村の大覚院妻の鶴翁の注連元が花香塚村（太田市）の南光院妻、市野井村の大正院妻の伊勢翁、大館村の金剛院妻の伊勢翁（病死）の注連元が下田島村の但馬寺妻、佐位郡五目牛村の清光院妻今翁の注連元が大根村（太田市）の大重院妻、高林村の大善院妻の神翁の注連元が邑楽郡上中森村（千代田町）の覚宝院妻、徳川村の自得院妻の政翁の注連元が押切村の玉宝院妻、由良村の久宝院妻の亀翁の注連元が原宿村（所在地不明）の正楽院妻、金井村の正明院妻の松翁が注連元不詳、松翁弟子注連の竹翁の注連元が金井村の正明院妻、世良田の大宝院妻の日野翁が注連元不詳であった(45)。このような状況から、夫の当山派修験は正暦寺などの袈裟筋に位置づけられていたのに対し、妻の神子はそれとは異なる注連筋によって支配されていたことが知られる。なお、翁号を称する例も多くみられ、独自の呼称があったことがわかる。

注連元は、法式を師匠から受け継いだ神子のことで、弟子をとり、自分の血脈を伝授することが許された存在であった。師匠から自分、自分から弟子へという系譜を、注連筋と呼んでいた(46)。金井村の松翁は竹翁という弟子をもっていたが、それを「弟子注連」と呼んでいる(47)。注連筋は二代までが大部分で、三代にわたる場合は少ないが、武蔵国（埼玉県）佐谷田村神子―押切村出雲―徳川村政翁と辿れる例がみられるところから、注連筋は連綿と続いた可能性が高い。竹翁のような「弟子注連」の場合、師匠の神子の家に同居し、修行を積んでいる段階にあったために、一般の注連筋と区分したのであろう。

ところで、当山派の神子になるためには、まず注連元に入門の許可をもらい、江戸役所あてに弟子願を提出した。許可が下りると、所定の金銭を払って、改札の印紙を受け取った。神子の弟子には、将来的に跡目を相続させる予定の弟子と、一代限りの小注連があった。延宝二年（一六七四）八月に出された法度によれば、跡目を相続させる弟子は一人しか取ることができず、しかも俗人に嫁がせてはならないという厳しい条件が付けられていた(48)。また、小注連も、自由に取ることができたわけではなく、みだりに抱えることは禁じられていた。神子の改札は。毎年書き替えることが義務づけられ、そのつど金銀を払い、それと引き換えに改札を受け取ることになっていた(49)。ちなみに、改札料は、元禄一三年（一七〇〇）五月には、鳥目一〇〇文であった。

在地の史料からは、注連元―神子という関係が確認できるだけであるが、実際には注連元の上に注連頭が置かれ、注連頭―注連元―神子という注連筋によって組織化されていたようである(50)。当山派修験の組織と比較すれば、注連頭が触頭、注連元が中老・帳元・帳本、神子が触下・同行に対比できると考えられる。つまり、当山派修験は袈裟筋、神子は注連筋という、それぞれ異なった原理で支配されていながらも、その構造はきわめて類似していたといえるのである。ちなみに、袈裟筋も注連筋も当山派独自の原理で、本山派ではみられない。

最後に、注連筋をめぐる相論を取り上げ、注連筋とはなにかを考える一助としたい。まずは史料を掲げよう(51)。

（端裏書）「威徳寺証文写」

指上申一札之事

上州二宮本山方光明院妻伊勢翁本学妻日野翁注連筋出入之儀ニ付、当山方帳元竜宝院玉宝院断候者、光明院儀明星院方江押込、宮翁注連鈴脱取理不尽之致形候之旨相届候得共、神子之義者拙僧不指構候段申之取合不申候付、御列席江被召出之被遂御吟味候処、本山年行事役義乍相勤、支配下出入届ケ来候を其通ニ致置不念ニ思召候旨御尤ニ奉存候、依之急度可被仰付候得共、御吟味之節絶而不申諍謬候段申上候付、以御宥免於在前閉門被　仰付候旨難有奉畏候、急度蟄居可仕候、為後証仍一札如件

上州二ノ宮
本山年行事
威徳寺印

宝永三丙戌暦十一月廿七日

寺社

御奉行所

史料の内容は、要約すれば、次の通りである。勢多郡二之宮村（前橋市）の本山派光明院の妻伊勢翁と、当山派の本学の妻日野翁の注連筋をめぐって相論があった。当山派の帳元である竜宝院と玉宝院は、光明院が明星院へ押し込み、宮翁の注連鈴を奪ったことが理不尽であると主張した。しかし、神子については当山派の僧侶が関わることではなく、列席の面々の判断によるべきである。本山派の年行事を勤めながら、支配下で出入があったにもかかわらず放置したのはけしからんということで、威徳寺は、閉門蟄居命令を受諾したので、証文を提出する。

しかし、問題が当山派と本山派の間に留まらず、神道まで巻き込んだことが次の史料から知られる。長文であるが、厭わずに史料を掲げよう。(52)

（端裏書）「光明院証文写」

指上申一札之事

上州二宮本山方光明院□（破損）伊勢翁本学妻日野翁□□（破損）神子神翁注連筋ニ候処、七年以前二宮大明神神主田所岩見注連筋之段申、役銭相□（破損）候得共、去々申年壱年者役銭相□□（破損）、其以後役銭為相滞、剰去年極月十六日光明院義本山山伏明星院方江押込、神子宮翁注連鈴脱取候段同国当山方帳本玉宝院竜宝院御訴申候得共、双方幷ニ同村名主武兵衛伊勢翁肝煎之百姓甚兵衛二宮神主田所宇右衛門明星院地主下境勘之丞被召出於御列席被遂御糺明候処、本学義者注□□（破損）之訳委細不存候得共、此度返答書致判形候様ニ与光明院申之付判形いたし候、全注連筋之訳不存旨申之候、伊勢翁義者同村吉左衛門娘ニ而幼少之時分神翁方ニ神子相勤弐拾三年以前光明院方へ縁附候由甚兵衛申上候ニ付申披茂無之誤候、且田所岩見ゟ之許状倅宇右衛門御吟味被成候処、岩見注連筋与承候得共古来之儀不存之旨申之、殊岩見儀七年以前相果候処翌年宇右衛門許状指出、右之許状岩見名印ニ而有之上者、是又難立許状付申披無之上本山注連筋ニ候者七年以来出入ニ候処、三年以前当山方江役銭差出間敷処指出申披茂無之奉誤候、且又去年正月廿八日明星院神翁方江忍入衣類鳥目等盗取候ニ付、吉祥見出本山方定光院幷ニ清右衛門与申百姓取曖証文取候段返答書ニ申上候付、地主勘之丞同村名主武兵衛御尋候得者左様之義不承ニ候段申上候付、吉祥明星院被召呼様子御尋候得者左様之儀兼而無之付証文茂所持不仕候旨申上候、神翁義被召呼御尋可被成候得共八十有余之翁殊ニ中気相煩罷有候付、触頭鳳閣寺江被仰付御吟味之処明星院神翁方江忍入候義全無御座候由申越候、其上注連筋出入ニ者不相構候儀故強而御吟味不被遊候旨御尤ニ奉存候、且又去年極月十六日明星院方江押込宮翁注連鈴脱取候段支配ニ而茂無之、当山方江押込候段理不尽之致方御吟味之上申披茂無御座奉誤候、右段之御吟味被遊候得共宮翁伊勢翁日野翁共右三人之神子者古来之通り当山注連筋之神子ニ紛無御座候、依之自今右三人之神子者古来之通り当山注連筋ニ被仰付候、本学儀者注連筋之訳委細不存之旨申之付其通ニ被指置候、拙僧不得之儀を申争不届ニ思召候、依之急度可被仰付候得共御宥免を以在所二宮村御追放被　仰付之旨難有奉畏候、向後在所江致徘徊候歟対相手仇ケ間敷儀仕候ハヽ、此上何分之曲事ニ茂可被仰付候、為後証仍如件

上州二宮本山山伏

宝永三丙戌年十一月廿七日　光明院印

寺社

御奉行所

右光明院江被仰渡候趣拙者一同奉承知候、依之奥印仕指上申候、以上

本山勝仙院触頭

文殊院印

快長院印

光明院妻伊勢翁と本学妻日野翁は、ともに神翁の注連筋であったが、七年前に、神道の吉田家の配下であった二之宮大明神の神職である田所岩見の注連筋であると主張し、それまで納めていた役銭もその後滞るようになった。宝永二年（一七〇五）一二月一六日には、伊勢翁の夫の光明院が当山派の明星院へ押し込み、宮翁の注連鈴を盗んだ。そのため、この注連筋争論は一層激化し、本山派と当山派の神子支配をめぐる問題に発展した。当山派帳本の玉宝院・龍宝院の訴えで、寺社奉行所へ持ち込まれたが、当山派の本学は「注連筋之訳」を知らないと主張した。対する伊勢翁は、二之宮村の吉左衛門の娘で幼少の頃から神翁のもとで神子として勤め、二三年前に光明院に嫁いだ神子である。当山派の神翁の注連筋に属することはあきらかであった。田所岩見からの許状は、岩見が七年前に死亡した翌年から倅宇右衛門が発行していたもので、怪しい許状であった。宝永二年正月二八日には、光明院が明星院神翁のもとに忍び込み、衣類や鳥目などを盗んだというので、関係者を取り調べたが、誰も知らなかった。そこで、神翁に尋ねようとしたが、八〇歳を越え中気を煩っていて聞けなかった。寺社奉行所は吟味を触頭鳳閣寺に任せたが、光明院が明星院神翁のもとへ忍び込んだ事実はないと判断し、それ以上の吟味はおこなわなかった。一二月一六日に、明星院へ押し込んで宮翁の注連鈴などを奪った事件に関しては、当山派へ押し込んだことは理不尽であったとして光明院が謝った。最終的には、宮翁・伊勢翁・日野翁の三人の神子は、従来通り当山派の注連筋に位置づけられることになった。宝永三年十一月二十七日、田所石見の子息宇右衛門は石見没後に神子の許状を出したことが不埒であるとして、「武蔵上野各一国御追放」に処せられた。

注連筋の混乱は、教団による神子の支配を揺るがすことになるため、旧来通りの注連筋を守るためには、幕府や藩の力を借りてでも解決を図らねばならなかったのである。

おわりに

以上、上野国における当山派の実態について、三つの側面から解明を心がけた。まず、当山正大先達衆との関係を検討したが、断片的な情報を集積しただけの結果に終わった。ただ、世義寺と正暦寺が広範に袈裟筋を形成していたことがうかがえ、今後の研究の手がかりを得ることができた。ついで、在地の組織について、関連史料を整理したが、触頭と触下だけでなく、帳元・帳本と帳下、さらには中老など、意外と複雑で重層的な組織が存在したことがあきらかになった。最後に、神子の注連筋に触れたが、注連筋という神子独自の支配原理があったことを示すことができたのみである。

要は、ほとんど目標に程遠いところで史料探しを終わらざるを得ず、文字通りの竜頭蛇尾に終わった。しかし、本稿は、上野国における当山派について論じた初めての研究であり、基礎的な事実関係を考える素材を提供したという点では一応の成果があったと自負している。本稿を叩き台として、より本格的な教派修験道の研究を、若い研究者の方々が実現してくれることを期待したい。

註

（1）和歌森太郎『修験道史研究』（河出書房、一九四三年）。
（2）鈴木昭英『修験教団の形成と展開』（修験道歴史民俗論集一、法蔵館、二〇〇三年）。
（3）関口真規子『修験道教団成立史―当山派を通して―』（勉誠出版、二〇〇九年）。

(4) 群馬県史編さん委員会『群馬県史』通史編六(近世三)(群馬県、一九九二年)。
(5) 高崎市史編さん委員会『新編高崎市史』通史編三 近世(高崎市、二〇〇四年)。
(6) 久保康顕・佐藤喜久一郎・時枝務『山伏の地方史─群馬の修験道─』(みやま文庫、二〇一七年)。
(7) 「四八五　寛保二年正月　前橋藩領内寺院本寺并所附帳」(『群馬県史』資料編一四(近世六)、群馬県、一九六八年)。
(8) 「安政三年　御領分石高・小名寺院記」(表)(『新編高崎市史』資料編八(近世Ⅳ)、高崎市、二〇〇二年)。
(9) 註(8)史料。
(10) 註(8)史料。
(11) 「三六六　延享三年四月　山号・寺号改につき当山派役所あて高崎城下徳蔵院触下不動寺ら五か寺一札」(『新編高崎市史』資料編八(近世Ⅳ)、高崎市、二〇〇二年)。
(12) 註(8)史料。
(13) 「四九七　文化二年　勢多郡当山派修験人別改帳」(『群馬県史』資料編一四(近世六)、群馬県、一九八六年)。
(14) 註(7)史料。
(15) 註(8)史料。
(16) 註(7)史料。
(17) 「四一二　天明七年八月　新田郡岩松村ほか当山修験幷神子人別控帳」(『群馬県史』資料編一六(近世八)、群馬県、一九八八年)。
(18) 「五二三　年次不詳　沼田寺院并修験社家録」(『群馬県史』資料編一二(近世四)、群馬県、一九八二年)。
(19) 註(18)史料。

(20)　註(7)史料。

(21)　註(13)史料。

(22)　註(17)史料。

(23)　「一九　天保八年三月　四ツ谷村宗門人別帳」(『館林市史』資料編四　館林の城下町と村、館林市、二〇〇九年)。

(24)　註(11)史料。

(25)　「三六八　天明元年七月　寿命院秀教の権大僧都職補任につき当山正大先達連判状」(『新編高崎市史』資料編八(近世Ⅳ)、高崎市、二〇〇二年)。

(26)　「三六九　天明四年八月　不動寺相続にあたり離袈裟につき持明院あて庚申寺円淳ら一札」(『新編高崎市史』資料編八(近世Ⅳ)、高崎市、二〇〇二年)。

(27)　註(11)史料。

(28)　註(2)文献。

(29)　註(7)史料。

(30)　註(8)史料。

(31)　註(11)史料。

(32)　註(26)史料。

(33)　註(18)史料。

(34)　註(7)史料。

(35)　註(13)史料。

(36) 註(13)史料。
(37) 註(13)史料。
(38) 註(17)史料。
(39) 註(17)史料。
(40) 註(17)史料。
(41) 註(17)史料。
(42) 註(23)史料。
(43) 註(13)史料。
(44) 註(13)史料。
(45) 註(17)史料。
(46) 群馬県前橋市大友町長見寺文書。
(47) 註(17)史料。
(48) 群馬県前橋市大友町長見寺文書。
(49) 同右。
(50) 同右。
(51) 「四九六　宝永三年十一月　勢多郡二之宮村本山年行事巫女注連筋出入につき閉門請書」(『群馬県史』資料編一四(近世六)、群馬県、一九八六年)。
(52) 群馬県前橋市江木町町田秀樹家文書。

近世における大黒天信仰とお福分け習俗

鈴木章生

はじめに

大黒天に関する研究は古くからあり、インド・中国から日本への伝播の過程、性格・機能の変質変容、民俗行事としての各地の大黒天の諸相や特徴など大方の事実関係や報告、論点は出し尽された感がある。(1)とりわけ大黒天信仰の研究で基本となっているのは、大黒天の像容と性格についてであって、ヒンドゥー教のシヴァ神の化身であるマハー・カーラ(Mahā・kāla 摩摂訶迦羅)で、青黒い体に三面六臂で剣を持つ憤怒の相で、破壊と戦闘と財福の三つの性格を有する神ということである。

日本において忘れてはならないのは、大黒天が財福をもたらす福の神ということである。この性格が室町時代以降に強く表れはじめ、(2)江戸時代から現代に至るまで多くの人びとからの信仰を集め、現在も財福・出世・長寿・開運・安定を希求する子の日の縁日参拝や七福神詣などが盛んに行われており、わが国における大黒天の存在や日常生活における役割も大きいものがある。

日本に伝来した大黒天は、仏教守護の軍神に相応しい黒色憤怒の姿で伝えられた。天台宗の最澄が、比叡山延暦寺の台所の神として三面六臂の大黒天を祀ったことにはじまるとされる[3]。室町時代には日蓮宗寺院でも盛んに取り入れられ、さらに神道のオオクニヌシと習合し日本独自の福の神として今日に至っている。基本スタイルは、烏帽子・袴姿で右手の拳を腰に当て、左手で大きな袋を左肩に背負う厨房神・財神として描かれている。江戸時代には微笑が徐々に加わり、二つの米俵の上に乗り、左手に福袋と右手に打出の小槌を持った長者姿が一般化する。西日本では田の神との関係性も見られる。また、鼠が大黒天の使いであることも全国に浸透している。

大黒天の性格や機能は、災厄と福徳の両義的・境界的性格を持つものと捉えられ、注目されてきたが[4]、大黒天と民衆との信仰行動として見てみるとき、二つの特徴が推定される。

①個人や家を単位として、宗教者や芸能者らを介在させながら福神（大黒天）を外から招いて、自分のところに福が訪れるのを待つ消極的行動。すなわち福の神としての大黒天の来訪をめぐる問題。

②正月の七福神詣でのように、本人自身が積極的に祈願をしたり、開帳場に出向いて参拝をしたりして、福徳を獲得する積極的行動。つまり、甲子参りや七福神詣でといった年中行事に合せてご利益にあやかろうとする積極的な信仰行動が確認できる。

そこで本稿においては、「お福分け」というこれまであまり紹介されてこなかった大黒天信仰の習俗を紹介し、従来の大黒天信仰とは異なる諸相を提示することで、福の分配という行為とその意味を探究したいと考える。

一　配られた大黒

大黒天については、台所を守る神、蔵や台所を守る神、食の神や田の神、といった機能や役割がいろいろ報告され

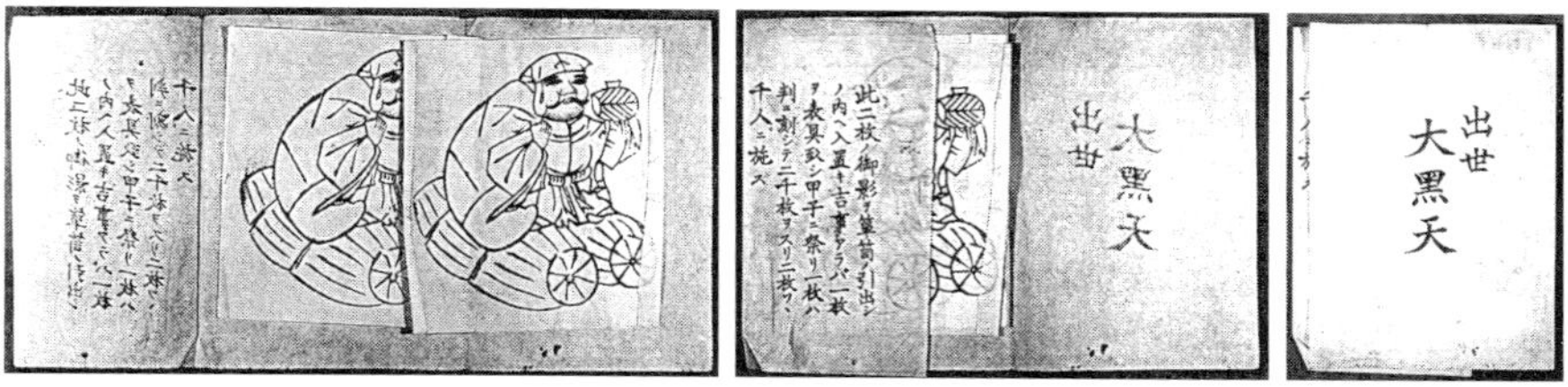

図１　出世大黒天

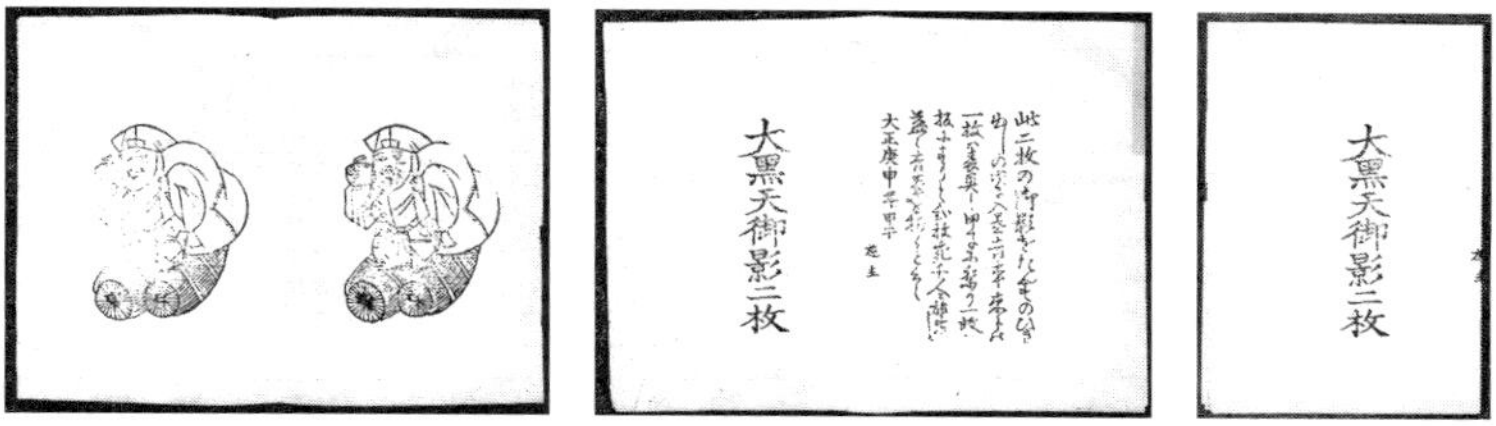

図２　大黒天御影二枚

ている。[5] 七福神の一つとして室町時代から他の福神とのセット化が進められ、なかでも恵比須・大黒の組み合わせは多く、諸民の願いである食と財をもたらす漁業神・農業神の神に加えて、都市部における商売繁盛の神としても根強いものがある。

江戸時代の大黒天像は普通に寺院の祠堂の中の尊像として拝観することもできるが、中には版木で摺った護符を寺側から出すこともある。または縁起物の大黒絵や正月の宝船や商売で使われる絵ビラ・引き札などの印刷物として大黒天が描かれることも少なくない。

以下に示す資料は、品川区南品川にある自覚山海徳寺（日蓮宗）[6]に昭和四〇年代に檀家から納められた一〇〇近い神札や護符の群の中にあったもので、その中から大黒天の御影二種類が確認された。版木で摺った大黒天像二枚が一組になって包み紙にくるまれたもの。包まれた状態の大きさは、図1の「出世大黒天」が一五・五×一〇・四cm、図2の「大黒天御影二枚」が一六・三×一二・五cmとなっている。姿はどちらも二つ俵に立っている大黒天像で、頭に頭巾をかぶり、左手に小槌、右手に袋を持つ典型の大黒天スタイルである。大黒天像の多くは右手に木槌、左手に袋であるが、図1の像が一般的な大黒天像と反対である。製作年代は図1には記載がないが、図2は大正庚申、すなわち大正九年(一九二〇)である。

包み紙の文言を書きだしてみると次のような内容がわかる。

〔図1〕

出世大黒天

此二枚ノ御影ヲ箪笥ノ引出シノ内へ入置キ、吉事アラバ一枚ヲ表具致シ甲子ニ祭リ、一枚ハ判ニ刻シテ二千枚ヲスリ、二枚ツヽ千人ニ施ス、

〔図2〕

大黒天御影二枚

此の二枚の御影をたんすのひき出しの内に入置、吉事来らば一枚ハ表具し甲子に祭り、一枚ハ板にすりて二枚宛千人ニ施すべし、益々吉事を招くと云々、

大正庚申年甲子　　　施主

図1・2は文言として若干の差異が認められるものの、おおよそ同じ内容を示していることがわかる。つまりどちらも二枚もらい受け、大黒天のお姿を箪笥にしまい入れ、吉事があれば一枚は表装し、一枚は版下として版木を彫り、二千枚を摺って二枚一組にして千人に配ることが書かれている。大正時代にもこうした大黒天を摺って配布するという習俗の存在がわかる。同様のやり方で弁才天や地蔵など御影を摺って、多数の人に配布するという例は知らない。その起源や由緒についてもはっきりした情報はなく、先に紹介したような大黒天の研究でも、こうした習俗は紹介されていない。

このような習俗が他に例はないか調べてみると、松江藩城代家老村上家の四女信子が、勝海舟率いる御舟手組の武士である小林家へ嫁いでからの日記を残しており、たまたま子どもが生まれた時、明治三一年（一八九八）六月から翌年までの記事が処分されずに残され、信子の子どもの重喜が出版した本がある。その日記の記事の中に該当箇所があったので紹介してみたい。

〔資料1〕小林信子日記より（明治五年生まれ　二六歳の時）

（明治三一年）十月二十八日、子の日、金曜日、旧九月十四日、曇、甲子。

午前六時起き、八時食事。今日は甲子に付、当春降り授かりし大黒天尊像を版木におこし一千枚摺りたる内の一枚を表装し、前の分と共に二枚掛けお祭致す。残りの分は二枚ずつ五百軒に配る。旦那様、友吉お供にて、深川、霊岸島、築地、新橋の親類等にお配り、午後は、四谷より番町付近親類にお配り相成。母上、栗山氏へお配りながら被為入、且つ、新宅お祝いとして、木地四重組重箱、進上、其他さつまいり等ご持参、お泊り。旦那様お帰り、会社はお休み、謡稽古に被為入。十時引。(7)

ここで取り上げた資料1は、暦の上では甲子の日にあたり、大黒天を摺って配布することが記されている。「当春降り授かりし大黒天尊像」とあるのは、正月に降ってきたものを手に入れたような書き方である。その御影を秋の甲子の日に版木に起こして千枚摺ったことがわかる。その内の一枚を表装し、前の一枚と併せてお祭りをしたとある。残りは五〇〇軒に二枚一組で配布している。その内訳は、午前中は旦那様が友吉を連れて深川・霊岸島・築地・新橋の下町地域の親類に、午後も四谷から番町の山の手地域を回って一〇月二八日のうちに配って歩いたようである。夫の母もまた配っていることから、家族総出で歩いて配っている様子がうかがい知れる。さらに信子の子ども（重喜）が次のようにコメントしている。

〔資料2〕お福分け　小林重喜

そのときは、大黒様の掛軸をかけ、「七種菓子《なないろがし》」といって、違った色の砂糖をまぶした、一見して違った菓子と見えるもの七種類を包んで売っていたものである。(中略)ていねいな家では、甲子の日に、自分のところに他家から配られてきた大黒像を版木におこしてたくさん摺り、多くの家へ配って歩いた。いわゆる「お福分け」である。(中略)軒なみに、戸口を開けて、大黒像の印刷物を投げ込むということになる。受けるほうでは「お札が降った」と言って喜んだものである。甲子の毎回といえば、年に六回もということになるから、とても続けられない。お札配りは年に一、二回、それもだんだんすたれていったのである。(8)

資料2では「お札が降った」と喜んでいる様子が記されているが、このことは慶応三年(一八六七)七月から翌年四月頃まで乱舞した「ええじゃないか」を彷彿させる。「戸口を開けて、大黒像の印刷物を投げ込む」のも福の来訪を想起させる。前述したように、個人や家を単位として、宗教者や芸能者らを介在させながら福神(大黒天)を家の外から招いて自分のところに福が訪れるのを待つ消極的行動を示している。まさに大黒天は福の到来、来訪する福の神そのものといえよう。

「ええじゃないか」に関連するお鍬祭りが愛知県三河地域の岡崎藩領に伝承される。このお鍬祭りは、もともと知多の漁師が伊勢神宮よりご神体の鍬を請けて祀ったところ大漁となり、このことが各地に伝聞され、岡崎藩も藩主の許可を得てお鍬神を勧請し、祭礼を行ったという。(9)ご神体の神札や鍬の木型をムラ中で担いで回り、最後は隣のムラへと受け渡すというのが特徴である。(10)

ええじゃないかと大黒天との直接的な関係は認められないが、幕末の民衆のなかで宗教的な奇瑞に端を発する流行現象が数多くみられることは確かである。大黒天の摺り物が配られ、それをさらに自分で摺り、自分で配るという行動と、お鍬祭りのご神体にあたる鍬の模型をムラからムラへと継ぎ送る行為の中に、福の神を分配する、伝承拡大させるという働きが共通して存在している。「お福分け」は吉事があったことを他の者に分配するという贈与行為であるが、共通する特徴は、分けること、繋ぐことの持続性・連続性という特徴が挙げられる。

こうした習俗は先の小林信子の日記から判断すれば明治三〇年代に至っても持続しており、徐々に衰退していったとしても、冒頭紹介した品川海徳寺にあった図2の大黒天御影は大正九年とあったことから、一過性の流行というよりは、ある程度の年代の幅にわたって続けられていたことがわかる。逆にどこまで遡れるのであろうか、江戸の神田の町名主が記した『斎藤月岑日記』にも同様の記述が残されているので抜粋してみよう。

〔資料3〕『斎藤月岑日記』

慶応三年（一八六七）五月

十一日、甲子、大黒様六十一枚摺る。昨年来千何百枚か知らず。

同年八月

八日、大こく様五十枚摺る。

十八日、大こく様五十枚余する。

同年九月

九月十三日、大こく様百枚。

同年十一月

大こく様廿二枚する。

慶応四年（一八六八）十二月

同廿一日、大黒様六十枚摺る。(11)

斎藤月岑は江戸の町名主で『江戸名所図会』を編纂した人物である。その日記の大黒天に関する記述からは、慶応三年五月から翌年の一二月まで、たびたび五〇枚、六〇枚摺っており、半年で約二八〇枚余の枚数になったことがわかる。しかも「昨年来千何百枚か知らず」とあるように、慶応二年の暮から準備していたことがわかる。実際に千枚も二千枚も摺るのは容易なことではないが、前もって時間をかけて少しずつ摺っておくことは、無理な話ではない。町名主として町政の末端を担う重要な役目を与えられている中で、一日版木を摺っているのは難しいであろう。誰かにやらせるということも考えられるが、日記などを見る限り、摺るのは自分本人であり、時間を見つけては少しずつ準備していた様子がうかがえる。小林信子日記のように、配る際は誰かに手伝ってもらうことがあったのではないかと思われるが、月岑日記からは判然としない。

何よりも、斎藤月岑が大黒天を摺り出した慶応二年の暮から慶応三年にかけては、慶応三年七月一四日（新暦八月一三日）に三河国牟呂村で伊勢外宮のお札が降り、東海道・中山道・山陽道筋や四国でもお札が降り、翌年春までええじゃないかの乱舞騒動と重なるところに、配られた大黒の意義を見いだす共通の時代背景があると考える。

二　開運・出世大黒の展開

前節で、大黒天像が摺られた配られた事例が江戸時代末期から大正時代にかけてあったことを紹介した。大黒天像が配られるという習俗の背景として、江戸時代の大黒天の性格に関する諸相をいくつか文献から確認しておきたい。江戸の年中行事をまとめた『東都歳事記』には、次のような大黒天に関わる行事を紹介している。

〔資料4〕甲子日『東都歳事記』

毎月　大国神参　神田社地　小石川伝通院中福聚院（開帳あり、参詣群集す）　東叡山護国院　本所亀沢町大黒院（開帳）　麻布一本松大法寺（同）　浅草寺中長寿院（出世大黒）　下谷（どぶ店）　蓮光寺（開帳）　牛込原町経王寺（同）　駒込追分東横町大恩寺　日暮里経王寺　青山仙寿院　同龍法寺。今日俗家にも此神を祭り、二また大根・小豆飯・黒豆を供す。街に燈心を商ふ。(12)

甲子は大黒天の縁日として知られるが十干十二支の暦の関係からすると、六〇日に一回は甲子の日が来る。年間にすれば六回になる。縁日には、資料4に書かれた神社ならびに寺院での神事や法会など、何らかの儀式があることになる。『東都歳事記』が江戸の寺社の全てを把握しているとは言い難いが、かなりの部分を網羅していることは間違いない。その他の同年代の文献資料をひもといて主要なものをいくつか抽出して表にしてみた。

ここでは、大黒天の機能や性格に注目して江戸東京の大黒天信仰の諸相をみてみることにする。大黒天で有名な寺社をみていくと、大黒天と民衆との関係を結ばせるために「開帳」が大きな役割を果たしていたことがわかる。また、「出世大黒」の俗称も、江戸の大黒天の性格を知る上で重要なキーワードになっていることは間違いない。大きな神社仏閣の別でいうと、神社は神田神社だけである。その他は寺で、天台宗や真言宗もあるが大半が日蓮宗であることは一目瞭然で、このことは後述する。

大黒天の機能や性格を理解するのに重要なのは、大黒天の俗称として「三国伝来」「三面大黒」「火伏大黒」「出世大黒」「開運大黒」の文字が挙げられていることである。ここに大黒天信仰の諸相がすでにみられていると言ってもよい。

「三面大黒」は、大黒天に加えて毘沙門天・弁才天の三つを合体した比叡山延暦寺の大黒天像と同じで、大黒天の

江戸でみられる主要な大黒天

NO	寺社名	所在地 (旧所在地)	宗派	俗称	形態等	大黒の行事・ご利益
1	神田神社	千代田区外神田		大黒さま (大己貴命)	祭神：大己貴命	1月だいこく祭、開運招福の石造大黒天あり。
2	福聚院 (伝通院末)	文京区春日	浄土宗	三国伝来大黒天	鎌倉期　木座像　甲冑着用、右手宝袋、左手宝棒	井戸より出現、明和期以降隆盛。小石川七福神。甲子日群参、商売繁盛・金運。『文京区史』巻二、1968。
3	護国院 (寛永寺子院)	台東区上野桜木	天台宗	護国院大黒天	家光贈とされる藤原信実筆大黒天画像。	谷中七福神。福湯。
4	大黒院	墨田区東両国 (本所亀沢)	浄土宗	出世大黒	—	所在不明
5	大法寺	港区元麻布	日蓮宗	一本松の大黒さま	大黒の顔に弁財天の髪と毘沙門天の鎧を備えた三神具足大黒尊天(伝教大師作)	五世日亮が師日舜より賜わる。享保期(大法寺12世の代)に安置、宝暦12年開帳。
6	長寿院	台東区浅草	聖観音宗	出世大黒	木座像 (伝　弘法大師作)	筑紫大黒の模刻。
7	蓮光寺	杉並区和田 (台東区新寺町)	日蓮宗	土富店の大黒天	木座像 (伝　日蓮作)	文政5年の縁起頒布あり。旗本寺。開運大黒。大正4年移転。日蓮作と伝える大黒は母妙蓮尼の病気平癒を祈願して小湊の生家の庭の松から彫ったという。開帳記事あり。
8	経王寺	新宿区原町 (牛込原町)	日蓮宗	火伏の大黒天	木像憤怒立像、中老日法上人の作、日静上人が身延山から移転。	新宿山の手七福神。昭和初期、11世日翁上人より開運大黒天。安政2年居開帳。
9	大恩寺	北区赤羽西 (文京区根津)	日蓮宗	—	木像 (伝　日蓮作)	大黒は客殿右手廊下続きの三天堂に安置。
10	経王寺	荒川区西日暮里	日蓮宗	福寿	木像	山号大黒山。大黒堂。身延山麓袋村で霊験ある桜神と崇拝されていた桜の一木で日蓮が彫ったという伝承あり。
11	仙寿院	渋谷区千駄ヶ谷	日蓮宗	開運大黒	木像	享保19年、護持院(護国寺)に譲る。
12	立法寺	杉並区和田 (渋谷区千駄ヶ谷)	日蓮宗	—	—	詳細不明
13	海徳寺	品川区南品川	日蓮宗	火伏大黒	木像	寛延4年の再建時には大黒天は存在、年末に配布された。版木は品川区指定文化財。
14	本栄寺	品川区南品川	日蓮宗	開運大黒	木像(日法作)	寛政10年安置。木版刷りの掛け軸を配布。
15	円通寺	港区赤坂 (赤坂一ツ木)	日蓮宗	—	—	祖師像脇に安置する多数の大黒は奉納によるもの。
16	春慶寺	墨田区業平 (浅草森田町)	日蓮宗	三面大黒	掛け軸	石刷りの軸を配布。『遊歴雑記』。
17	大円寺	台東区谷中	日蓮宗	開運大黒	丈三寸	延享3年居開帳。
18	宝生院	葛飾区柴又 (池之端茅町)	真言宗智山派	出世大黒天	本尊：大黒天立像	山号大黒山。柴又七福神。『葛飾区史』上巻、1970。『葛飾区寺院調査報告』1980。
19	福相寺	杉並区堀ノ内	日蓮宗	願満大黒天	伝教大師作	文化13年の縁起あり。病気平癒・福を授けてくれる「満願大黒天」、大黒天信仰関係の版木(文化十三年九月銘あり)は杉並区の指定文化財。
20	理性寺	杉並区永福	法華クラブ	火伏せの大黒天	—	寛政6年、御典医木村検校によって奉納された。『杉並区史』資料編。

NO1～12までは、『東都歳事記』の甲子の条に記載された寺社。13以下は、『東都歳事記』『武江年表』『江戸名所図会』『御府内備考』『増補年中行事』『宝暦現来集』『喜遊笑覧』『守貞謾稿』『遊歴雑記』ほか各自治体史を出典として表にした。

姿として憤怒の像を継承する基本的なスタイルと思われる。この特徴を持つ大黒天は江戸では少なく、江戸時代において三面大黒として名が知られていたのは、墨田区押上村の春慶寺（日蓮宗）のみとなっている。『遊歴雑記』によれば、この寺には日蓮自画の三面大黒の軸があり、虫払いの時に諸人に披露すると記述があるが、残念ながら現存しない。(13)

三面大黒と似た俗称で、「三国伝来」の大黒天が伝通院内の福聚院にあり、大黒天・多聞天・弁才天の三神一体とある。井戸の中から出現したとの伝承もあるが、寺の縁起では三国伝来、すなわちインド・中国・朝鮮半島を経由して、日本には孝徳天皇のとき高麗の役人が持ってきたという。最初近江国にあったものを明和年間（一七六四～七一）に江戸に安置したという朝倉治彦の見解がある。(14)

「火伏大黒」は天台宗延暦寺の台所に祀られたように、インドでも台所に祀られ、火を司る神としての機能を持っていた。日本各地で台所に荒神様を祀る家は多いが、仏法僧を守護する神の荒神は、家の守護として一番の要であるかまどの神としても取り入れられた。ここで台所の神として古くからあった大黒天とかまど神の荒神との混同が始まり、大黒天が火伏火防の神としての役割を持つようになった。

神田社地の大黒天とは、神田明神の大黒天である。神田明神の主祭神は一の宮の大己貴命（おおむなむちのみこと）、二の宮の少彦名命（すくなひこのみこと）、三の宮の平将門命（たいらのまさかどのみこと）の三柱である。大己貴命が大国主命で大黒天と習合することで、国土開発、夫婦和合、縁結びの神となり、少彦名命が恵比須として商売繁盛の神となり、平将門命が除災除厄の神として紹介されている。大黒天については昭和五一年（一九七六）に神田明神境内の左に、写真1にあるような日本一の石造の大黒天像が設置された。台座には「開運招福」の文字が刻まれており、近隣氏子の会社関係や商売をする人たちの崇敬が篤い。

写真１　開運招福大黒（神田明神）

「出世大黒」の名は、浅草長寿院にあるものの、その詳細は不明である。江戸において出世大黒と呼ばれる大黒天が多いことは一つの特徴ではあるが、大黒と出世の関係性や理由を明確に示したこれまでの論考はほとんどない。大黒天の原点ともいえる三つの性格は、破壊・戦闘・財福であった。出世大黒として名高いのは、比叡山延暦寺の三面大黒天である。伝教大師最澄が根本中堂建立の折、仙人が現れたので僧侶らの食と健康のために叡山の台所を守って欲しいと訴えた。すると、仙人は毎日三千人の食料を準備し、また私を拝むものには福徳と寿命を与えると約束した、という伝承が残っており、そのことは「比叡山三面大黒天縁起」として世に出ている(15)。

このことを裏付ける経典に「大黒天神法」がある。このなかに「吾寺中ニ衆多ノ僧ヲ住セシメ、毎日必ズ三千人之衆ヲ養ハン、乃至人宅モ亦シカナリ、モシ人、三年専心ニ吾ニ供セバ吾必ズココニ来リ供人ニ世間富貴乃至官位爵録ヲ授与セン(16)」とあり、大黒天の比叡山での役割がわかる。

秀吉が比叡山の三面大黒を信仰したことは有名である。これによって立身出世の階段を登り、農民出身の秀吉が太閤にまでになったことから、比叡山の三面大黒天が開運・立身出世の御利益があるとして知られるようになったと伝える。それとは別に、秀吉が信仰の対象とした三面大黒天は、秀吉の妻ねね終焉の地とされる高台寺塔頭の圓徳院にもあると伝える。この大黒天も毘沙門天と弁才天の顔を一体に備えた三面大黒である。戦勝の神である毘沙門天は言うまでもなく、あらゆる障害を乗り越え、壁を除去して開運を招く神であり、弁才天は学問・音楽・弁舌の神として才智あふれる頭脳で財をもたらす神が加わった三面大黒天である。この強力なパワーが開運出世を切り拓く大黒天として広く信仰されてきたのである。江戸の大黒天において出世大黒や開運大黒と呼ばれるようになる背景には、秀吉が守り本尊として信仰し、出世を遂げたことと無関係ではない。この圓徳院では毎月三日の縁日に、三面大黒の「御仏像、御札　お下げ渡し」が行われている[17]。御仏像とあるのがいわゆる大黒天像の摺り物で、御札はいわゆる「開運祈禱宝牘」の護符である。

しかし、一般民衆が天下人秀吉の信仰対象が何であったかを詳しく知ることはない。あくまでも伝承として伝えられているものである。それを可能にしたのは秀吉の一代記を読本にした『絵本太閤記』[18]であった。寛政九年（一七九七）に初編を刊行して完結する予定であったが、人気を呼んで五年後の享和二年（一八〇二）までに七編八四冊を刊行した。これにあやかって寛政一二年には人形浄瑠璃の『絵本太功記』[19]が初演され、さらに翌年の寛政一三年には歌舞伎版の『恵宝太閤記』が出て全国的に太閤記ブームが巻き起こる。

『絵本太閤記』初編巻之弐のなかの「藤吉郎為趣貧尾州需鎧」では、苦しかった若年期に秋葉権現にて三面大黒天を拾い得てからは信長の信頼を得て、どんどん出世したことが物語として書かれている。したがって江戸時代の庶民は、秀吉の史実を知っているかどうかではなく、物語として秀吉が三面大黒の加護によって立身出世したことを知っていたということになる。絵本や浄瑠璃や歌舞伎などの文芸の世界が、秀吉と大黒との関係を広く知らしめたということを認識しなければならない。

さらに天明元年（一七八一）に刊行された『福徳夢想大黒銀』（伊庭可笑作・北尾政美画）や天明三年刊行の『通言神代巻』（恋川春町作・画）、安永七年（一七七八）刊行の『蛭子大黒壮年過』（朋誠堂喜三二作・恋川春町画）。寛政一〇年刊行の『福神江島臺』（十返舎一九作・画）など相次いで、大黒や恵比須・七福神を題材にした黄表紙が続々と刊行されている。(20) 洒落や風刺を織り交ぜた大人向けの読み物である黄表紙にはたくさんの種類やテーマがあるが、そのなかで大黒や他の福神や七福神が登場する物語が編まれているのは、当時の江戸社会において福神を題材にして広く読まれる下地ができていたと考えられる。しかも、大黒天が富を授けすぎて貧乏神から借金をする羽目になり、その返済もできずに、他の六福神が助けるといった滑稽話は、親しみやすさと江戸庶民の生活に入り込んだ素材での物語構成が特徴である。

一八世紀末から一九世紀初頭には、一連の文学・芸能の隆盛はピークを極め、秀吉ブームや黄表紙ブームが巻き起こる。それを危惧した幕府は規制を強め、『絵本太閤記』は絶版に追い込まれ、恋川春町も寛政改革の松平定信の批判を組み入れた寛政元年の『鸚鵡返文武二道』によって出頭を命ぜられたりして、黄表紙に対する規制が厳しくなった。

大黒天の俗称となる「三国伝来」「三面大黒」「火伏大黒」「出世大黒」「開運大黒」を見ていくと、大黒天も一八世紀後半になると性格が変化していることがわかる。これまでの「三面大黒」や「三国伝来」といった基本となるスタイルや歴史由緒をこれまでのようにアピールするだけでなく、台所を守り、火事を防ぎ、財福を得るという大黒天の基本的な役割が明確化され、黄表紙の中でも借金や情の世界で翻弄される人間的な姿が描かれるようになってくる。さらに一八世紀末から一九世紀初頭には、秀吉ブームの中で「開運」「出世」という庶民の夢や希望を叶えるような性格や機能が付加されていき、広く大黒天の性格が多様化していったものと理解できる。福を分けるといった行為については、まだ一九世紀初頭では確認できていないのが現実である。

三　大黒天の行事とお福分け

1　護国院の福湯

江戸時代に展開する大黒天の性格の多様化について、次は年中行事や開帳を紹介しながら、大黒天と江戸の人びととの関わりをお福分けから見ていくことにする。

上野護国院は寛永寺の子院として寛永元年（一六二四）に創建。大黒天は、藤原信実筆、寛永一六年に家光より下賜された由緒ある大黒天像である。その護国院の行事として福湯がある。享和三年（一八〇三）の『増補江戸年中行事』と称する一九世紀初頭の文献には、「護国院にて大黒天ぞうにの湯出る、年中の邪鬼を除き、福徳をさづかるといふ」[21]ように、正月三日の行事として、邪鬼を払い、福徳を得るものと信じられていたことがわかる。

寛延四年（一七五一）版の『江戸惣鹿子名所大全』[22]にも「大黒の湯を諸人に与ふ」と登場していることから、一八世紀半ばには福湯の習俗は成立していたとみてよい。江戸の年中行事をまとめた『東都歳事記』では、「大黒天の尊前へ備ふる所の餅を湯に浸して、参詣の諸人にあたふ。これを大こくの湯又御福の湯といふ。これを飲ば、福智を得るといへり」[23]と具体的な内容やご利益を記している。

『遊歴雑記』には、福湯について次のように記している。

〔資料5〕護国院の福湯

東武下谷東叡山内護国院は、谷中御門の南凡そ三四町にあり。当寺に大黒天の福湯といふ事古来より修行す。是はむかし伝教大師の彫刻し賜ひし大黒天を安置して、此の木像に備えたる鏡餅を粉に砕き、正月三日湯に浸し白

図３　正月三日大黒詣（『江戸名所図会』）

水のごとくにして、大槃切に湛え、長き柄杓に茶碗をそえて参詣の人に飲しむ、是によりて②門前には竹の伐筒を売る者なれば、各是を買求めて件の福湯を竹筒に入、わが家わが家へ持ち帰りて家族に飲しめ、その年の厄難除の呪ひ（まじない）とす。これを大黒天の福湯と号して早春のあさ疾くより諸人競ひて群参す。③もし福湯を持帰る途中に於て小便を達し、又は食事し總て立留て用便することあらば、福却て災害になるといひ伝えて、途中よどみなき様に早々家に持帰るとなん、是は婦女の説なるべし。(24)（後略）

（傍線、丸数字、カッコ内は筆者記入。以下同じ）

『遊歴雑記』は十方庵敬順（一七六二～一八三二）が文化年間（一八〇四～一八）に書いた随筆である。十方庵は小日向水道端の本法寺内の廓然寺の住職で、隠居後一八年間を費やして江戸市中や近郊をめぐり、土地の名所・旧跡、風習、祭礼や行事、伝説を編纂した江戸の紀行文でもある。この記事の中で三つの事柄が特筆される。

①は福湯の概要であり。護国院の大黒天は家光ゆかりの大

黒で、供えた鏡餅を砕いて湯に浸し、粥よりもやや緩めの白水状のものをいう。②はその年の厄難除の呪（まじない）としての意味が込められている。③では途中で何らかの用で立ち寄ったりすると「福却て災害になる」という伝承についてである。どういう災害になるかは具体的には書かれていないが、文面にもあるように「婦女の説」ということで、男性らの正月三日からの不道徳・不謹慎な行動を戒めようとする意図が見え隠れする。

護国院の大黒天にまつわる福湯の行事は、神仏に供えられた供物の「お下がり」をいただくことで、神仏の御利益や霊験をもらい受けるという民俗的慣習に基づく行事であるが、福湯もまた大黒の福徳を多くの人に分配するということでは共通しており、文献等に出てくる一八世紀には一般化しており、すでにお福分けの素地があったと理解することができる。

2 開帳と講

江戸の年表としてまとめた『武江年表』には、開帳ならびに大黒天の行事がいくつか取り上げられている。その記事を年代順に列記してみたのが資料6である。

〔資料6〕江戸の大黒天開帳

延享三年（一七四六）丙寅

○九月朔日より、谷中大円寺にて大黒天開帳。

宝暦十二年（一七六二）壬午

○（四月）麻布一本松大法寺大黒天（伝教大師の作、三面）開帳。

安永三年（一七七四）甲午

○小石川伝通院三内福聚院大黒天、夏の頃より江戸中へ講中を結んで、甲子の参詣今年より始まる。

安永七年（一七七八）戊戌

○六月朔日より、御船蔵前南部大仏勧進所出世大黒天開帳。

文化元年（一八〇四）甲子

○二月四日より、伝通院内福聚院大黒天幷びに諸尊開帳。

天保十二年（一八四一）辛丑

○三月より、伝通院内福聚院大黒天開帳。

安政二年（一八五五）乙卯

○（二月）同十五日より六十日の間、小石川伝通院地中福聚院三神具足大黒天開帳（奉納物多く、芝居見せ物等出る）。

同年（一八五五）乙卯

○七月十九日より五十日の間、牛込原町経王寺大黒天開帳（中老日法上人作）。

元治元年（一八六四）甲子

○（三月）同十二日より六十日の間、伝通院内福聚院（三国伝来三神具足）大黒天開帳（境内見せ物奉納物等多し。参詣群集す）。(25)

大黒天の開帳記事として出てくるのが延享三年（一七四六）で、一八世紀半ばというのは前述した名所案内などに記事が掲載されるのと重なる。『絵本太閤記』などの文芸や歌舞伎などでの大黒天信仰の展開が一八世紀末なので、約半世紀の幅があるが、その間を介するように、安永七年（一七七八）に御船蔵前南部大仏勧進所出世大黒の出世大黒天の俗称を確認することができる。開帳の開催数をみると一八世紀に三回、一九世紀に六回確認でき、明らかに江戸時代後期に開帳回数が増加する。しかも、九回を確認する開帳記事のなかで、五回が伝通院福聚院の大黒天の居開帳によるもので、宮田登が言うように流行神化の様相を呈していたことは明白である(26)。

資料6のように、開帳回数の多い伝通院福聚院の大黒天の記事には「開帳あり、参詣群集す」とあり、江戸の中でも伝通院福聚院の大黒天は特に知られた存在であった。その他に開帳と記されているのは、本所亀沢町の大黒院（浄土宗）、麻布一本松の大法寺（日蓮宗）、下谷蓮光寺（日蓮宗）、牛込原町経王寺（日蓮宗）とあり、いずれも居開帳として行われていたことがわかる。

小石川伝通院の福聚院の大黒天については、『宝暦現来集』に次のような記事がある。

〔資料7〕小石川伝通院福聚院の大黒天

小石川伝通院福聚院大黒天は、安永年中堂建立、何れよりか納たるとの沙汰申ける、建立の時は江戸中へ講中余多出来、左右の寮に講中の目印とて、幟或は旗などを拵へ建並らべ、一軒の寮七八本宛も建たる事故、扨々目覚しき事也、此地形千本突にて、いま有所の堂出来せしなり、予千本突と申事、此時始て見たり、此堂の建前は、彼所は広き明地にて有ける、其節建たる儘にて再建もなし、此講中も今は有りやなしや(27)、

『宝暦現来集』は山田桂翁七五歳の時の著作で、天保二年（一八三一）に成立した。文中に出てくる安永年中とは一七七二〜八一年にあたり、半世紀前の出来事を振り返っている。福聚院の大黒天の御堂を建立する際に江戸市中で講がたくさんでき、その講が奉納する幟の千本突という多さに驚嘆している。その講が今どうなっているかは不明であると記している。前述したように「出世大黒」の性格が一八世紀後半から展開してくるのと、安永年間に御堂を建立して、大黒天信仰を支える講組織の存在は重要になってくる。

大黒天に限らず、さまざまな神仏の信仰と運営維持の組織である講の存在は大きい。日蓮宗寺院との関係の深さも

見て取れる。日蓮が天台宗に学ぶなかで大黒天の秘法行法を学び、大黒天に関する文献も七書ほどあって大黒天への関心を示しつつ、日蓮自作の画像も多いといわれている(28)。しかしながら日蓮遺文のなかに大黒天に関する記述が一か所しかないという指摘もあって、日蓮の大黒天に対する信仰は鬼子母神とともに法華経を護持する十羅刹女よりは低いという説も看過できない(29)。

宮崎英修によれば、日蓮宗に大黒天信仰が入ってきたのは室町時代中期とされているが、法華曼荼羅（曼荼羅本尊）の中に「大去垢天神」として勧請されるようになるのは天正六年（一五七八）で、京都妙覚寺一八世日典からといい、寛永以降になるとほとんどの門流に大黒天が登場するようになり、江戸時代中期には日蓮宗の守護神になりきったという。宮崎は、その背景に江戸幕府の宗教政策によって摂受に向かった日蓮宗が、人びとの欲求に対して鬼子母神や七面天女や大黒天などが欠かせない祈禱本尊として重要な役割を占めるようになったからだとしている。

江戸の日蓮宗寺院において大黒天が、鬼子母神などとともに重要な信仰対象となり得たのは、宮崎のいう一八世紀半ばという日蓮宗の自体の宗教史的な動きに呼応するが、開帳という形で江戸の人びとに広く浸透していくのは、西山松之助のいういわゆる行動文化の具体的な表れの一つでもある(30)。すなわち、都市生活の中で多様な生き方を希求する人びとの欲求（家内安全、身体健全、病気平癒、商売繁盛、除災得幸、良縁成就、子宝安産）などの現世利益を叶える信仰行動に他ならない。日蓮宗寺院の大黒天は、祖師信仰という日蓮の宗教的カリスマ性とそれを信仰する信者との間にあって、法華経の守護神、行者擁護の善神として、室町時代中期から江戸時代初頭にかけて位置づけられたが(31)、鬼子母神が民衆の現世利益を叶える祈禱本尊になるのに対して、大黒天の場合はそれほど重要視されていない。むしろ信者の側から福を授かる、叶えるものとして江戸時代初頭から半ばに展開したと推察する。

3　大黒天像を彫る

栃木県宇都宮市大谷町の大谷寺の宝物館[32]に所蔵されている大黒天（写真２）を紹介する。この大黒天像が入っている厨子の側面と背面に記された墨書には、以下のような文言がある。

此の大黒天の尊像ハ、天保九年西城惣造営の時、①御台所の大柱の余れる木を造営の惣奉行を初、其役にあつかれる人びと、これをわかてり。をのれも監察の役にて其掛りの数にめし加へられし故、余れる木を得る事とハなりぬ。難得木なれハ、其木を以て大黒天二躰を彫刻せしめ、日光御門主准后宮に開眼の事を収遺申つるに、准后宮開眼の法を修し給りし故、②一躰ハ子孫の繁栄をなさんが為に家に残し子孫に伝へ、一躰ハ知行所繁栄を念し、下野国河内郡上荒針村へ預け、永く知行所の守護神と成し、五穀大黒天とあかむ。かしこくも西城大柱の木を以て彫刻し、准后宮の開眼したまへる尊像なれハ、永く仰敬すへし。此神を信心成す者共ハ、先ツ心を清くし、君父の恩を片時も忘れず、忠孝を厚く心掛け、家内睦敷、士農工商共に其家々の勤を励み、精出し、倹素を守り、奢をつゝしミ、人を憐むを第一とすへし。かくのごとくならされハ、たとへ信心いたすとも、③神なんそ守らせ給ハんや。此教を朝暮にわすれす、よくよく守るへし。信心する者共ハ、其身の分限に随ひ、多少を論せず、年中の甲子ことに志次第、大黒天へ五穀の内を備ふへし。其備へし五穀を八年々積置、万一後年五穀不熟の年あらハ、積置し五穀を出して諸人を助くへし。此神掟を守り、信心成す者共ハ、必年を追て利益有へし。若し此神掟に背者ハ、

写真２　大谷五穀大黒天

神罰あるへし。恐れ慎ミ信心すへし。
　　天保十一庚子年六月

この厨子の墨書からは、以下の三つのことが確認できる。
①天保九年（一八三八）三月一〇日の西の丸御殿の炎上により、修理に絡めて御台所の大柱の余り木をもらい受けて二体の大黒天を造ったということ。
②一体は家において子孫繁栄を祈り、もう一体は知行所において地域の繁栄と守護を祈ったこと。この大黒天像を造らせた人物の守行は、『柳営補任』によれば、三枝左兵衛守行で「天保八酉七月十七日西丸御目付ヨリ、同九戌三月西丸炎上之節骨折候ニ付、時服三ツ被下、同月十三日西丸御普請御用掛リ、同十戌三月十七日西丸御普請御用骨折候ニ付、両丸より時服三ツ、金十枚ツヽ被下之、同十一子五月十五日山田奉行[33]」とあり、事実関係が確認できる。
③五穀大黒天と称し、凶作の年に備蓄した五穀を放出して諸人を助けることを定め伝えたということ。知行所支配の関係から、備蓄した食糧を知行地に配ることで生活の安定を確保する救済措置である。穀物を人びとに分配するという点では、大黒天の財福を分けるお福分けとみなすことができる。

西の丸の台所の柱を使って彫刻された大黒天の像は、由緒ある部材を使った大黒天として、ある種の縁起担ぎとも取れるが、これに類する例は多い。

江戸東京博物館所蔵の「大黒尊天・恵比寿尊像」の厨子の背面には、「天保十三年壬寅初秋　京都佛師造之　大川橋掛替　三枚目之板　樋口七右衛門拵之」とある。樋口七右衛門が京都の仏師に、大川橋つまりは吾妻橋の材木で三枚目の板材を使って大黒・恵比寿像を作らせている。『藤岡屋日記』をみると「（天保一三年）七月十三日　浅草大川橋掛替に付、三月十九日より往来止、今日渡り初也[34]」とあり、事実関係が確認できるが、その三枚目を使ったというのがこの大黒天である。

　高村光雲もまたヒノキ材で、日本橋の上り、つまり室町方面から日本橋を渡る際に、その三枚目の橋板を使って大黒天像を作ったという。[35] 写真3は栃木県下都賀郡のT家の所蔵する恵比須・大黒天の木像の台座裏の墨書である。そこには「日本橋三枚目　文政七申九月」（恵比須）、「両国橋三枚目　文政七申九月」（大黒天）とあるが、文政七年（一八二四）の両国橋はもちろん、その年の前後に橋の架け替えはない。このことから縁起担ぎから全く関係のない部材を、有名な橋の三枚目の板材を使ったと偽造した可能性がないとは言えない。「橋大工どれをくれても三枚め」という江戸川柳があるように[36]、三枚目の板かどうかは、正直、橋大工しかわからないが、大黒天像が彫られて広く普及していたことはわかる。

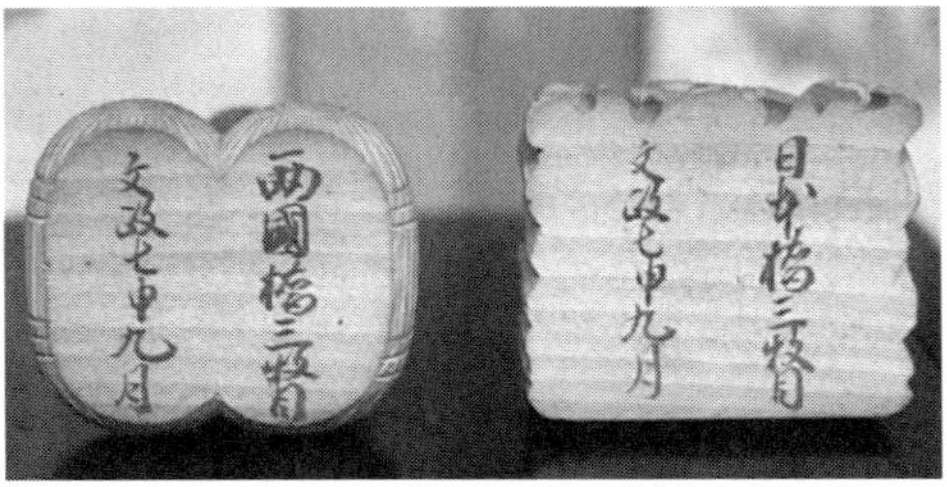

写真3　大黒・恵比寿像の台座墨書

（栃木県T氏提供）

おわりに

　大黒天が持っている多様な諸相は先学の示してきた通りであるが、本稿では二つの事実関係を指摘できたと思う。一つは、一八世紀後半から一九世紀初頭にかけて、黄表紙や読本、歌舞伎や浄瑠璃によって取り上げられた秀吉の立身出世話が、従来からあった財福を授ける福の神の性格に加えて、「開運」「出世」に期待し、積極的に大黒天のご利益を得たいと願う性格が展開するようになったということである。

　もう一つは、幕末期から明治・大正にかけて、大黒天のお姿を大量に摺ってそれを不特定多数の人に配るという習俗を取り上げ、これまで大黒天の性格や諸相として取り上げられてこなかった「お福分け」の事例を紹介したということである。この習俗がなぜ幕末期に現れたのか、その意味を最後に述べて総括としてみたい。

前者の「開運」「出世」に対する大黒天への期待の表れは、都市に生きる人びとの生き方そのものの価値観が示されている。農村においては、生産活動を優先する五穀豊穣への期待であるが、都市においては、いかに都市のなかで自らの生活を維持していくかを希求した結果が開運・出世なのである。時代や環境によって、いかようにも変化する日本人の柔軟な神観念や信仰のあり方のなかで大黒天も変化してきた。室町期の京都において福神が成立しセット化してくるのと同様に、江戸時代半ばの江戸の人びとの立身出世を求める時代認識を反映していると理解できる。店舗で働く町人にしても、幕府や大名に仕える武士にしても、自分の地位や身分、仕事に応じて金銭を得てそれぞれ生活をするという共通の生活基盤を維持向上させていくために、大黒天の開運・出世への期待が強化されていくのである。

では後者の方はどうであろうか。大黒天の御影を多数摺って二枚一組で配る習俗、台所の部材で大黒天の木像を彫らせたり、橋の架け替えに際して三枚目の板材を使って大黒天を造り、供えられた餅を砕いて煮た福湯を参詣者に振る舞うなどの例は、いずれも「福を分ける」「配る」（施す・振る舞う）という共通の行為が見られる。

大黒天の姿が配られるということは、商家や商店などが配る引き札や絵びらの類もあるが、「幸いを授かったら、自らがその利益の一部を他人に施すことで、福をより多くの人に分け与える」ということがお福分けの基本原理であるので、情報提供の一環として縁起物とともに顧客獲得のために配られる引き札とは、全く無関係とは言わないが基本的に違う。むしろ大黒天を摺って大量に配る習俗は、家や個人に授かった幸福をいかに他人に分け与えるかという、極めて個人（家族）的な行動によって展開しているのが特徴である。

ええじゃないかとの関係性も同時代的な現象ということでは無視できない。単純な比較は難しいものの「降ってきたものを入手する」ことで民衆が動揺する様子には共通するものがあった。ええじゃないかのような大規模な集団乱舞にまではならないが、当該時期の「世直り」「世直し」を求める行動と、大黒天を摺ることは全く無縁ではない。福を求めて暮らしたいと願う都市住民が、大黒天の御札が降ってきたり、玄関に投げ込まれたりして、大黒天の御影を夢中になって摺り配る。そこに世の中の安泰と招福を願う都市民の心性が理解できる。毎日の天候や作物の出来具合や大漁不漁に左右されながら暮らす農漁村の不安とは異なり、都市生活の日常的な不安が、大黒天のお福分けと結びついたものと考える。しかしながら、幕末期の社会不安のなかで生じたええじゃないかも、民衆運動として発展しきれなかったという状況はあるが[37]、大黒天のお福分けもまた民衆運動にはほど遠く、個人の期待と願いの中の俗信レベルで終わったと特徴づけられる。

ところで、高度経済成長期に「不幸の手紙」が小中学生の間で流行したり、インターネット社会の現代においてもチェーンメールが不特定多数へ配信されたりする事例がある。最後に必ず「止めると殺される」「～のために広めてください」と結ばれ、脅迫めいた義務付けを強要する。大黒天の場合、「二枚宛千人ニ施すべし」、そうすれば「益々吉事を招く」とあり、裏を返せば「配布しなければ吉事は来ない」という意味にも取れる。不幸の手紙は、同じ手紙を複数の人に分散させることで自分に降りかかる不幸を払い除けようとする。だから幸福を得た者が福の一部を分け与えるのは、自分に対する妬みや不平をかわすために、幸福の一部を放出することで自分を取り巻く人間関係の安定と均等化を図ろうとする逆の行動であると言えなくもない。

現代社会においてお福分けに類する行為はあまた見られる。ゴルフでホールインワンが出ると、ツアー仲間にビールや食事を奢ることで相手の妬みや悔しさを緩和させたり、田舎から送られてきた野菜や果物や菓子を、お裾分けと称して近隣に配ってつきあいを円滑化させたり、旅行に行ったら必ず土産を購入して、会社の同僚や近所に土産を配って留守にした詫びと妬みや羨望観を払拭する。無事に帰ったことを報告するというより、旅行に行ったことをこの土産で帳消しにして、という力学が働く。建前や上棟式などでの最後は、餅投げ・餅撒き・投げ餅でお福分けをして災厄を祓い、近隣の安全幸福を祝う行事は各地でよく見られたものである。

これらの事例は、社会関係の安定と円滑化のためのお福分けであり、友人や親せき、隣近所などの狭い範囲に限定しているのが特徴で、地域の中でやりとりが完結している。

しかしながら、慶応三年(一八六七)から翌年にかけて斎藤月岑が摺って配った時期は、まさに幕末にあって、徳川の治世の終末期にあたる。とても吉事があったから配ったとは思えない。幕末の緊張した社会状況のなかで、むしろひたすら開運・授福を願う民衆の気持ちがこの大黒天に込められているとみる方が自然である。

かつて宮田登がミロク信仰を通じて「時代の枠を超越した潜在的かつ伝承的意識」を探るとして、歴史民俗学・比較民俗学的な把握に努めた。日本の民衆がどのような「世直し」観を抱いているかミロクを通して検討し、凶年を払い豊年を待望する農耕儀礼や、悪霊の籠もる世を払い幸運を迎えようとする鎮送呪術や、鹿島信仰や鯰絵の中に、それぞれ日本人の基層に潜在する世直し観＝メシア思想を明らかにしようとしたが、民衆意識の伝統的な観念の中に、明確なメシアニズムは育っていないと主張している。(38)

同時期の大黒天信仰を「お福分け」という行為から江戸の民衆の社会観や幸福観を探求してみたい。吉事があれば大黒天の御影を通してその福の一部を多くの人に分け与えることが行われた。吉事を得るのが厳しい幕末のような状況にあっては、ひたすら大黒の像を摺り配ることで招福を願い、福徳安泰の時世が訪れることを祈ったのである。その規模は個人の周辺や近隣に留まり、ええじゃないかのような広域的な展開と爆発的な流行を見せることはなく、世直りを期待するきわめて小さな行動であった。

社会の安定と幸福の平均化を図り、福徳にあずかろうとする意識は、鯰絵や、ええじゃないかや、新興宗教の台頭にも共通する「世直し」「世直り」につながる。しかし、宮田登が示したように、大黒天に対してもメシアや理想郷を必要とするほどの変革意識や運動はない。すなわち、お福分けは、幕末の変革期において都市住民全体にはびこる社会不安を払拭し、福に預かりたいと願う共通の認識に支えられてはいるものの、大黒天の福神としての基本的な性格に加え、都市の発達とともに開運・出世を期待し、社会不安の中にあっては福を分配することで都市生活の安定を図ろうとする静態的な行動とみなしうる。時代の変化に対処し、都市全体の幸福を願う方法の一つであり、極めて個人的な現実的願望に基づく行動文化の一つであったと解される。

註

（1）古くは長沼賢海『福神研究恵比須と大黒』（丙午出版社、一九二一年）。喜田貞吉『福神の研究』（日本学術普及会、一九三五年）。近年では大島建彦編『大黒信仰』（民衆宗教叢書第二九巻、雄山閣出版、一九九〇年）。笹間良平『大黒天信仰と俗信』（雄山閣出版、一九九三年）。宮田登編『七福神信仰』（戎光祥出版、一九九八年）がある。

（2）喜田前掲註（1）所収の「七福神の成立」では、室町末期に大黒・恵比寿の二福神が流行し富貴を祈る対象となったと指摘する。

（3）三浦あかね『三面大黒天信仰』（新装版、雄山閣、二〇一六年）。

（4）紙谷威広「福神と厄神」（『講座日本の民俗宗教3神観念と民俗』弘文堂、一九七九年）。

（5）大島前掲註（1）。

（6）海徳寺の版木一二枚は品川区の文化財指定を受けており、その中に大黒天の御影札一枚がある。『品川の歴史と民俗』

（品川区、一九七〇年）、二八六頁。
（7）「小林信子日記」（小林重喜『明治の東京生活』角川選書、一九九一年）、一二二頁。
（8）小林前掲註（7）、一二四頁。
（9）「参河聡視録」（『岡崎市史』第八巻、岡崎市役所、一九七二年）。
（10）渡辺和敏『ええじゃないか』（愛知大学綜合郷土研究所ブックレット1、二〇〇一年）、三六～三七頁。
（11）東京大学史料編纂所『斎藤月岑日記』九（『大日本古記録』岩波書店、二〇一三年）。
（12）斎藤月岑著・朝倉治彦校注『東都歳事記』1（東洋文庫、平凡社、一九七〇年）、三一頁。
（13）『遊歴雑記』二編下（江戸叢書刊行会編『江戸叢書』巻の四、日本図書センター、一九八〇年）、四〇九頁。
（14）『東都歳事記』1、三二頁。
（15）「比叡山三面大黒縁起」比叡山延暦寺総務部　http://www.hieizan.or.jp/wp-content/uploads/2015/03/daikoku_engi.pdf（二〇一七年七月一日閲覧）。
（16）「大黒天神法」（宮崎英修『日蓮宗の守護神』平楽寺堂書店、一九五八年）、一五九頁。
（17）園徳院　http://www.kodaji.com/entoku-in/daikoku.html（二〇一七年七月一日閲覧）。
（18）寛政九年（一七九七）～享和二年（一八〇二）に成立した七編八四冊からなる読本。竹内確斎作、岡田玉山画。文化元年（一八〇四）絶版を命ぜられる。
（19）寛政一一年（一七九九）に初演された浄瑠璃。近松柳ほかの合作の時代物。明智（武智）光秀の叛逆を中心に秀吉（真柴久吉）をからませた全一三日の話を一日一段に構成。十段目「尼ケ崎」は「太十」と呼ばれて有名。後に歌舞伎化した。
（20）「黄表紙の七福神」（宮田登編『七福神信仰事典』戎光祥出版、一九九八年）、五三～五四頁。

(21)「増補江戸年中行事」享和三年(一八〇三)版(『続日本随筆大成』別巻11、民間風俗年中行事上、吉川弘文館、一九八三年)。
(22) 江戸叢書刊行会編『江戸叢書』第三巻・第四巻(日本図書センター、一九八〇年)所収。
(23)『東都歳事記』1、五一頁。
(24)『遊歴雑記』二編中、二六三頁。
(25) 斎藤月岑著・金子光春校訂『増訂武江年表』1・2(東洋文庫、平凡社、一九六八年)。
(26) 宮田登『江戸歳時記』(〈江戸〉選書5、吉川弘文館、一九八一年)、二七頁。
(27)『宝暦現来集』巻之一(『近世風俗見聞集』6 続日本随筆大成別巻6、吉川弘文館、一九八二年)、二八頁。
(28) 宮崎前掲註(16)、一五五～一五六頁。
(29) 宮崎前掲註(16)、一七二頁。
(30) 西山松之助の行動文化論については、同「江戸文化と地方文化」(『岩波講座日本歴史』近世5、岩波書店、一九六四年)を初めとして、その後、同「江戸町人の総論」(西山松之助編『江戸町人の研究』第一巻、吉川弘文館、一九七二年)三六頁。同「江戸の町名主斎藤月岑」(同編『江戸町人の研究』第四巻、吉川弘文館、一九七五年)四六〇～四六二頁に詳しい。
(31) 宮崎前掲註(16)、一七六頁。
(32) 大谷寺の宝物館には、慶長二年(一五九七)の銘がある左甚五郎の作と伝える木彫の開運大黒天がある。
(33)『柳営補任』巻之一(東京大学出版会、一九九七年)、一一七頁。
(34)『藤岡屋日記』(原田伴彦編『日本都市生活史料集成』二、三都編Ⅱ、学習研究社、一九七七年)。

（35）　高村光雲「甲子年の大黒のはなし」（『幕末維新懐古談』岩波文庫、一九九五年）。『光雲懐古談』（万里閣書房、一九二九年）。「大黒さまを作る材であるが、それは、檜材である。日本橋の登る三枚目の板が大事にされたもの……王城の地を中心にして京を上としてある。で、登る三枚目とは室町の方から渡って三枚目の橋板を差すのである。時たま、橋の修繕の際、この橋板は皆が争って得たがったものです」とある。

（36）　喜多村筠庭『喜遊笑覧』３（『日本随筆大成』別巻9、吉川弘文館、一九七九年）、二六八頁。ここでは「橋板にて大黒の像をつくるといふ事むかしより有り」と記し、江戸の川柳でこの句を挙げている。

（37）　西垣晴次『ええじゃないか―民衆運動の系譜―』（新人物往来社、一九七三年）。

（38）　宮田登『ミロク信仰の研究　新訂版』（未来社、一九七五年）、一八一、三三一～三三二頁。

御開帳神事と民俗宗教
―石鎚信仰の御神像拝戴を中心にして―

西海　賢二

一　石鎚信仰略史

瀬戸内海沿岸の漁村を中心にして、遠くは北海道・ハワイ・ブラジル・タイなどにも散在している「石鎚信仰」は、災厄を防ぎ、かつ子供たちの通過儀礼として石鎚山（西日本最高峰、一九八二m）に登拝をするなど、今日でも盛んである。毎年お山開き（瀬戸内周辺わけても愛媛県内のうち、東予地区では一般に親しみをこめて「お山市」と称している）の七月一日から一一日までの間に、各集落で講（講中もしくは講社・組・班・参拝団・登山会）を組織して、西日本最高峰へ参拝する。

石鎚山は今から一三三〇年程前に修験道の開祖とされている役小角によって開山されたと言われている。以来、弘法大師・光定大師ら古代の高僧の修行を兼ねた信仰により、中宮成就社（西条市小松町。石鎚山中復一四五〇mに鎮座）が創建されるにともない、横峰寺（四国八八か所第六〇番、真言宗御室派。本尊大日如来。石鎚修験道の歴史を考えるうえにおいて貴重な資料とされる平安時代末期の金銅蔵王大権現正体の鏡を有する）、前神寺（四国八八か所第六四番、真言宗石鉄派。本尊阿弥陀如来）が開創され、石鎚神社の別当となり幕末維新期に至ったのである。

明治初年の新政府が天皇の神権的権威確立のためにとった神仏分離政策により神仏の合体が禁止され、それまで石鎚蔵王権現と称して管理していた別当寺が廃止され、石鎚神社頂上社(霊峰石鎚山山頂)、石鎚神社本社(愛媛県西条市西田甲七九七)、石鎚神社成就社(石鎚山中腹)、石鎚神社土小屋遙拝殿(石鎚山中腹)の四社を総称して現在の石鎚神社となった。

山岳宗教の霊場としての石鎚山へは、伊予からだけでなく、讃岐・土佐・備前・備後・美作・豊前などの各地からの登山者がある。これらの登山者は、登拝に先だって一週間から一〇日間ほどの潮垢離(海水を浴びて身を浄めること。今日でも安芸周辺の呉・竹原・尾道・福山などの漁村部で多く行われている)や四足断ち(獣の肉食を断つこと。山口県内の島嶼部をはじめ新南陽などの講中(森田組)は、弁当などに一切肉食を入れない。前掲の石鎚神社四社に夏山中奉仕する二〇〇名余は、六月二九日から七月一〇日までは、全員、四足断ちが守られている)をすることが常で、その出で立ちは白装束に金剛杖をもち、先達(講元、もしくは江戸中期以降は講頭)の引導によって登山をするのである。

これらの行者(導者)たちは石鎚講・お山講という「講」を組織して、お山の開かれる七月一日から一〇日までの間に登山し、石鎚ロープウェイ架設(一九六八年)以前は、黒川・今宮(西条市)にある季節宿(石鎚山麓では一般には「キヤド」と称している)で宿泊するのを常としていた。

今でこそ、船・舟・電車・バス・自家用車・ロープウェイなどによって容易に参拝することが可能となったが、それ以前は石鎚神社(本社・西条市西田)から中宮成就社・頂上社まで三〇数㎞すべて歩行での参拝だったのである。

古くは、奈良県の修験道の霊場として著名な大峰山などとともに女人禁制であったが、今日では七月一日のみの女人禁制(成就社から頂上社まで)で、それ以外は女人の登山も許されている。

二　石鎚講と信仰登山

石鎚講は江戸時代中期、とりわけ宝暦年間(一七五一～一七六四)以降発達したものと思われ、その状況を示すものとして、広島県竹原市忠海の福本講と中宮成就社(昭和五五年(一九八〇)に火災のため焼失)には、宝暦一二年(一七六二)の銘がある鳥居・代参帳・常夜灯と、宝暦一四年の幟があり、一八世紀中葉には石鎚講の簇生があったことが明らかである。

現在では、中宮成就社より頂上社までを神域とし、とくに一の鎖(三〇m)より上方を御神体として仰いでいる。最近では少なくなったが、鎖元で草鞋を履き替える習慣が行者の間には見られ、その一端を物語っている。

一九四〇年代の半ばから、こうした講組織が母胎となって氏子以外に全国各地一三か所の崇敬組合が組織された。お山開き大祭中には中宮成就社に東予崇敬組合、西条・周桑崇敬組合、今治・越智崇敬組合、中予崇敬組合、上浮穴崇敬組合、南予崇敬組合、高知崇敬組合、安芸崇敬組合、東洋大心崇敬組合、備後崇敬組合、山口崇敬組合、福岡崇敬組合、大分崇敬組合などの各崇敬組合の事務所が設置され、登拝者の事務取扱を受けたり、先達会符の昇進を受けたりする。なお、登拝者は自分の所属する組合に行き手続きをして登山札(入山・登山切符)を貰わなければ登拝できないことになっている。ただし氏子証明書を持参している者は、この限りではない。崇敬者中、とくに信仰篤く人格も立派で石鎚山の地理に詳しく、他の崇敬者を教導するに相応しいと崇敬組合長の推薦があった場合、先達会符を授与しその人を先達としている。

現在、先達の数九万人弱を有し、そのなかで功労の大小によってさらに役会符を授与し、副取締・取締・副大取締・大取締・副大会長・大会長・副監長・監長・副大監長・大監長・特別大監長・特選部長・名誉大監長・名誉部長・元老・元老顧問・元老大顧問まで一七階級がある（特別大監長より笏持）。このほか先達の功労者の称号として神鏡笏・銀錫・金笏、及び名誉顧問制がある。

以下は、ここ四〇数年来の調査（昭和五〇年代後半からは夏山の一奉仕者として）の出発点となった昭和五三年の石鎚山「お山大祭」と、大祭の中心行事である「石鎚登山」と、御開帳神事としての「御神像拝戴」神事から、石鎚信仰の拡大について紹介することとする。

六月三〇日午前八時半、大保木《おおふき》・石鎚氏子青年団（西条市）有志の奉仕によって石鎚神社本社（里宮）を出御した三体（仁・智・勇）の御神像は、九時半に黒瀬峠、一〇時に大保木支所、一〇時半に大元神社の各お旅所において祭典を執行し、氏子及び崇敬者の参拝を受けながら、河口《こうぐち》を経て午後一時にロープウェイ下谷駅を経由して二時に中宮成就社に着御し、同日は同社に御仮泊した。

七月一日午前六時すぎより激しい雨となったが、午前七時、頂上社・成就社間の御神像遷御の時間になると、それまでの激しい雨はまるで嘘のように瞬時のうちに止み、快晴となった。この年の御神像遷御の奉持団体は、一番今治越智崇敬組合、二番中予崇敬組合、三番大分崇敬組合（奉持団体は毎年決まっているものではなく、その年の籤及び奉持者数などによって決定している）で、勇壮な宮出しが行われ、午前一〇時過ぎには三体すべての御神像が、無事に奥宮頂上社（弥山。一九七四m）に遷御された。

すべての御神像が無事奥宮頂上社に遷御されるのを待っていたかのように、また激しい雨模様になった。なお、午前一〇時に頂上社・成就社・土小屋遙拝殿・本社のそれぞれにおいて同時に夏季大祭の初日祭が執行された。

一日と二日（昭和五三年当時はまだ二日間）は女人禁制（当年は愛媛県山林保護委員会の女子職員が女人禁制をめぐって神

社側と係争があり、新聞紙上を賑わせた）のため頂上社への参拝は男性のみであるが、一日の午後より快晴となったことも手伝って頂上社付近は、成就社よりの登拝者、石鎚スカイライン終点の土小屋よりの登拝者で混雑をきわめた。ちなみに初日の登拝者は七〇〇〇人を超えたとのことで、筆者もそのうちの一人であった。

五日午前一〇時より頂上社外三社で中日の祭典が執行された。大祭の中の日ということで登拝者数も一段と増し、鈴の音、法螺貝の音、「ナンマイダンブ」「オノボリサンデ」「オクダリサンデ」の掛け声が山峡にこだまして、不思議な協和音を出していた。

また、この日、成就社の崇敬組合事務所の奉仕者の交替も行われた。午前一〇時中日祭につき、成就社勤務者二〇〇名、それに五日間奉仕活動された崇敬組合の人々に御神酒が振る舞われた。

七日、お山祭も終盤に入り、午前一〇時より成就社で闘病平癒祈願祭が行われた。九日は、午前五時が神門の開門であるが、日曜日とあって夜通しの代参者が多く（筆者もこの日、広島県竹原市忠海町福本講の一員として代参した）、一時間開門をはやめ、四時に開門の指令があった。当日は天気もよく成就社境内には本年度最多の信者が溢れ一路頂上社へと向かった。そのため一・二・三の鎖元では数時間待たされるなど、頂上社付近は大変な混雑であった。

一〇日午前一〇時、頂上社を中心に各社において大祭終了祭が行われ、これによって成就社神門が開放となった。正午、頂上社において御神像発御祭を執行して御下向、午後二時に成就社に着後して御仮泊となった。なお、御神像遷御の奉持団体は、一番・二番・三番ともに備後金丸組がこれに当たった。

一一日、午前七時に成就社出御祭が行われ、午前九時に同所を出発して、ロープウェイを経由して河口・大元神社などの各御旅所を経由して、正午に本社に到着した。本社（里宮）参道には長蛇の列をなす参拝者の頭上を神輿がかけぬけ、御本殿に着御した。その後、御神像拝戴神事が行われた。この拝戴神事は、石鎚山登拝が不可能である老人や子供あるいは神社周辺の人々に、御神像を体の痛みのある部分などに擦りつける神事である。

三　石鎚山と御神像拝戴神事

石鎚のお山祭(お山市)中、筆者は三五年間ほど成就社拝殿左側にある神前受付に奉仕する機会を得て、全国各地から石鎚山に登山・参拝する人々の祈禱と御神像拝戴神事を神官(四国では一般に「じんかんさま」と称している)に依頼する業務を行ってきたが、以下に祈禱の種別と、御神像拝戴神事が行われる経緯などを掲げておこう。悪天候のために頂上社へ行けない者や、喪中(一般には服がかかっているという表現が多い)のためお山祭に参加できない者もいるが、個人祈願・共同祈願の別なく、様々な内容が見られる。以下に支障の無い限り、その神事を通して石鎚信仰の深層を紹介してみよう。なお「御神像拝戴神事」については後述する。

最初に祈禱種別としては、家内安全・闘病平癒・大漁祈願・海上安全のほか、商業繁栄・事業繁栄・職場安全・工事安全・交通安全・身体健康・良縁成就・安産祈願・入試合格・必勝当選・心願成就・諸願成就・年賀厄除・憑きもの落としなどがある。

このうち家内安全・当病平癒・大漁祈願・海上安全が半数以上である。

ただし、地域によって祈禱種別に片寄りをみせる特徴がある。とくに広島県下では大漁・海上安全が主であるのに対して、他地域では圧倒的に家内安全・商業繁栄である。

なお、四国及び瀬戸内の民俗宗教とも深く関わる憑きもの落としだが、愛媛県の南予地方、高知県の山間部、徳島県の吉野川流域からの信者に特徴的に見いだせる。

年賀厄除の祈願する年齢は、年賀命寿が八八歳・七七歳・六一歳、厄除延命が（男子）四二歳・二五歳、（女子）三三歳・一九歳というものが多い。なお、東予崇敬組合だけは六〇歳の時に年賀厄除けをしているが、還暦の祝いとしての認識が強いことの表われかと思われる。

石鎚神社の御神像拝戴神事（石鎚神社・本教祭式基本及び行事作法にあるが、統一されたものではなく、講社・教会・遙拝所によっても、呼称が区々である。一般には内陣入り、御開帳、御祈禱、御神像をいただく、権現さんをいただく、御拝戴など称しているが、これらは拝戴神事をする地域もしくは、江戸時代以降の講集団組織、終戦後の信者集団、そして近年多くなりつつある仏教系の集団の人たちによるもので、名称は異なっている）は、一〇名以上を一団体として（内先達一名を含む）行われ、五〇名を超える場合は一名につき二〇〇円となっている。なお、特別参拝の章持参の場合（特別会符や近代における褒賞制度による団体）はこの限りではなく、例えば宮司室・権宮司室扱いとして、神前受付課長に文書が回ってくる。このほかにも各奉仕課長には、拝戴に関わる暗黙の申し合わせ事項が事前に配布されている。その例をいくつか紹介する。

一、祈禱、ご開帳は、複数団体でも行い、信徒の待ち時間を減らす。

二、御開帳時、神前が混雑しているときには、先達に「お早く」とお願いする。

三、御祈禱の後の御神札は、神職室の人が、神札の袋と共に参拝の人へ渡す。

四、御祈禱を神前受付に申し込まれた人は、必ず後ほど取りに行ってくださいと伝える。

五、祈禱受付は午後七時の夜の神事以降は受け付けない。

一般的な宮司室、権宮司扱いの書面を以下に紹介する。

内陣入

竹原市忠海町
　＊＊講代表＊＊＊＊外十四名
右、内陣入をお願いします。
　平成＊年七月＊日

　　　　　　　宮司室(印)

神前課長殿

　御内陣入
松山市立花　代表＊＊＊＊
先達会符第弐番につき
御初穂金弐万円にて内陣入り、よろしく
御願い致します。
平成＊年七月＊日

　　　　　　宮司室(印)

神前課長殿
また、御神像拝戴の時にのし袋に明記される一般例を紹介すると、以下の通りである。
　御神像拝戴
　　御初穂

滋賀県大津市＊＊＊＊＊＊＊

祖＊＊

＊＊＊＊＊

御祈禱料

若柳＊＊

参万円

ここで近世後期の祈禱、現参、護摩の一例を掲げる。

文化十癸酉五月二日より

現参料三貫四百四十文

藝州二窓　講頭

門三郎

酉五月廿八日

一半座七ツ　弐貫八百十

一添護摩九ツ　壱貫百八十

〆三貫九百九十文

一現参　四拾三人

一御初穂　壱包

前神寺　役所（印）

愛媛	22
大阪	150
愛媛番外代表矢野哲	53
愛媛	10
広島	7
広島	4
徳島	22
高知参天教会	20
愛媛	65
福岡	34
広島	25
愛媛	13
広島	30
広島	49
広島	10
香川	35
愛媛	30
香川	27
広島	2
山口吉見教会	173

7月7日

広島	15
広島	61
岡山神之講	70
広島	45
香川	48
大分	25
愛媛	10
山口	12
愛媛	10
香川	27
広島	8
広島	10
広島代表海段勝観	24
広島	20
広島	14
広島	170
広島	83
福岡	46

7月8日

広島	38
広島	22
愛媛	99
大分聖徳院	10
広島	50
岡山	50
広島	9
広島	30
岡山	54
広島	2
愛媛	14
徳島	46
高知	38
広島	17
兵庫	23
山口	117
山口	70

7月9日

広島	43
愛媛	34
広島	18
岡山	40
愛媛	24
広島	13
広島	8
岡山倉敷不動社	22
香川厄除不動明院	18
広島	10
広島	9
広島	19
愛媛	25
徳島	37
広島	4
香川	19
福岡	60
大分	2
愛媛	42
兵庫	28
広島	14
高知	10
大分別府石鎚教会	129
大分	2
福岡	15

7月10日

広島	50
東京江藤隆信	7
香川	9
東京千歳電気工業	24
愛媛	35
山口	18
福岡	42

表１　お山祭 平成元年 祈禱者数

（受付順。講社・団体名などが記されている場合はそのまま記載した）

6月30日	
大分	18
広島	37
広島	24
大分	30
大分	30
愛媛	20
愛媛	17
愛媛	50
愛媛	50
7月1日	
広島（尾道美心講）	32
岡山	42
広島	20
徳島	250
愛媛	20
広島	49
広島	35
岡山	8
広島	43
広島	33
広島	12
広島	13
広島	14
福岡	46
広島	72
山口	16
島根石見教会	46
岡山	46
7月2日	
広島	49
愛媛睦美教会	70
広島	50
広島	37
広島	50
大阪	11
福岡若松教会	41
福岡妙悦会	23
山口	19
広島	20
愛媛	6
広島	26
山口	18
香川琴平教会	115
愛媛	29
広島	26
広島	17
広島	63
広島	17
大分別府信仰会	133
広島	11
7月3日	
愛媛	33
愛媛	50
大分	50
広島	24
広島	10
大分尺間嶽教会	66
大分黒岩教会	50
大分城南	48
広島	30
広島	31
広島	27
広島	27
岡山鬼石組	48
香川	33
広島	10
広島	26
岡山	44
広島	22
広島	80
広島三次教会	12
岡山	42
広島	60
7月4日	
岡山	40
香川	27
山口	20
岡山	73
広島	40
愛媛	13
岡山	10
徳島	42
岡山	30
広島備後一心講	18
福岡穂波教会	50
広島石鎚益雄	16
広島	2
高知	7
愛媛	36
広島	15
7月5日	
徳島	28
愛媛石鎚神霊本教 壬生川支部	59
大分吉野講社	61
広島	24
香川	22
徳島三縄石鎚教会	110
高知（宮司）	7
愛媛	1
広島	12
高知	48
香川	45
広島	4
広島	20
広島観現寺 代表中浩海	92
山口	60
大分	75
7月6日	
大分	40
高知	30
愛媛	50

表2　お山祭 平成元年・2年 地域別 祈禱件数・祈禱者数

都道府県	平成元年		平成2年	
	祈禱件数	祈禱者数	祈禱件数	祈禱者数
岡山	15	593	17	433
広島	79	2283	72	2126
島根	1	46	1	38
山口	10	409	12	475
愛媛	30	990	24	731
香川	12	425	15	430
徳島	7	535	10	446
高知	7	143	3	23
福岡	9	357	13	356
大分	16	769	12	695
兵庫	2	51	1	17
大阪	2	161	3	341
三重			1	16
東京	2	3	1	17

（数値は土小屋遙拝殿・本社の分は含まず、成就社のみの統計である）

（広島県竹原市忠海町福本講所蔵）

というもので御祈禱、現参、護摩焚きを含めたものとされていたことがわかる。

ここで、平成元年（一九八九）と二年、及び一六年と二六年の四年分（データとしては三五年分あるが紙幅の関係から四年分とした）の「お山大祭」期間中の御祈禱及び、御神像拝戴神事を行った団体（教会・遙拝所・講・講社・代参会・同好会・○○会）。個人を掲示する。まず平成元年の一覧（表1）と、元年・二年の地域別祈禱件数・祈禱者数を一覧にしたものを掲げる（表2）。

ここに明記したものは一一日間の団体を受付順に掲げたものであるが、このほかに、個人による祈禱及び御神像の拝戴神事が数千件ある。祈禱件数・祈禱者数が多いのは、広島・愛媛・大分・岡山・徳島・香川で、信仰圏が瀬戸内沿岸に集中していることが歴然としている。

これに対して平成一〇年代から二〇年代になると、交通機関の発達によって信仰圏が拡大する。さらに女先達による講や団体が多く見られるようになり女性の割合が飛躍的に伸びていることが判かる（表3・表4）。

以上、平成初年・平成一〇年代、そして平成二〇年代後半の、祈禱内容・御神像拝戴の具体的事例を見てきたが、この三〇年間を限っても拝戴数の激減を認めざるを得ない。しかしその反面、信仰圏は拡大し、個人祈願よりも、女先達の指導による共同祈願が増えていることが確認される。なお近年、真言宗系の集団参拝が激増していることは、信仰集団のあり方を考える上でも注目すべき事であろう。

御祈禱・御神像拝戴神事は、お山大祭中の天候にも影響されることが多い。めったにあることではないが、平成七年は、七月三日の集中豪雨によって鎖場で岩崩れが生じたために、同日午後六時三〇分からの各組合長が宮司室に参集して協議した結果、翌四日の午前中は山止め（神門を開けない）になった。こうした非常事態の時は、参拝者が頂上社へ登拝できないために、成就社での御神像拝戴神事が急に増大することもある。また、その年に選挙戦があると御祈禱が多いという特徴もある。

この数年の傾向として、遙拝殿脇に「現参課」が復活したために、頂上社まで行けないような女子供や老人たちが、神門を抜けて一の鳥居（頂上社を近くに遙拝できる場所）まで行って遙拝して成就社に戻り、この儀式をすることが多くなっている。「現参」とは、確かに石鎚をお参りしたことを示すもので、現参の証として「特別札」が出される。文化・文政期（一八〇四～一八三〇）にはこの制度のあったことが、広島県・愛媛県内の史料によって確認されている。現在では、交通網などのトラブルによって登山時間に猶予がないときにもこの「現参」が行なわれる傾向にある。

徳島県美馬郡穴吹町古宮参拝団　72
広島県御調郡久井町久井一心講（女先達）　21
広島県因島市重井町因島市重井組　20
広島県神石郡油木町油木示現会　33
広島県沼隈郡沼隈町中山南　45
広島県呉市岡田組　10
福岡市早良区大観講社　33
徳島県美馬郡脇町脇町遙拝所　33
広島県廿日市遙拝所　30
大分県別府市田ノ湯別府神仰会　83
香川県高松市　4
愛知県岩倉市北島岩倉教会　23
岡山県東洋大心鴨組　22

7月5日
広島県豊田郡大崎上島神峰遙拝所　10
大分県臼杵市臼杵崇敬会　54
広島県神石郡油木町前原組　25
愛媛県東予市三津屋町壬生川支部　38
広島県福山市住吉町　6
福岡県北九州市門司区恒見町門司恒見団　21
広島県呉市西畑町　30
大分県別府市朝見町黒岩中教会　50
大分県南海部郡蒲江町丸市尾石鎚講　10
広島県尾道市正徳第二吉和講（女先達）　23
広島県豊田郡安芸津　8
徳島県三好郡池田町三縄石鎚教会　160
愛媛県西宇和郡三崎町　8
愛媛県松山市竹原　2
岡山県川上郡備中平川　30
広島県尾道市美ノ郷町上安平教会　6
山口県大島郡大島町屋代講　9
広島県安芸郡府中正観寺　20

7月6日
愛媛県松山市立花先達会符２番勇組（宮司扱い）　4
高知県香美郡土佐山田町西本町土佐山田遙拝所　4
大分市志津留吉野遙拝所　86
大阪市北区本庄東大阪教会　70
愛媛県新居浜市庄内石鎚神霊教本部　42
岡山県総社市新本　35
徳島県美馬郡穴吹古宮敬神会　45
徳島県阿波町（女先達）　40
兵庫県朝来郡生野町栃原　4
徳島県美馬郡一宇　10
広島県府中市行勝木野山石鎚講　16
広島県呉市東塩屋町鳥生組　15
愛媛県四国中央市川滝川滝石鎚奉賛会　20
山口県下関市吉見吉美教会　44

7月7日
岡山市光津町神之講　33
大分県臼杵市　17
広島県安芸郡府中町広島西教会　29

7月8日
愛媛県西予市宇和町卯之町　20
高知県丸亀市川西町北丸亀川西友の会　50
岡山県井原市西江原小角、小角石鎚参拝団　39
山口県下関市長府松小田下関教会　30

7月9日
福岡市南区和田神近恵暢（女先達）　4
福岡県北九州市小倉北区中井小倉北遙拝所　42
兵庫県芦屋市打出小鎚町　2
徳島県板野郡藍住町古宮清栄敬神会　24
広島県呉市阿賀南町呉豊栄講　17

7月10日
香川県高松市女木町五色組　14
岡山県笠岡市美の浜　10
福岡県北九州市八幡西区祇園法善寺　6
広島県尾道市尾道教会　50
愛媛県周敷郡丹原町（現西条市）湯谷口　6
愛媛県周桑郡丹原町今井一心講　48
大分県別府市光町　10
和歌山県有田市八大竜王講　57
千葉県千葉石鎚山同好会（女先達）　69
広島県深安郡神辺町（女先達）　39

表３　お山祭 平成16年 祈禱者数

６月30日	
広島県因島市（現尾道市）三庄町石鎚弥谷講	24
愛媛県南宇和郡城辺町久良（女先達）	20
福岡県飯塚市上三緒町栄町	13
愛媛県八幡浜市向灘	20
松山市三津浜登山一番苅屋会（特別会符27号）	13
大分県北海部郡佐賀関町小黒	60
７月１日	
広島県呉市仁方本町藤原組（女先達）	50
広島市佐伯区利松	7
広島県福山市東村町東誠敬神会	28
広島県神石郡三和感応山組（女先達）	33
広島県尾道市手崎町	38
愛媛県南宇和郡城辺町緑	19
香川県香川郡直島（個人）	1
７月２日	
大分県佐伯市船頭町	7
愛媛県越智郡吉海町泊睦美教会（宮司扱い）	42
広島県豊浜町豊島西明組（女先達）	20
大分県石鎚教会勝山遙拝所	36
広島県豊田郡豊町大長須賀組	12
広島県佐伯郡大柿町深江	3
岡山県邑久牛窓	6
香川県丸亀市本島町小坂	24
広島県竹原市忠海中町新川清彦（個人）	2
広島県因島市（現尾道市）土生町因島遙拝所	35
香川県小豆郡内海町	9
香川県仲多度郡琴平町川西琴平教会（女先達）	190
広島県府中市父石町大日ノ峯遙拝所	16
広島県呉市天応大浜	63
広島県呉市西谷町平岡組	4
大分市下郡東大分石鎚教会	30
７月３日	
大分県臼杵市尺間嶽教会	56
愛媛県越智郡伯方町大阪教会伯方同好会（女先達）	160
広島県福山市鞆町後地	6
大分県別府市南立石	2
愛媛県四国中央市川滝下山石鎚神社奉賀河滝	34
広島県竹原市忠海東町藤本組	40
広島県竹原市忠海町福本講（宮司扱い）	27
岡山県井原市日の出講社	41
愛媛県西予市野村町野村赤松会	30
福岡県北九州市小倉北区浜三教会	9
愛媛県伊予市松前町中川原伊予支部	35
広島県三原市	25
岡山県総社市新本下山守石鎚講社	50
広島県福山市駅家	30
広島県竹原市忠海町福本講（宮司扱い）	11
山口県大島郡久賀町	18
大阪府吹田市南高浜吹田支部	35
広島県安芸郡音戸町高須	18
高知県室戸市室津	25
７月４日	
広島県呉市北垣屋町大打山遙拝所	30
広島県安芸郡海田町新町海田遙拝所	20
広島市佐伯区	15
広島県深安郡神辺町御野講社	40
大分県枚方市大分市坂の市坂の市先達会	78
岡山県笠岡市走出	16
大阪府茨木市大同町（女先達）	1
大分市三ヶ田町大分城南講	18
福岡県北九州市小倉北区黄金	6
広島県豊田郡瀬戸町内海、内海造船	26
大阪市港区	25
徳島県阿波郡阿波町徳島遙拝所	11
広島市南区猿猴橋	2
広島県尾道市高須町（女先達）	17
広島市東区広島いろは講	10
岡山県井原市野上町御滝講社	15
広島県豊田郡安芸町大田	3

大阪府堺市美原区北余部実穂講（女先達）	29
千葉県茂原市萩原町千葉石鎚会	9
広島県竹原市忠海東町藤村組	38
愛媛県今治市波方町波方一心講	29
岡山県井原市木之子町大谷山講社	37
広島県竹原市忠海、忠海福本講	17
福岡県北九州市八幡東区祇園法善寺	6
岡山県井原市笹賀町日の出講社	11
愛媛県西宇和郡伊方町川之浜瀬戸遙拝所	23
徳島県三好市池田町三縄石鎚教会	75
高知市弘法寺	31
広島県廿日市市廿日市遙拝所	20
大阪府高槻市西冠（女先達）	3
広島県神石郡神石高原町備後誠心団	24
香川県高松市讃岐神大遙拝所（女先達）	322
広島県福山市駅家町下山守参拝団	33
大阪府豊中市蛍ケ池中町石鎚神霊本教大阪支部	30
広島県呉市音戸町高須畝本組	48
7月6日	
広島県呉市塩屋町大内山遙拝所	18
広島県安芸郡海田町海田遙拝所	25
広島市佐伯区屋代町広島石鎚会	15
大分市中戸次金子遙拝所	45
広島県神石郡神石高原町油木備後前原組	
広島県竹原市忠海東町西山講	20
高知県香美市土佐山田町土佐山田遙拝所	3
広島県福山市赤坂町赤坂教会	22
徳島県美馬市古宮参拝団	62
広島県神石高原町広島油木示現会	35
広島県尾道市吉和西元町吉和石鎚講	10
徳島県阿波町南川原	10
兵庫県朝来市兵庫遙拝所（女先達）	10
福岡県朝倉郡筑前町真光院	31
香川県善通寺市大麻町	10
広島県東広島市西条町御園安芸観現寺信仰友の会	12
島根県江津市和木町（女先達）	8
大分県別府市鶴見町別府信仰会	54
香川県高松市女木町五色組	16
7月7日	
広島県東広島市河田町石鎚山参拝団	39
愛媛県中予崇敬組合先達会符弐番立花勇組	8
広島市東区中山新田一丁目	2
広島県福山市住吉町	10
愛媛県新居浜市庄内町石鎚神霊本教	8
広島市中区鶴見町広島西教会	37
広島県福山市新市町宮内備後組	32
山口県下関市長府松小田下関教会	23
7月8日	
愛媛県松山市鴨川１丁目村上顕	50
愛媛県松山市清住	4
7月9日	
徳島県美馬郡脇町（女先達）	21
広島県福山市山野町山野蔵王教会	50

表４　お山祭 平成26年 祈禱者数

６月30日	
広島県尾道市三庄町石鎚弥谷講	8
愛媛県松山市登山一番苅屋会	15
大分市佐賀関特別会符27号	60
愛媛県八幡浜市向灘石鎚参拝団	12
７月１日	
広島県呉市仁方錦町藤原組（女先達）	38
徳島県美馬市脇町東予崇敬組合	50
大分県佐伯市蒲江若杉会	30
広島県神石郡高原町感応山組	50
広島県呉市東中央	1
東京都武蔵野市吉祥寺北町大分石鎚教会東京支部	8
７月２日	
愛媛県今治市吉海町泊睦美教会	24
広島県呉市塩屋町安芸教会	20
大分市南下郡東大分石鎚教会	14
広島県江田島市大柿町深江	2
７月３日	
大分県佐伯市弥生尺間嶽教会	22
愛媛県伊予郡松前町徳丸伊予支部	18
岡山県総社市新本春山遙拝所	25
香川県高松市十川西町讃岐神大遙拝所	28
山口県下関市吉見古宿町吉見教会	40
７月４日	
岡山県総社市久代久代石鎚信仰会	22
岡山県総社市新本春山遙拝所	28
徳島県美馬市穴吹町穴吹古宮敬神会	45
徳島県美馬市穴吹町古宮清栄敬神会	39
広島県竹原市忠海町中町	1
大分市中鶴崎大分石鎚親和会（女先達）	33
広島県安芸郡府中中町（女先達）	6
７月５日	
大分県臼杵市臼杵崇敬会	18
愛媛県今治市伯方大阪周布教会（女先達）	207

四　御神像拝戴神事

さて、石鎚神社の特殊神事として知られる「御神像拝戴神事」斎行について紹介しよう。御神像拝戴神事（御開帳神事、内陣入り、御祈禱、御神像をいただく、権現さんをいただく、等とも称される）は、石鎚神社の特殊神事であり、全国の神社のなかでも当神社のみで斎行されるものとして著名であり、三体の御神像（仁・智・勇）に直接触れることにより、神人合一を図り、御神徳をいただく神事である。そのため、その奉仕者（先達）及び拝受者（信者）は、厳粛に斎行することが望まれる。次に神事で守るべき心得（注意事項）を掲げてみる。

①御神像拝戴にあたり、奉仕者（拝戴を依頼した集団の中には先達が必ず入っていなければならない。できれば三名以上

いるのが望ましい）は、白衣（お山衣など）を着用し（拝受者も白衣着用が望ましい）、基本的には上位の参列者より、仁（玉持）、智（鏡持）、勇（剣持）の御神像の順に拝戴を進める。拝受者は、拝受の時には、深い平伏にて拝受する（ただし、身体に支障がある場合はこの限りではない）。

②御神像は重量がかなりあるので、絶対に片手で奉持してはいけない。また、胸高以上の高さで奉持する。拝戴奉仕中、御神像にかける手は、片手を御神像の肩部に添え、片手にて台座を奉持する（間違っても頭部・首部には手をかけないこと）。

③御神像の背中の部分を拝受者の背中に拝戴し、腰より下部には拝戴をしないのが望ましい。また、拝受者の前側（懐）に御神像をまわすのは、御神像に息をふきかけることになるから避けること（基本的には拝戴は背中のみ）。

④御神像拝戴中、勇壮な気合いを入れることはよいが、拝戴奉仕者（先達）は、拝受者（とくに老人・子供・病人）に対してくれぐれも怪我のない様、十分に注意して拝戴を奉仕すること。

⑤御神像拝受の時は、両腕を突き出す形にならない様、お互いに上体を前傾してこれを行うこと。

⑥御神像拝戴を希望するも、団体に先達がいない場合や個人の場合は、神前受付にて太夫を依頼することが望ましい（先達でない者が拝戴神事をすると、慣れぬために御神像を落とし、拝受者を傷つけたりする恐れがあるため）。

⑦御神像の拝戴は基本的には背中のみに行い、その間に「石鎚の大神守り給へ、幸はへ給へ」と三回程度唱え、拝戴し、最後に「エイッエイッ」という気合いを以て次の参列者へと拝戴を移す。

⑧全員の拝戴が終了次第、奉仕者はそれぞれに仁・智・勇の順に御神像を代表者に返授し、先達が神前に御神像を御動座し、拝受者全員で二拝二拍手一拝し、御動座所役が御神像還御の間全員深い平伏をする。

⑨御神像奉持者が交替する時は、御神像拝受の前後に御神像に対して深揖をすること。

⑩仁・智・勇の御神像は、言うまでもなく神霊の拠り給う像であるから、その他不敬に当たる行為は慎まねばならない。

筆者もこのかた四〇年間、何千となく御神像拝戴神事を見たり、個人や先達のいない団体に対する拝戴役（奉持者）を何百回となく経験したが、特徴ある御神像拝戴神事を行っている団体としては、愛媛県大阪教会、愛媛県石鎚神霊本教、愛媛県石鎚神霊本教壬生川支部、愛媛県睦美教会、愛媛県龍雲山肱川教会、高知県御畳瀬《みませ》教会、高知県和食教会、香川県琴平教会、香川県讃岐神大遙拝所、山口県下関市吉見教会、山口県小野田教会（現在消滅）、広島県尾道市三庄町石鎚講、広島県廿日市教会、大分県石鎚教会東京支部、大分県大分石鎚教会、大分県霊威教会、大分県別府神仰会遙拝所、福岡県穂波教会、福岡県福岡神和教会、大阪府石鎚神霊本教大阪支部、などがある。これらの団体は近世からの講頭もしくは講元組織を中心に今日まで信仰を持続している団体であり、地元の氏神組織を主体にした信仰行事としての姿を見いだすこともできる。

今回紹介したものは、瀬戸内沿岸で筆者の四〇年来の観察調査をもとに紹介したもので、あくまで調査ノートであることをご容赦願いたい。なお、これまでに瀬戸内沿岸の石鎚信仰・四国遍路をはじめとする民俗宗教については、以下の拙著を参照していただければ幸甚である（論文については五〇編余を発表しているが、省略した）。

『石鎚山と修験道』（名著出版、一九八四年三月）、新装版（岩田書院、一九九七年二月）
『生活のなかの行道―石鎚信仰の深層―』（ベネッセコーポレーション、一九八七年六月）
『石鎚山と瀬戸内の宗教文化』（岩田書院、一九九七年一〇月）
『近世のアウトローと周縁社会』（臨川書店、二〇〇六年二月）

『江戸の漂泊聖たち』（吉川弘文館、二〇〇七年六月）
『近世の遊行聖と木食観正』（吉川弘文館、二〇〇七年九月）
『江戸の女人講と福祉活動』（臨川書店、二〇一二年四月）
『旅と祈りを読む』（臨川書店、二〇一四年一二月）
『旅する民間宗教者』（岩田書院、二〇一七年三月）

江戸町人の法華信仰
―江戸酒家連の信仰活動を中心に―

望月　真澄

はじめに

江戸町人に関する研究は、西山松之助編『江戸町人の研究』六巻があり[1]、江戸町人研究の基本文献となっている。以降、江戸町人のさまざまな階層の人々の経済・社会・産業・文化等を主とする研究が盛んとなり、神祇信仰や民俗信仰を、娯楽・文化との関わりから明らかにした研究成果がみられる。その中でも、江戸町人の信仰として代表となる稲荷信仰に関して、宮田登「江戸町人の信仰[2]」があり、稲荷信仰を主軸として、江戸町人側の立場に立ち、その信仰形態を論述したものとして評価される。しかしながら、これは民俗学からの研究視角であり、江戸町人の階層別による仏教信仰やその信仰形態については、未だ明らかになっていない。

そこで本稿は、身延山の江戸出開帳と江戸町人、特に商人層と寺院のつながりをみていくため、江戸の酒家連の信仰活動について分析することにしたい。さらには、甲斐国身延山久遠寺という宗派を代表する寺院と、当時の首都江戸市域に住む信徒との信仰を介したつながりの中から、江戸町人固有の信仰構造を明らかにしてみたい。

一　江戸酒屋連と一切経の奉納

日蓮宗総本山身延山久遠寺には、江戸の酒家連が奉納した一切経が安置されている。これは「鉄眼版一切経」であり、(3)これに関して、筆者はかつて資料紹介した。(4)

『一切経奉納目録集』六冊

一切経並御経蔵且宝塔奉納之砌集高之目録

但諸人用出金高別帳江巨細相記、山納致候事、

発起両人持之部

酒家連

通計八拾霊

この文言から、江戸の酒家連が身延山に一切経等を奉納していることが知られ、その一冊目には、

伊勢屋甚兵衛分　一切経奉納之発起人、但御経蔵並唐銅宝塔共、

高崎屋長右衛門　一切経奉納之発起人、但御経蔵並唐銅宝塔共、

とあり、伊勢屋甚兵衛と高崎屋長右衛門の二人が発起人となって久遠寺経蔵や唐銅宝塔の建立を推し進めていたことがわかる。身延山側の資料となる「身延山諸堂記」(5)にも、嘉永二年（一八四九）に身延山奥院祖師の江戸出開帳の折りに、この両人が中心になって納めた旨が、次の資料の如く記されており、深川浄心寺における身延山久遠寺奥院祖師像の出開帳の折に集金されたことがわかる。

堂前唐金宝塔《ノ》一基

発起人　江戸駒込高崎屋長右衛門

同千住町伊勢屋甚兵衛

嘉永二年日薪代　執事本行房是感院日行聖人、東都深川於二浄心寺《ニ》一、当山奥院祖師開帳之砌、納レ之、

この一切経は、現在身延山大学図書館に保管されているが、その書棚側面には「嘉永二己酉歳七月大安日御開帳之砌、納レ之、身延山久遠寺什物　賜紫六十六世日薪代」(6)と、身延山久遠寺什物として六六世日薪代に納められたことが墨書されている。

一切経は、冊子に装丁され、帙入りで書棚に納められているが、木版刷経典の個々の冊子の奥書には、

東都《ノ》売人高崎長右衛門名《ハ》章庯。市川甚兵衛名《ハ》栄雄等十二人《ノ》。曽《テ》得《テ》レ聞《コトヲ》二閲蔵《ノ》功徳《ヲ》一。共《ニ》発《シ》二浄心《ヲ》一。相謀《ヒッテ》　棄《テ》レ財《ヲ》更《ラニ》　勧《メ》二余人《ニ》一助レ之《ヲ》。購《ジ》二蔵経《ヲ》一。新《タニ》　蔵庫《ヲ》以《テ》納《ム》レ之《ヲ》於当山《ニ》。今復《マタ》建《ツ》二此《ノ》宝塔《ヲ》一。其《ノ》福報。豈唐《ニ》損《ナランヤ》　哉。

嘉永二年己酉七月大安日

甲州身延山久遠寺

賜紫　日薪識

本願主

豊島屋十右衛門

玉川藤右衛門

玉川長左衛門

鈴木新助

世話役

小西悦蔵

米屋千助

松屋和助

鹿島由兵衛

伊勢屋生次郎　伊坂與兵衛
小沢鉄五郎　高崎屋慶蔵
矢野伝兵衛　豊島屋金七
萬屋吉蔵　発起人
伊勢屋万吉　伊勢屋甚兵衛
永岡由兵衛　高崎屋長右衛門

といった文字が末尾に付されている。ここには、嘉永二年七月大安日に久遠寺六六世日薪代に一〇人の本願主と七人の世話人、発起人二人が名を連ね、「東都深川於㆓浄心寺㆒当山奥院祖師開帳之砌、納㆑之」と、身延山久遠寺の江戸出開帳の折に納められたことが記されている。つまり、身延山祖師像の出開帳という仏教儀礼を通じて経典の寄進行為があり、身延山と江戸の人々と信仰を介したつながりがあることを、この奥書から読み取ることができる。

二　「一切経奉納目録」の分析

身延山久遠寺には、「一切経奉納目録」六冊が現存するが、これは先述した如く身延山に一切経を奉納する際に作成され、その施主名・寄進額等が記された資料である。これをみると、多くの江戸の酒屋が登場する。次に、一切経寄進に関して、⑴集金方法、⑵集金場所、⑶集金高、⑷奉納者の居住地域、⑸奉納者の職業と階層、に区別して考察してみよう。[7]

1 集金方法

①世話役玉川長左衛門集

一金弐拾五両壱分ト（朱印）
　銭五百四拾二文　　玉川屋長左衛門

一金四両弐分二朱ト（朱印）
　銭弐百六拾六文　　同人集
　但集帳四冊

一金壱分也（朱印）　右同人持
　伊勢屋彦右衛門集
　但集帳壱冊

一金二朱也（朱印）　同人集
　但集帳二冊

（朱書）「玉川長左衛門持四口
〆金参拾（朱印）両壱分ト八百拾弐文」

とあるように、玉川長左衛門は一切経奉納の世話役であり、他の箇所にも発起人や世話役毎に金銭が集金され、口数は集金人毎に書き上げられている。

高崎屋においても、本店や支店の南店他で集金しており、酒屋の他の地区にある支店でも集めた形跡が、目録より窺える。集金方法は、店の経営者が代表となり、「右同人集」と店内の職員から個々に集金するわけであるが、その目的は、個々の法号が記されていることから、先祖供養（廻向）にあったことが窺える。高崎屋本店・中店・南店の総集金額は三七三両二分二朱余で、全体の集金額の約四分の一を占めている。

2　集金場所

集金は、奉納目録にみられるように、基本的には個々の酒屋ごとに行われて目録に記帳されたが、この他にも次の資料に、

②（集金者特に記載なし）

一金四両二分ト（朱印）　御開帳中
　銭百八十文　　　　　一切経小屋ニテ上リ候賽銭
　十万部庵主ヨリ請取
　　（朱書）「右壱口」

とあり、身延山出開帳中の宿寺である浄心寺には一切経建立の寄付を募る小屋があり、今回の出開帳において四両二分と銭一八〇文が賽銭として奉納されたことがわかる。

3　集金高

③一切経目録末尾

　　惣　（印）
〆金千五百七十二両ト
　銭一貫百七拾二文

右者惣集金高如斯御座候、右之金子山納初入用代金並雑費諸掛リ共則別紙江巨細ニ相記差出申候、右之外不足奉納金之儀者、跡ヨリ惣勘定書附山納可仕候則永世書遺候（印）事也、

安政七庚申年

三月仏誕生日

伊勢屋甚兵衛

高崎屋長右衛門（印）

身延山御代々

御役僧衆中様

これによれば、最終的に集まったのは、安政七年（一八六〇）三月仏誕生日付で、総募金額は、一五七二両と銭一貫七二文であった。その募金の代表者は伊勢屋甚兵衛と高崎屋長右衛門の二人であったが、この二人は末尾に記され、寄進行為を纏めていることから、今回の奉納に関して責任者としての立場であったといえる。伊勢屋甚兵衛は、千住小塚原町（荒川区南千住）に住み、一方の高崎屋長右衛門は、駒込（豊島区駒込）の酒屋を主業とする商人であったことが、この目録の記載より窺える。

4　奉納者の居住地域

④米屋房太郎集

一金五両也　米屋房太郎

一金五両也　同塾本家

浪華　高井氏

とあり、関西大坂方面に住む高井氏から五両の奉納がみられた。

⑤（集金者等、特に記載なし）

一金壱分也　尾張東浦成岩

酒造家中

金壱分　尾州下半田村　酒家中

とあり、米房持として自店の関係する尾張国東浦成岩と同国下半田村で商売する酒家中が奉納に加わっていたことがわかる。

⑥米房（米屋房太郎）持集

一金弐分也　船橋宿納屋町

国五郎　源三郎　惣兵衛

久左衛門　長八　与兵衛

とあり、船橋宿に住む国五郎他五人が奉納している。

これら④～⑥にみられるように、酒屋によっては自店の支店や系列店に奉納を依頼している場合があった。

5　奉納者の職業と階層

ここでは、「酒家連戒名目録集」より検討してみよう。

⑦高崎屋本店　出入之者集

左官権七・大工熊三郎・石屋七五郎・瓦師市兵衛・鳶幸吉・木挽松五郎・家根屋長次郎・表具屋辰五郎・畳屋八右衛門・車屋利八・樽屋徳兵衛・提灯屋永蔵などの、高崎屋に出入りする職人からの奉納がみられる。この他にも江戸市域に住む商工業者が奉納していたことが、寄進者の肩書（住居表示）や奉納目録から知ることができる。

⑧玉川長左衛門集　（　）内の金額・人名は「一切経奉納目録」より補なう。以下同じ。

　赤坂最初講中（金弐分）、御奥向より一切経十二冊之御施入（金三分）

　谷中本壽寺女人講中（青銅一貫二百二十四文）

とあるように、菩提寺本壽寺の「女人講中」といった日蓮宗の信徒集団もいた。

⑨浅井藤右衛門集

　そえ殿・くきの殿・りつ殿・津川殿・その殿といった女性の名前がみられるが、個々の名前に敬称が付されていることから、江戸城又は大名の江戸屋敷に住む大奥女性と考えられる。

⑩播磨屋新右衛門集

　一金七両壱分弐朱と銭四百文　右同人集（播磨屋新右衛門）

　　此内訳

　　　金二朱也　　て組　茂吉

　　　金二朱也　　て組　庄吉

とあるように、江戸の町火消「て組」の人たちが奉納している。(8)

⑪小西惣兵衛集

　一金九両壱分弐朱と銭四百六拾文　　小西惣兵衛集

此内訳（後略）

とあるように、内訳の中に奉納者として、板東三津五良・板東彦三良・中村勘三郎・市村羽左衛門・河原崎権之助・沢村長十郎・板東志うか・市川小団次・尾上菊治郎・市川団之助・尾上梅幸・市川新車・中村芝雀・市川團十郎・市川眼国（以上金一分）、関歌助・中村源之助・板東佳好・中山文五良・浅生為十良・松平小次良・市川福之丞・中村鷲助・中村駒助・中村イ四松・中村翫太良・松平国五良（以上金一朱）、松本幸四郎・関三十郎（以上金二朱）、といった当時の歌舞伎役者が名を連ねている。これは小西惣兵衛が集金したものと思われる。集金した小西惣兵衛と歌舞伎役者との繋がりはこの資料だけでは判明しないが、何らかの交友関係があったことが考えられる。

⑫永岡吉兵衛集

一金十五両　永岡吉兵衛集　市村座留場中（金一分）、市村座帳元（金二分）

成駒屋佐平治（金一分）、中村歌右衛門・同福助（金十両）

猿若町茶屋中・木戸中楽屋中・西桟敷中きせ畳中・東桟敷中表半畳中（以上金二分）

市村座の帳元・茶屋・桟敷係の者を、永岡吉兵衛が担当となって集金している。市村座は、江戸三座（中村座・市村座・河原崎座）のひとつで、江戸時代に歌舞伎興行を許された芝居小屋である。(9) ここには歌舞伎役者一族「成駒屋」の名前も見え、その他にも芝居小屋の客席や小屋周囲の関係者まで集金されたようである。

次に、奉納者の階層をみると、

⑬萬屋忠蔵集

一金壱拾五両壱分弐朱と銭五百六十六文　但集帳九冊

此内訳

（中略）
一金壱分也　（朱印）　萬屋忠蔵店内　勘助
一金壱分也　　　　　　同　　　　　　清助
　　　　　　　　　　　同店内　　　　安兵衛　（他一〇人略）
　　　　　　　　　　　子供　　　　　鉄次郎　（他六人略）
　　　　　　　　　　　女房　　　　　たけ　　（他二人略）
〆弐拾壱人

とあるように、同店中の店員清助を始めとする子供、女房までの合計二一人が書き上げられており、家族ぐるみでこの奉納に関わっていたことがわかる。

⑭米屋忠七分
　天保八酉年九月十七日
一建誉頓保禅定門　（印）　摂陽西宮産　俗萬助

とあるように、寄進者の中には「禅定門」といった仏門に入り剃髪した人物もいた。(10)

三　一切経奉納の目的

次に寄進者の一切経奉納の目的について、(1)先祖供養、(2)祈禱に分けて考察してみよう。

1　先祖供養

①「一切経奉納之砌御経蔵江永代相納候御霊魂戒名之部　酒家連」と名付けられた一冊が作成され、最初に本願主一〇人の「先祖代々法界萬霊」として先祖供養がなされている。その後に、

　安政四巳年九月十八日

　一心院宗閑日静信士　（朱印）　伊勢屋甚兵衛霊

　一切経奉納之発起人　但御経蔵並唐銅宝塔共

とあるように、発起人である甚兵衛の精霊供養がなされている。次に、「先祖代々有縁無縁法界萬霊」とあり、その他に、千住小塚原町に住む伊勢屋甚兵衛の有縁無縁の八〇霊の供養がなされている。

②先祖供養という信仰行為は、各家毎になされているが、甚兵衛家の末尾に、

一高禄院久定日勤居士　（朱印）　四代目　高崎屋長右衛門章逓

　一切経奉納之発起人　但御経蔵並唐銅宝塔共

　安政二乙卯年十月二日

一壽長院妙利日益大姉　（朱印）　右　長右衛門妻

　安政五午年七月十七日

一真実院妙心日根信女　　右質店中興開祖　うた

とあるように、高崎屋四代目長右衛門（章逓）の代に、その妻と高崎屋の中興開祖である母うたの供養がなされている。質店と記されていることから、質屋も営んでいたようである。

③東国屋八五郎集

他宗精霊
一鉄香信女　（朱印）　同（浅草南馬道　東国屋八五郎霊）
通計壱拾弐霊　　東国屋八五郎分

とあるように、供養する霊の中には日蓮宗以外の法号(戒名)も存在し、他宗に属する者も身延山において回向供養されたようである。堀池家分においては、「他宗精霊同家続之霊」ということで、堀池家にまつわる一族の他宗の戒名が記された霊も供養されている。

2　祈禱

④米房持　萬屋六兵衛集
一金弐分弐朱と　銭壱貫弐百三拾六文　　但集帳一冊七番
此内訳御殿向　御祈禱　無名

とあるように、萬屋家の御殿向の人々の祈禱が修されていた。

⑤米房持　塚本屋甚兵助集
一金壱両也　米房持　塚本屋甚兵助集
青銅百文　四十九女、金壱分　七十一男、廿才男、二十八男、十七才女、六十一女

とあるように、年の祈願をする男女がみられる。いわゆる厄年を始めとする年齢の九星の祈願がなされていたようである。[11]

⑥紀伊国屋伊右衛門集

酉ノ四十六才
一紀伊国屋伊右衛門　家運長久　（朱印）
一家運長久　（朱印）　酉四十一才　屋寿女
一家運長久　（朱印）　酉二十才　登代女

とあるように、家族の女性の年をあげ、家運長久として、酒屋に勤務している紀伊国屋伊右衛門の家族の祈願も行っていた様子がわかる。

四　高崎屋の由緒と菩提寺本壽寺

ここでは、一切経奉納の中心人物であった江戸商人高崎屋の由緒と、その菩提寺本壽寺との関わりについてみていくことにしたい。

栄源山本壽寺は、日蓮宗京都本圀寺末寺で、「感応高祖日蓮聖人」を安置し、元は神田幸町にあったが慶安三年（一六五〇）に谷中玉林寺境内に借地し、移転してきた寺院である。(12) 同寺の感応高祖像は、江戸市域に出開帳を行っているほど江戸の人々の信仰を得た祖師像であった。(13)

酒店としての高崎屋の創業は宝暦年間（一七五一～六四）で、主に酒類の販売が中心であったが、醤油や味噌も扱っていた。寛政（一七八九～）から天保年間（一八三〇～四四）には両替商も営んでいたほど、商売は繁盛していたという。何しろ商売の方法が現金安売りの商法で、これが江戸の人々の購買意欲を高めたといわれている。明治一〇年（一八七七）の長者番付（『東京長者今様鏡』）によると、前頭格の箇所に「駒込辻　高崎屋長兵衛」と記載されているほどである(14)。

しかしながら、江戸幕府の天保改革の風紀粛正によって家屋敷を縮小せざるを得なくなった。そこで、全盛期の繁栄ぶりを後世に伝えるため、天保一三年に長谷川雪旦・雪堤親子に高崎屋の店の風景を画かせている(15)。この絵図には、二六種の酒と三種の醬油が登場し、当時多角的に商売していた高崎屋の往時の繁栄した様子を知ることができる。なお、作者の雪旦は、『江戸名所図会』の挿絵を描いており、当時の著名な絵師であった。

高崎屋の家訓として、三代目長右衛門が天保七年に定めたものをみると、堅実な経営方針が記されている。特に二条目に、「正直第一、勤慎、柔和、家を思い信心肝要(16)」とあり、信仰の大切さが末尾に明示されている。よって、本壽寺の本堂・祖師堂には、高崎屋が寄進した仏具類が多く、その代表的なものを記すと次のようである。

①（祖師堂天蓋銘文）（陰刻）「嘉永元戊申年八月十一日」二十五世日宗代」高崎屋(17)」

②（祖師堂真鍮製須弥壇・五具足）（陰刻）安政四巳歳八月大安日」高崎屋本店」桒源山」本壽寺」什物ニ付」質入売買可為無用事」

③（祖師堂鏧銘文）（陰刻）天保五甲午歳牛長還暦之砌奉納之也」施主駒込高崎本店小網町　出店」此品質入用達事無用」廿五世永聖初祖高壽院日宗代」

④（祖師堂磬台）（陰刻）嘉永二己酉歳七月大安日」巣鴨街高崎屋半兵衛(18)」

⑤（祖師堂（折本）経典）（奥書）「嘉永紀元申年納妙経両堂三簾ニ而」二十部之内」施主　高崎屋長右衛門」（朱印）谷中川端桒源山本壽寺」

⑥（祖師堂経机銘文）廿八世」日豊代」為父母菩提」故父　小林富次郎　六十一才」故母　小林たき」父百日忌納ム」施主　長男小林吉五郎」次男小林為吉」本堂導師机　壱組」経机　六脚」

⑦（仏具・華皿）「安政五戊午歳八月十一日　什物十一枚之内　出見世中　通勤中」高壽院　三十三回御忌為追福納之」谷中川端榮源山本壽寺廿六世日定代」

⑧（奉納絵馬・裏書）「嘉永二年酉五月中旬」（萩に猪の構図）

これらの仏具類には、初代牛長が好んだという瓢箪が彫刻され、その中でも特に千成瓢箪が装飾されている。瓢箪が古来よりたくさん実のなる植物であることから、繁盛・繁栄や富・権力を表すと伝えられており、このために用いられたと考えられる。瓢箪は高崎屋の家紋としても使用したようで、高崎屋蔵の徳利・銚子・ランプ・燭台にも画かれている。本堂内には、高崎屋一族専用の仏間があり、そこには高崎屋一族の位牌が安置されている。(19) 本壽寺の本堂外でも、本堂向拝彫刻、同入口引戸、に瓢箪が彫刻されている。

なお、⑥に登場する小林家は高崎屋の番頭で、菩提寺が高崎屋当主と同じ本壽寺で、大正時代に同寺に多くの寄進行為を行っている。また、高崎屋の本店・中店・南店の各店舗の番頭を始めとする従業員も、本壽寺の檀家になっている者が多く、同寺の墓所の一画には高崎屋の商標（家紋）を記した墓所が多く存在する。

⑨（位牌　一基　銘文）（陰刻）（　）内は歴代の高崎屋当主が仏壇に祀っていた過去帳から補った。

長久院妙繁日高大姉　　嘉永六己巳年五月八日　（初代の室、方昭の母）
長榮院久繁日昌居士　　寛政十一己未年七月五日（二代目）
高長院久榮日繁居士　　安永七戊戌年正月二十八日（初代長右衛門）
四聖六道法界為追福　当寺　永々地
代金　施主
高壽院妙榮日久大姉　　天和三癸亥年六月六日　（三代目方昭室、四代目の母）

高壽院久昌日長居士　天保七丙申年八月十一日（三代目方昭）
榮壽院妙長日唱大姉　文化十二乙亥年四月四日（三代目方昭の後妻）
（裏書）（陰刻）文化七庚午歳正月廿八日」高長院三十三巡季之節」為追善造之」嘉永元戊申年本堂新規再建」高壽院十三回忌之砌修復」寛政四丁巳歳前々年両災以来総普請」再建成就之砌」高崎屋長右衛門」

銘文により、位牌は、高崎屋四代目当主長右衛門が先祖供養のために奉納したものであることがわかるが、嘉永三年（一八五〇）の本堂再建や、安政四年（一八五七）に起きた災害の普請の際に本壽寺に仏具他の寄進行為を行ったことが記されている。このことや本堂・祖師堂仏具の銘文から考えて、高崎屋は本壽寺の檀信徒の中でも、篤信者であったことがわかる。また、本壽寺の本堂が大地震で倒壊したため、弘化二年（一八四五）に本堂・庫裏が改築されたが、その折にかかった費用のほとんどを四代目長右衛門（二世牛長）が寄進している。後世の高崎屋当主である徳之助は大正七年（一九一八）に銅板一対を奉納しており、先祖代々の法華信仰を受け継いでいる。

次に、身延山に関わる高崎屋の信仰行為を探ってみると、次頁の表のようである。これによれば、高崎屋は天保三年四月大安日の身延山支院大乗坊の扁額奉納を皮切りに、約三〇年間、身延山久遠寺に対し多くの寄進行為を行っていたことがわかる。とりわけ、次の資料にあるように、

嘉永二己酉年九月江戸於深川浄心寺奥院祖師開帳之砌成就、六十六世日薪師代発起人　本行房是感院日行聖人、天台大師像ノ同時画寄二進之一、此表具ノ施主ハ高崎屋長右衛門、伊勢屋甚兵衛、(20)

と、身延山大方丈惣座敷にある仏画の表具寄進まで行っており、これも、嘉永二年九月の奥院祖師出開帳の折りに、身延山側の本行房日行と高崎屋長右衛門・伊勢屋甚兵衛との間で取り交わされたものであった。この施主の二人は、寄進行為に関して発起人となっているために二人で行動することも多く、「万延元年庚申四月　高長伊勢甚登山ニ而

高崎屋の身延山への寄進物

	年月日	西暦	寄進物	施主	出典	資料所蔵先
1	天保3年4月大安日	一八三二	大乗坊扁額	小網町長平・高崎屋長右衛門	大乗坊安置扁額	身延山大乗坊
2	嘉永2年7月大安日	一八四九	一切経	東都酒家連	「一切経」箱書	身延山大学図書館
3	嘉永2年（開帳之砌）	一八四九	一切経・宝塔	東都酒家連	一切経・宝塔寄進の位牌	身延山久遠寺開基堂
4	嘉永2年	一八四九	天台大士絵像の修理	伊勢屋甚兵衛・高崎屋長右衛門	「身延山諸堂建立記」	身延文庫
5	嘉永7年11月4日	一八五四	一切経堂・宝塔修理	東都酒家連	「一切経奉納目録」	身延文庫
6	安政7年3月	一八六〇	一切経不足奉納金	東都酒家連	「一切経奉納目録」	身延文庫
7	（江戸）		大林坊坊号石塔	伊勢屋甚兵衛・高崎屋長右衛門	大林坊入口安置石塔	身延山大林坊

目録帳上《ル》、外《ニ》施入志霊法号帳一冊上《ル》」とあるように、万延元年（一八六〇）の出開帳の折にも施入の法号帳を久遠寺に持参している。

身延山と江戸町人の信仰を介したつながりは、身延山内妙石坊に伝わる資料から窺い知ることができ、資料には多くの江戸の信徒の存在が明らかになっている[21]。江戸の日蓮宗寺院にも身延山にゆかりのある神仏が勧請されているが、本壽寺にも身延山の守護神日朝像が安置されている[22]。この像は江戸時代に勧請されたものと伝えられ、身延山信仰のひとつといわれる日朝信仰が本壽寺において展開していた様子がわかる。本壽寺の神仏勧請に関しては、当時の歴世住持の信仰を考慮しなければならないが、それを支えた高崎屋一族の信仰行動も注視する必要があろう[23]。

まとめに

江戸町人であり、近世後期から酒屋を主業とする商人として活躍した高崎屋や伊勢屋が所属する酒家連という組合は、幕末期に身延山に対して数々の信仰行為を行っている。これは、身延山への一切経の寄進、唐銅宝塔の寄進が主であったが、他にもいくつかの信仰を介した寄進を行っていたことが明らかとなった。

本稿では、一切経奉納に関わることについて「一切経奉納目録」を分析したが、その集金方法は、それぞれの酒屋の本店・支店といった店単位で行われ、その勧募先は経営者や従業員の家族・親族までに及んでいた。他にも、身延山の江戸出開帳時に浄心寺の一角で一切経寄進活動がなされていたことからして、この寄進行為は身延山の江戸出開帳と連動して行われていたことになる。目録の中には、先祖回向の目的で集金しているものがあり、日蓮宗信徒を中心とする奉納者の先祖の法号が身延山で回向されたことは、法華信徒にとって信仰上かけがえのないことであった。また、酒屋の各個人の現世利益の祈願に関する内容がみられたことから、一切経の寄進は、身延山の神仏を介しての回向・祈願といった両方の要素を兼ね備えた信仰行為であったことになる。

これらの一切経寄進に関わる一連の資料（一切経・金石文・扁額・奉納目録）は、江戸に住む商人層の身延山信仰に関する貴重な情報を提供してくれた。中世の日蓮宗においても日蓮の孫弟子日像の京都弘通に際し、京都の酒屋・柳酒屋仲興が帰依しており、町衆層に信仰が浸透し、教団が発展していった歴史的経緯がある[24]。時代が経過しても、祖師日蓮に対する信仰（祖師信仰）が現世利益を追求する商人層に浸透していたことが、一切経寄進という信仰行動にみられたわけである。

この行動の中心人物であった高崎屋は、身延山のみならず、菩提寺本壽寺にも堂宇や仏具の寄進行為を積極的に行った。同寺に一族専用の仏間や先祖の個々の位牌が奉安されているのもそのためで、その篤信者ぶりには目を見張るものがあった。本壽寺祖師堂にも「感応祖師像」が安置されており、日蓮を崇拝する祖師信仰が顕著であったが、身延山信仰の一信仰である日朝像が本壽寺に勧請されていることから、本壽寺に身延山信仰が伝播していたことも注目すべきことといえよう。そして、この先祖代々の信仰は江戸から大正・昭和期に至るまで変わることなく高崎屋一族に受け継がれていったのである。

一方、一切経寄進のもうひとりの発起人であった伊勢屋甚兵衛については、今後資料調査を行う予定である。彼や一族の信仰について分析することで、江戸の法華信仰の実像や身延山信仰の構造がより明らかになるであろう。

註

（1）西山松之助編『江戸町人の研究』全六巻（吉川弘文館、一九七二～一九七九年、二〇〇六年復刻）。

（2）宮田氏は、江戸の都市化にともなって現れた流行神としての稲荷神に注目している（『稲荷信仰事典』神仏信仰事典シリーズ、戎光祥出版、一九九九年、二六四～二七八頁）。

（3）現在は身延山内にある身延山大学図書館に保管されている。

（4）拙著『身延山信仰の形成と伝播』（岩田書院、二〇一一年）一五九～一六三頁において、高崎屋と身延山の信仰を介した関係について概観した。

（5）身延山久遠寺身延文庫所蔵。同資料は北沢光昭氏校注（身延山大学仏教学会編『棲神』五六、一九八四年）に翻刻紹介されている。

（6）身延山大学図書館蔵「鉄眼版一切経」箱書。

（7）以下、本稿で特に註記しない引用資料は、『一切経奉納目録』六冊（山梨県身延山久遠寺身延文庫所蔵）とする。

（8）江戸町火消は組で編成され、それぞれの担当地区が割り当てられていたが、「て組」は、「江戸町火消纏装束図」（江戸消防資料館蔵）によると三番組に属し、白金台町一丁目より一一丁目、永岸町、目黒町辺寺社門前に住む地域の人で構成される組である。

（9）『江戸学辞典』。市村座は当初日本橋葺屋町にあったが、江戸火災と天保改革によって浅草猿若町（現在の台東区浅草六丁目）に移転している。

（10）須藤隆仙編『世界宗教用語大事典』（新人物往来社、二〇〇四年）。

（11）九星は、中国から伝わった民間信仰で、人の相性や年月日、方位などの吉凶を見るが、当時の日蓮宗寺院ではよく行われていた祈禱法である。

（12）「寺社書上　谷中寺社書上一」（国立国会図書館所蔵、同館デジタルコレクションで公開）。

（13）比留間尚『江戸選書3　江戸の開帳』（吉川弘文館、一九八〇年）。

（14）「高崎屋絵図」（東京都文京区ふるさと歴史館所蔵）。

（15）「新板大江戸持〇長者鑑」弘化三年（一八四六）刊（東京都立中央図書館特別文庫室蔵、同館「江戸・東京デジタルミュージアム」で公開）。

（16）高崎屋家訓（東京都文京区ふるさと歴史館所蔵）。

（17）谷中本壽寺安置仏具類。以下、本節で特に注記しない資料は、本壽寺所蔵資料とする。

(18)　半兵衛は、高崎屋一族の加藤家として分家し、高崎屋の経営を支えた。
(19)　この部屋には、高崎屋の歴代当主が伝えてきた同家仏壇過去帳や仏具類が奉納され、現在安置されている。
(20)　山梨県身延町教育委員会編『身延山久遠寺史料調査報告書』(二〇〇五年)、金石文・妙石坊の項。
(21)　註(5)と同。
(22)　日朝は身延山久遠寺一一世住持で、室町時代に活躍した日蓮宗中興の師である。現在も学業成就、眼病平癒の守護神として江戸のいくつかの寺院に祀られている。
(23)　高崎屋当主徳之助は本壽寺の日朝像に掲げられる扁額「日朝大上人」を奉納しており、歴代の高崎屋当主は日朝信仰を有していたと考えられる。本堂に祀られている銅板の裏には「大正七年十一月四日　高守院忠誠日為信士菩提　施主高崎徳之助」と徳之助が寄進した銘があり、先祖代々の信仰を継承していたことが明らかとなる。
(24)　立正大学日蓮教学研究所編『日蓮教団全史上』(平楽寺書店、一九六四年)、一〇九頁。
(付記)　本稿作成にあたり、谷中本壽寺住職梶原壽浩上人には、高崎屋関係の資料閲覧、高崎屋の由緒等に関して御教示いただいた。記してその学恩に謝する次第である。

近世中期における地域霊場の成立
—江戸近郊武蔵国小机観音霊場を事例として—

斉藤　司

はじめに

江戸時代も一八世紀に入ると、農村の生産力は上昇し、日本列島全体が一つの市場圏として形成され、庶民にも物質的・時間的な余裕が成立する。余暇とそれを活用する経済力が生じてきたのである。こうした中、数日間程度で回われる地域霊場が各地に出現する。それ以前の霊場は、数日間で回れる秩父の三十四所観音霊場を除けば、西国・坂東の三十三所観音霊場や、四国の弘法大師八十八所霊場のように、近畿・関東・四国といった広範な範囲に点在する札所を一か月ないしはそれ以上の期間をかけてまわるもので、深い信仰心のみならず、それなりの体力と時間と資金が必要であり、一般の人々が簡単に赴くことは困難であった。

本稿では江戸近郊における地域霊場の事例として、江戸の西南方向にあたる武蔵国橘樹郡・都筑郡（現在の神奈川県横浜市北部と川崎市域に該当する）に存在した小机《こづくえ》観音霊場を紹介する。橘樹郡と都筑郡は戦国時代において小田原北条氏の有力支城である小机城の管轄範囲として一体的な地域であったが、江戸時代に入り代官の支配領域は「稲毛領」「川崎領」「神奈川領」「小机領」の四つに分割された。

「稲毛領」は小杉御殿・小杉陣屋が置かれた小杉（川崎市中原区）を中核とするもので、多摩川右岸の中流域に該当する。「川崎領」は東海道川崎宿を中心に多摩川右岸から鶴見川にいたる範囲である。「神奈川領」は神奈川御殿・神奈川陣屋が所在した東海道神奈川宿を中心に、東海道保土ヶ谷宿から鶴見川にいたる東京湾沿い・東海道沿いに広がっている。「小机領」は小机城跡を中心に鶴見川・帷子川の中流域の内陸部に展開している。

この四か「領」の内、「川崎領」と「稲毛領」は約六〇か村から構成される稲毛川崎二か領用水組合の存在により、近世中後期においても「領」の枠組みが維持され、現在の川崎市域の原型を形成している。これに対して、鶴見川と帷子川の本支流域にあたる「神奈川領」と「小机領」は、東海道の神奈川宿と保土ヶ谷宿を荷揚げ場とする東京湾有数の湊である神奈川湊の経済的後背地としての一体性を持ち、現在の横浜市域北部の原型となっている。小机霊場の札所の大部分が分布しているのは、この「神奈川領」と「小机領」の範囲となる。

小机霊場（実際には「旧小机領三十三所観音霊場」「小机三十三霊場」等々さまざまな名称で呼ばれるが、本稿では小机霊場あるいは小机観音霊場で統一する）は、武蔵国橘樹郡小机村（港北区）の泉谷寺を第一番とし、隣村の都筑郡本郷村（緑区）の法昌寺（現在は青葉区奈良に移転）を第三十三番とする観音霊場であり、橘樹郡・都筑郡において最も早く成立した地域霊場と思われる。

十二支の子年における開帳が通例で、直近では平成二〇年（二〇〇八）四月一日～五月六日に実施されている。この開帳では御朱印帳として『旧小机領三十三所観音霊場御納経帖』（旧小机領三十三所霊場会、平成二〇年三月。以下、「納経帖」）が刊行され、霊場や各札所の簡単な縁起が記されている。なお、五月の六日間はゴールデンウイークに当たるので、本来の期間は一か月間であり、旧暦では子年三月の開帳が原則であったことになろう。札所は、武蔵国多摩郡に属する二十四番福寿院を除けば、いずれも橘樹郡と都筑郡に分布しており、現在の行政区域では川崎市麻生区の王禅寺（第二十二番）と町田市の福寿院（第二十四番）を除く三一か寺が横浜市域の鶴見区・神奈川区・港北区・都筑区・青葉区・緑区・旭区・保土ケ谷区に存在している。

本霊場に関する先行研究としては、大塚巌徳「観音菩薩信仰―緑区における小机領三十三ヶ所子年観音霊場巡礼―」（『都筑文化』三、緑区郷土史研究会、一九八三年）がある。その他、札所が存在する横浜市域の区史類に若干の紹介はあるが、本格的な検討は行われていない。そこで、本稿では札所間の本末関係に注目しつつ、小机霊場の成立過程とその札所の分布範囲が持つ地域圏との関わりを考えてみたい。

一　小机観音霊場の分布範囲

まず、安永九年（一七八〇）正月に刊行された木版和綴本の「小机領三十三所巡礼和歌」（相澤雅雄氏所蔵、横浜市歴史博物館企画展図録『江戸時代のよこはま　青葉の村々と矢倉沢往還』二〇〇八年。四八～五〇頁に図版として全文所収）にもとづき、同霊場を構成する寺院とその所在地を確認しておきたい。ちなみに安永九年は十二支の子年にあたり、本資料は旧暦三月に想定される開帳に先立って刊行されたことになる。

まず、同書の全文を史料1として掲げる。

〔史料1〕

（表紙）
「小　三十三所
机　巡礼和歌
領　道程附　」

▲一はん小机　泉谷寺より鳥山迄十五丁程あり
ふたらくや　百八こうの　つミとがを　いつミがたにゝ　あらいきよめて
▲二はん鳥山　下菅田熊の堂へ六丁程あり
むかしたの　はなとり山の　観世音　いまもりしようハ　たへす有けり
▲三はんさいセうし　中菅田へ十三丁あり
あまくたる　ちかいをきけハ　くまのたう　いともすくれし　みのり成けり
▲四はん専せうし　川嶋へ廿丁道筋か□也
名ハすけ田　寺ハまつかね　苔ふりて　にわのくさ木も　のりに色ます
▲五はんしやうくわんし　六番へ四丁あり
めくりきて　こゝのはうみを　しやうくわんし　うちおく札も　のちのよのため
▲六はんすいりういん　かな川青木町へ一里余
かハ嶋へ　ワたす大悲の　法の舟　かのすいりうの　きしの寺まて
▲七はん本かくし　同所八はんへ三丁あり
ほんかくの　よゝのともしみ　かき立て　ふなぢもあかき　袖のうら哉
▲八はん宗くわうし　浦嶋へ十五丁
もとよりも　ちかいあふきと　きくからに　札をうつミの　たのもしき哉
▲九はんくわんふくし　こやすへ一里あり
たゝたのめ　ねかひもつゐに　かな川の　うら嶋かけて　ふかきめくミを

▲十はんとうふくし　寺おへ十五丁
たらちねの　願ひもミつる　こいけ山　大ひのちかひ　たのもしきかな
▲十一はんしげんたう　ふとをへ一里あり
むかしより　たておく寺を　しけん堂　なもよしたかの　あとそ久しき
▲十二はんくわんしやういん　よし田へ廿丁
ふとをにて　つよき大ひの　めうちりき　いかなるおもき　つミもすくわん
▲十三はんゑんりうし　こりやうへ四丁有
ねかひよし　たもとものりの　すみそめの　みには大ひの　かけやうつらむ
▲十四はんこりやうたう　新羽へ十三丁あり
もの丶ふの　ねかひもミつる　こりやうかな　あたもしりそく　ちかひなるらむ
▲十五はん西方寺　せん念寺へ八丁
ふたらくに　また極らくの　さいはうし　ミたくわんおんの　しやうとなりけり
▲十六はん専念し　東方へ十三丁
たつねくる　てらハミなみの　せん念し　大し大ひの　ちかひしるへに
▲十七はんりう雲し　いこのへまて八丁あり
山あひや　松におとかる　りふうんし　おほろけならぬ　みのり成けり
▲十八はんくわん音し　ちかさきへ一里あり
ありかたや　ミなみにむかふ　くわん音し　なをもくとくハ　ふかきいこのへ

▲十九はんしゆふくし　ゑたへ廿五丁
むかしより　たへぬ大ひの　ミのりにて　けふちかさきの　のきハかそふる
▲廿はんしんふくし　大はまて廿丁有
ゑたの原　ねかれし草も　もへいてん　せんしゆのちかひ　今にたへねハ
▲廿一はんやくわうし　王せんしまて十八丁
有かたや　いのるしるしの　つもりきて　仏のゑんに　あふはなるらん
▲廿二はん王せんし　おん田まて二里
ほしやとる　てらハ真によの　くもりなく　ゑどをはなれし　じやうどなるらん
▲廿三はん徳おんし　小川まて十八丁
わしの山　たへぬミのり　万年寺　仏のこおん　たのもしき哉
▲廿四はんふくじゆいん　北八さくへ一里有
こゝにきて　せみの小川ハ　あらねとも　たへぬなかれの　ミのりなりけり
▲廿五はんごくらくし　小山まて十丁
八さくや　もなかの月に　あらねとも　大ひのひかり　あきらけき山
▲廿六はんくわんこし　川井まて一里
ふたらくや　ミのりのそらも　くもりなく　ふしをなかむる　小山てらにて
▲廿七はん長けんし　二又川まて一里
観音の　ちかいもふかき　かわゐにて　かけひのおとも　たへぬミたらし

▲廿八はん三ふつし　寺山まて一里
三仏の　みのりをとくや　つるかみね　一こゑとても　よもにあまねし
▲廿九はんしけんし　中山まて五丁あり
まよひしも　みやまおろしに　ゆめさめて　しんによの月の　しけんするかな
▲卅はん長せんし　さる山まて八丁
めくりきて　こゝこそよもの　中山や　大ひの月の　かけもさやけき
▲卅一はんほうたういん　本郷へ十二丁
みねたかき　なハさる山の　くわんセ音　てらすちかひハ　のりの月かけ
▲卅二はん東くわんし　法昌寺へ二丁
にしミなみ　めくり来りて　東観し　あまねきかとの　品ハかわらし
▲卅三はんほうしやうし
ほんこうへ　めくりてきたる　おいつりを　ぬきておさむる　のりのミてらに

安永九庚子正月再刻

まず、表紙と末尾の記載から検討しよう。表紙には「小机領」の文言が横書きで記され、その下に「三十三所」「巡礼和歌」「道程附」が三行にわたって縦書きで記されている。ここから「小机領三十三所」という霊場の名称と、本史料が各札所の場所と「巡礼和歌」＝御詠歌、さらには札所間の「道程」＝距離等を示した案内書であることがわかる。末尾の「安永九庚子正月再刻」という文言からは、変更内容は確認できないものの、「初刻」に当たる冊子が存在していたことになろう。

また、先述した大塚厳徳「観音菩薩信仰―緑区における小机領三十三ヶ所子年観音霊場巡礼―」では、「小机領三十三所観世音御詠歌　泉谷寺」と記された表紙と、第三十三番部分と「安永九庚子正月再刻」の年紀部分の図版を掲載している（一一四頁）。この内、第三十三番部分では、史料1の「ほんこうへ」の「ほんこう」に「本郷」のルビが、同じく「めくりてきたる」の「る」（実際の表記は「類」）に「る」のルビが、「ぬきておさむる」の「お」（実際の表記は「於」）に「お」のルビが、それぞれ付されている。版木に追刻したものと思われる。したがって、両者の前後関係としては、史料1の方が古く、大塚論文掲載のものはその後に増補されたものとなる。

次に大塚論文所収の表紙部分を史料2として掲げる。

〔史料2〕

（表紙）

「小机領　観世音御詠歌

三十三所

泉谷寺　」

史料1と史料2における表紙文言の相違は、表紙のみ新たな版木が作成されたためか。おそらく十二年ごとに実施される開帳に際して、巡礼の案内書として一定の部数が印刷されたのであろう。また、「泉谷寺」の文言は、版木の所有者を表していよう。

次に御詠歌の文言を補足しつつ本霊場における札所寺院を確認したい。まず、札所ごとに札所寺院の所在地・名称・宗派・本末関係を記し、次いで御詠歌の文言について適宜、漢字を含めた表記に直し、その意味を補足しておく。なお、本末関係については『新編武蔵風土記稿』の記載による。

【一番】橘樹郡小机村（横浜市港北区）　泉谷寺　浄土宗

補陀洛や　百八郷の　罪科を　泉が谷に　洗い清めて

泉谷寺が存在する小机村には、戦国時代に小田原北条氏の支城として武蔵国橘樹郡・都筑郡を管轄範囲とする小机城が存在していた。泉谷寺は小机城の城代笠原氏によって大永三年（一五二三）に開基された寺院で、朱印地一五石、京都知恩院の末。小机周辺から本霊場の範囲において多くの末寺を有する有力寺院で、本霊場の札所では四番専称寺・十六番専念寺・十七番龍雲寺の三か寺が末寺である。御詠歌の初句の「補陀洛や」は、西国霊場第一番那智山青岸渡寺の御詠歌冒頭と同文言である。特に明示されてはいないが、小机観音霊場が西国霊場の「移し」「写し」として設定されたことがうかがえる。続く「百八郷の」は、『新編武蔵風土記稿』都筑郡本郷村の項目において「小机百八郷」と称される小机周辺の村数に、人間の煩悩の数とされる「百八」と煩悩＝「業」と「郷」を掛けたもの。その「罪科」を第一番泉谷寺に由来する「泉が谷」の水で洗い清めた上で本霊場を巡拝するという内容である。打ち出しの第一番にふさわしい御詠歌といえよう。

【二番】橘樹郡鳥山村（横浜市港北区）　三会寺　古義真言宗

昔田の　はな鳥山の　観世音　今も利生は　絶えず有けり

鳥山村は小机村の隣村に当たる。三会寺は、朱印地一〇石を有する朱印寺で、高野山法性院の末寺。周辺に多くの末寺を有する地域の有力寺院であり、札所の内、三番最勝寺・十二番歓成院・十三番円応寺・十五番西方寺・十八番観音寺・二十六番観護寺・二十七番長源寺・二十九番慈眼寺・三十番長泉寺・三十一番宝塔院・三十二番東観寺の一一か寺が末寺である。第一番泉谷寺からは一五町の距離である。「納経帖」の同寺の縁起には「俗称鼻取観音、童形に身を現じて水田を耕す馬の鼻を取り農作を救けた」とあり、本尊の十一面観世音菩薩がかつて童子に身を変えて馬の鼻を取ったという故事が記されている。御詠歌冒頭の「昔田の　はな鳥山」はこれをふまえたもので、「鼻取」と

「鳥山」という地名を掛けており、同寺の観世音の「利生」は現在も絶えることが無いとの内容になる。あるいは西国霊場の番外札所華頂山元慶寺の御詠歌「まてといはば　いともかしこし　はなやまに　しばしとなかん　とりのねもがな」の「はなやま」と「とり」を意識していようか。なお、末尾の「絶えず」は同時に「妙えぬ」の意でもある。

【三番】橘樹郡下菅田村（横浜市神奈川区）　最勝寺　古義真言宗

天下る　誓いを聞けば　熊野堂　いともすぐれし　御法なりけり

下菅田村は鳥山村の南に位置する。最勝寺は二番三会寺の末寺。二番三会寺からは六町。御詠歌の内、「熊野堂」は山号の熊野山に、「いともすぐれし」は菅田（すげた）の地名と、寺名である最勝寺の「勝（すぐれ）」に、掛けたもの。「熊野堂」「熊野山」の文言からは西国霊場との関連が想定される。

【四番】橘樹郡下菅田村（横浜市神奈川区）　専称寺　浄土宗

名は菅田　寺はまつかね　苔古りて　庭の草木も　法に色増す

史料1では寺の所在地は中菅田村とあるが、『新編武蔵風土記稿』によれば下菅田村に所在している。専称寺は一番泉谷寺の末寺。三番最勝寺からの距離は一三町。御詠歌の内、「寺はまつかね」は山号の「松澤山」に依拠したものか。あるいは「松」「鐘」と「待ちかね」を掛けたものかもしれない。「苔」「草木」は「菅田」の「菅」からの連想であろう。

【五番】都筑郡川島村（横浜市保土ケ谷区）　正観寺　曹洞宗

廻り来て　こゝのはうみを　正観寺　打ち置く札も　後の世のため

川島村は帷子川の流域に所在する。正観寺は、泉谷寺とともに小机村の有力寺院である、雲松院の末寺。本霊場の札所における雲松院の末寺は五番正観寺・六番随流院・七番本覚寺の三か寺である。四番専称寺から二〇町離れている。御詠歌の内、「こゝのはうみを」は、「納経帖」の通り「ここのほうみょう（法名）」の意であろう。

【六番】都筑郡川島村（横浜市保土ケ谷区）　随流院　曹洞宗

川島へ　渡す大悲の　法の舟　彼の随流の　岸の寺まで

随流院は正観寺と同じく雲松院の末寺。五番正観寺から四町の行程である。ここまでの札所間の行程は比較的短い。御詠歌は、「川島」の地名と「随流院」という寺名にちなみ、「法の舟」「岸の寺」といった文言を用いる。霊場巡拝による此岸から彼岸への移行を詠み込んだものであろう。また、「随流」は「水流」を掛けたものか。

【七番】橘樹郡青木町（横浜市神奈川区）　本覚寺　曹洞宗

本覚の　世々の灯　かき立て　船路もあかき　袖のうら哉

青木町は東海道神奈川宿を構成する二か町の内、西側に位置する。本覚寺は雲松院の末寺であるとともに八番宗興寺の本寺でもある。六番随流院から一里の距離で少し離れている。『新編武蔵風土記稿』では「小机三十三所の一なりと云」と記されている。御詠歌の内、「本覚の」は寺名に合せたもの。「世々の灯」と「船路」は、青木町が東京湾有数の湊である神奈川湊の所在地であることをふまえたもので、「灯」は俗世を照らす観音信仰の燈明であるとともに、夜間航海にとって必須な常夜灯に掛けている。「袖のうら」は青木町の海沿いの呼称である「袖が浦」に由来するるのであろう。

【八番】橘樹郡青木町（横浜市神奈川区）　宗興寺　曹洞宗

もとよりも　誓い仰ぎと　聞くからに　札を打つ身の　頼もしき哉

宗興寺は七番本覚寺の末寺である。七番本覚寺からは三町で、東海道を東へ向かう行程である。御詠歌の内、「誓い仰ぎに」の「仰（あお）ぎ」は地名の「青木（あおき）町」に掛けている。

【九番】橘樹郡神奈川町（横浜市神奈川区）　観福寺　浄土宗

唯頼め　願いもついに　神奈川の　浦嶋かけて　深き恵みを

観福（寿）寺は神奈川町の慶運寺の末寺で、「浦島寺」と呼ばれるように浦島太郎の伝説を有する寺院である。八番宗興寺からは東海道を東へ進み一五町の距離である。『江戸名所図会』には「護国山観福寿寺」で立項されており、江戸における信仰が想定される。「浦島の観世音」と記される本尊の聖観世音菩薩は龍宮伝来とされる。御詠歌の内、「神奈川（かながわ）」には願いが叶（かな）う意味が掛けられている。「浦島」の「浦」は東京湾に面した地形に合わせたものか。観福寺は明治初年に廃寺となり、現在は本尊を移した本寺の慶運寺が九番札所となっている。

【十番】橘樹郡鶴見村（横浜市鶴見区）　東福寺　新義真言宗

たらちねの　願いも満つる　子生山　大悲の誓い　頼もしきかな

東福寺は神奈川町金蔵院の末寺で、子育てなどに霊験がある子生観音として知られる。九番観福寺からは東海道を東へ一里の行程で、霊場全体の東端となる。御詠歌の内、「たらちねの」はそれにちなむもの。「子生山」は同寺の山号でもある。『江戸名所図会』には、「子安観世音」として立項され、「子安村、海道より右の方の岳にあり、子生山東福寺と号す、新義の真言宗にして、神奈川の金蔵院に属す、開基の大祖は勝覚僧正、本尊は如意輪観音にして、仏工春日の作、一寸八分の座像なり」と記されている。所在地を「子安村」としているのは「子生」との連想による誤りであろう。同寺も江戸における信仰が想定される。

【十一番】橘樹郡東寺尾村（横浜市鶴見区）　慈眼堂（松蔭寺）　臨済宗

昔より　建て置く寺を　慈眼堂　名も義高の　跡ぞ久しき

松蔭寺は鎌倉建長寺の末。東寺尾村は東海道から内陸の丘陵部へ入っており、十番東福寺から一五町である。『江戸名所図会』には「仙鶴山松隠寺」（松蔭寺）と「慈眼堂」が立項されている。「慈眼堂」の項目には「松隠寺よりさし渡し一丁ばかり、門を出で、小さき坂を下り、廻りて二丁半ばかり、岡の上にあり、本尊十一面観音、仏工春日の作なり、小机札所の一にして松隠寺より兼帯せり」とあり、慈眼堂が札所であったことがわかる。「慈眼堂」には「（里見）義高入道の墓」と称される地蔵堂があり、『江戸名所図会』には「義高入道墓」の挿絵が所収されている。九番観福寺・十番東福寺と同様に江戸における信仰が想定される。御詠歌の内、「建て置く寺（てら）を」は「寺尾（てらお）」の地名に掛けたもの。名高いの意である「名も義高の」は里見義高をふまえている。

【十二番】橘樹郡太尾村（横浜市港北区）　歓成院　古義真言宗

太尾にて　強き大悲の　妙智力　いかなる重き　罪も救わん

歓成院は二番三会寺の末寺。十一番慈眼堂から一里の行程である。御詠歌の内、「太尾」は地名であるとともに「太緒」（太い紐）を掛けたもの。この「太緒」によっていかなる重き罪も救うことができる観音の大悲の妙智力を讃える。「妙智力」は山号の「妙智山」に合せたもの。

【十三番】橘樹郡吉田村（横浜市港北区）　円応寺　古義真言宗

願いよし　袂も法の　墨染めの　身には大悲の　影や映らむ

円応寺は二番三会寺の末寺。十二番歓成院からの距離は二〇町で、鶴見川支流の早渕川に沿うルートである。御詠歌の内、「願いよし　袂（たもと）も」は「吉田（よした）」の地名に掛けたもの。「袂」から「墨染め」を、「墨染め」から「影」を、導いている。「影」は真如の月の影であろう。

【十四番】橘樹郡吉田村（横浜市港北区）　御霊堂（正福寺）　天台宗

武士の　願いも満つる　御霊かな　仇も退く　誓いなるらむ

正福寺は橘樹郡駒林村（横浜市港北区）金蔵院の末寺。十三番円応寺からは四町の近さである。「納経帖」の縁起によれば、本尊の十一面観世音菩薩は鎌倉権五郎景正の持仏であり、御詠歌冒頭の「武士（もの丶ふ）」は鎌倉権五郎景正を指す。三句目の「御霊かな」は御霊堂にかけたもの。

【十五番】橘樹郡新羽村（横浜市港北区）　西方寺　古義真言宗

補陀洛に　また極楽の　西方寺　弥陀観音の　浄土なりけり

西方寺は二番三会寺の末寺。十四番御霊堂から一三町の距離。御詠歌の冒頭の「補陀落に」は同寺の山号の「補陀洛山」に掛けたもの。寺名の「西方寺」から阿弥陀如来の西方浄土を導きだし、阿弥陀と観音の二つの浄土としている。二句目の「また」と新羽（にっぱ）の村名から「二」に掛けているか。

【十六番】橘樹郡新羽村（横浜市港北区）　専念寺　浄土宗

尋ね来る　寺は南の　専念寺　大慈大悲の　誓い標に

専念寺は一番泉谷寺の末寺。十五番西方寺より八町となっている。御詠歌の内、「寺は南の」は専念寺が十五番西方寺より南に立地することによるか。あるいは南に位置するとされる補陀洛山の方角か。十五番西方寺の寺号の「西方」と十七番龍雲寺の所在村「東方」の連想から南を引き出している。

【十七番】都筑郡東方村（横浜市都筑区）　龍雲寺　浄土宗

山あいや　松に音かる　龍雲寺　おほろげならぬ　みのり成けり

龍雲寺は一番泉谷寺の末寺。十六番専念寺から一三町である。御詠歌の内、「山あい」は同寺の山号「幡森山」に、「松に音かる」の「松」と「おぼろげ」は院号「燈松院」に、依拠するものであろう。

【十八番】都筑郡池辺村（横浜市都筑区）　観音寺　真言宗

ありがたや　南に向う　観音寺　尚も功徳は　深き池辺

史料1によれば「池辺」の読みは「いこのべ」である。観音寺は二番三会寺の末寺。十七番龍雲寺からは八町。御詠歌の内、「南」の方位は補陀洛山の方角。「深き池辺」は地名に掛けたもの。

【十九番】都筑郡茅ヶ崎村（横浜市都筑区）　観音堂（寿福寺）　浄土真宗

昔より　絶えね大悲の　みのりにて　今日茅ヶ崎の　のきハ数ふる

『新編武蔵風土記稿』茅ヶ崎村にある「観音堂」が該当する。寿福寺は浄土真宗西本願寺の末であるが、史料1には「十九はんしゆふくし」とあり、『新編武蔵風土記稿』にも「寿福寺の持なり」と記されている。十八番観音寺からは一里の行程。鶴見川から離れて早渕川沿いに出る。御詠歌の内、「今日茅ヶ崎の」は茅ヶ崎村の地名に掛けたもの。

【二十番】都筑郡荏田村（横浜市青葉区）　真福寺　真言宗

荏田の原　寝枯れし草も　萌えいでん　千手の誓い　今に絶えねば

『新編武蔵風土記稿』によれば、真福寺は二十二番王禅寺の末寺で、矢倉沢往還の宿場町である荏田村の原根に所在する。十九番寿福寺観音堂からは鶴見川の支流早渕川に沿って二五町の距離。御詠歌の内、「荏田の原寝枯れし草も」は「原根」（はらね）の地名に掛けたもの。「千手の誓い」は本尊が千手観世音であることによる。寝枯れた草を萌出させる千手観音の功徳を讃える内容。

【二十一番】都筑郡大場村（横浜市青葉区）　薬王寺　真言宗

有かたや　祈るしるしの　積もり来て　仏の縁に　逢ふはなるらん

薬王寺は二十二番王禅寺の末寺。二十番真福寺からは二〇町である。早渕川から再び鶴見川沿いに出る。御詠歌の内、「逢ふはなるらん」は「あふは」＝大場(おおば)村に掛けたもの。「納経帖」では「おほばなるらん」となっている。

【二十二番】都筑郡王禅寺村(川崎市麻生区)　王禅寺　真言宗

星宿る　寺は真如の　曇りなく　穢土を離れし　浄土なるらん

王禅寺は京都醍醐三宝院の末寺で、かつては「関東の高野山」と呼ばれた地域の有力寺院。周辺に多数の末寺を有し、札所の内、二十番真福寺・二十一番薬王寺・二十五番極楽寺の三か寺が末寺である。二十一番薬王寺からは一八町の行程。霊場全体の北端に位置する。御詠歌初句の内「星宿る」は山号「星宿山」に掛けたもの。「星宿る寺」＝王禅寺は真如の月が曇り無く照らす浄土の地であるという内容。なお、「納経帖」における御詠歌の四句目は「ふだらくやまの(補陀洛山の)」となっている。

【二十三番】都筑郡恩田村(横浜市青葉区)　徳恩寺　古義真言宗

鷲の山　絶えぬみのりは　万年寺　仏の御恩　頼もしき哉

徳恩寺は高野山宝性院の末。ただし、霊場成立時における札所は恩田村の万年寺であり、御詠歌も万年寺に対応したもの。札所の変更時期は不明。あるいは史料1の「再刻」はこの札所変更に対応したものか。万年寺の廃寺後、徳恩寺が札所になったが、安永九年段階では御詠歌が変更されていない。二十二番王禅寺からは二里であり、札所間の距離が最も長い。『新編武蔵風土記稿』恩田村の「古蹟寺蹟」引用の鐘銘に「武州恩田雷王鷲山、松柏万年禅寺」とあり、御詠歌の冒頭の「鷲の山」は万年寺の山号に依拠する。続く「絶えぬ」も寺名の「万年寺」に掛けたもの。「仏の御恩(ごおん)頼(たの)もしき哉」は恩田(おんだ)の地名を読み込んでいる。なお、「納経帖」によれば、現在の御詠歌の冒頭三句は「まにのやま　たへぬ御法は　徳恩寺」となっており、徳恩寺の山号「魔尼山」に合せたものとなっている。

【二十四番】多摩郡小川村（町田市）　福寿院　古義真言宗

ここに来て　瀬見の小川は　あらねども　妙えぬ流れの　みのりなりけり

二十四番福寿院のみ多摩郡に属する。二十三番徳恩寺の末寺で一八町の行程、霊場全体の西端となる。御詠歌の内、「瀬見の小川は」と「妙えぬ流れの」は地名の小川村と山号の「河上山」に由来するか。

【二十五番】都筑郡西八朔村（横浜市緑区）　極楽寺　真言宗

八朔や　最中の月に　あらねとも　大悲の光　明らけき山

『新編武蔵風土記稿』によれば、極楽寺は二十二番王禅寺の末寺である。二十四番福寿院から一里である。再び鶴見川沿いに移っている。御詠歌の内、「八朔」は所在地である八朔村に掛けたもの。「八朔」＝八月朔日の月は新月であり、「最中の月」＝中秋の満月ではないものの、照らされる大悲の光は山を明らかにしているとの意味。廃寺となった極楽寺に変わり、現在は北八朔の世尊院が二十五番札所となっているが、御詠歌は変更されていない。

【二十六番】都筑郡小山村（横浜市緑区）　観護寺　古義真言宗

補陀洛や　みのりの空も　曇りなく　富士を眺むる　小山寺にて

観護寺は二番三会寺の末寺。二十五番極楽寺から一〇町である。これ以降、二十八番三仏寺までは霊場の西側を大回りに進む。『新編武蔵風土記稿』に「このあたりより富士山を眺望あるにより、土人は富士見寺となど〻呼べり」とあるように、富士山の眺望で知られていた。御詠歌もそれにちなんだ内容であるとともに、富士山と小山を対比している。冒頭の「補陀洛や」は同寺の山号「補陀洛山」に、末尾の「小山寺にて」は所在地である小山村の村名に、それぞれ由来する。

【二十七番】都筑郡上川井村（横浜市旭区）　長源寺　真言宗

観音の　誓いも深き　川井にて　掛樋の音も　絶えぬみたらし

長源寺は二番三会寺の末寺。二十六番観護寺からは一里の行程。御詠歌が水にちなんだ内容となっているのは、地名の「川井」と山号の「川井山」に由来する。「掛樋（かけひ）」は「川井（かわい）」との語呂合わせであろう。

【二十八番】都筑郡二俣川村（横浜市旭区）　三仏寺　浄土宗

三仏の　みのりを説くや　鶴ヶ峰　一声とても　四方にあまねし

三仏寺は瀧山大善寺の末。二十七番長源寺から一里の距離である。「納経帖」によれば、寺号の「三仏」は「創建当初当地にあった弥陀、観音、地蔵の三堂を合併したこと」によるという。御詠歌は「三仏寺」の寺号と「鶴峯山」の山号にちなみつつ、「鶴の一声」に掛けたもの。「三仏」の御法は鶴が一声説くだけでも四方に普く伝わるとの内容である。

【二十九番】都筑郡寺山村（横浜市緑区）　慈眼寺　真言宗

迷いしも　み山おろしに　夢覚めて　真如の月の　慈眼するかな

慈眼寺は二番三会寺の末寺。二十八番三仏寺よりは一里である。御詠歌の内容は「慈眼寺」という寺号にちなむもの。二句の「み山」は寺山村の地名に掛けたものか。

【三十番】都筑郡中山村（横浜市緑区）　長泉寺　真言宗

廻り来て　こここそ四方の　中山や　大悲の月の　影もさやけき

長泉寺は二番三会寺の末寺。二十九番慈眼寺から五町。御詠歌は所在地である中山村にちなんでいる。二十九番から「真如の月」「大慈の月」関連の内容が続くのは、霊場巡礼が終盤に入っていることとの対応であろうか。

【三十一番】都筑郡猿山村（横浜市緑区）　宝塔院　真言宗

峰高き　名は猿山の　観世音　照らす誓いは　法の月影

宝塔院は二番三会寺の末寺。三十一番長泉寺からは八町の距離。御詠歌の内、「峯高き」は山号の高猿山と宝塔院の「塔」からの連想か。所在地の猿山を読み込む。

【三十二番】都筑郡本郷村（横浜市緑区）　東観寺　真言宗

西・南　廻り来りて　東観寺　あまねきかどの　品は変わらじ

東観寺は二番三会寺の末寺。三十一番宝塔院より一二町である。御詠歌の内容は西・南を巡って東へ至るの意、寺名東観寺からの連想であろう。

【三十三番】都筑郡本郷村（横浜市緑区）　法昌寺　曹洞宗

本郷へ　廻りて来たる　おいつりを　脱きて納むる　法の御寺に

法昌寺は小机村雲松院の末寺。三十二番東観寺より二町となっている。『新編武蔵風土記稿』に「本尊十一面観音にて、腹籠の像に長二寸ばかりの観音あり、これは春日の作と云、住僧朝庵のとき小机札所をさだめしに、この観音を以て第三十三番とせしとなり」と記されている。御詠歌は西国霊場の第三十三番谷汲山華厳寺の御詠歌の一つ「いままでは　おやとたのみし　おひづるを　ぬぎておさむる　みののたにくみ」をふまえ、巡礼に際して着用した笈つるを打留の三十三番法昌寺へ納めるとの内容で、打留の札所に対応したものである。冒頭の「本郷」は地名に、末尾の「法の御寺に」の「法（のり）」は法昌寺という寺名に掛けたものであろう。なお、「納経帖」によれば平成七年（一九九五）に法昌寺は青葉区奈良へ移転している。

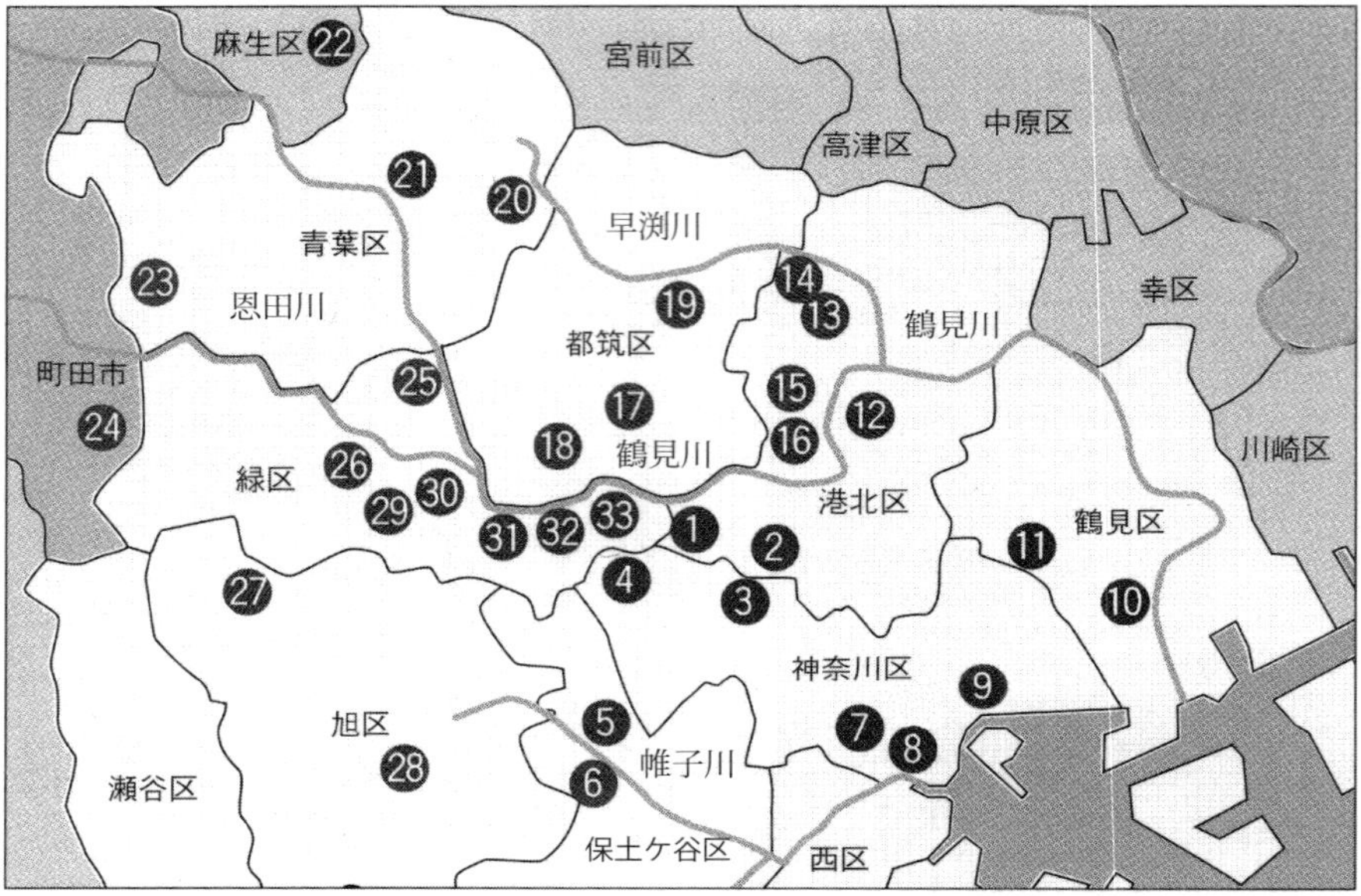

1番	小机	泉谷寺	浄土宗	13番	吉田	円応寺	真言宗	23番	恩田	徳恩寺	真言宗
2番	鳥山	三会寺	真言示	14番	吉田	正福寺 御霊堂	天台宗	24番	小川	福寿院	真言宗
3番	下菅田	最勝寺	真言宗					25番	北八朔	世尊院	真言宗
4番	下菅田	専称寺	浄土宗	15番	新羽	西方寺	真言宗	26番	小山	観護寺	真言宗
5番	川島	正観寺	曹洞宗	16番	新羽	専念寺	浄土宗	27番	上川井	長源寺	真言宗
6番	川島	随流院	曹洞宗	17番	東方	龍雲寺	浄土宗	28番	二俣川	三仏寺	浄土宗
7番	青木	本覚寺	曹洞宗	18番	池辺	観音寺	真言宗	29番	寺山	慈眼寺	真言宗
8番	青木	宗興寺	曹洞宗	19番	茅ヶ崎	寿福寺 観音堂	浄土真宗	30番	中山	長泉寺	真言宗
9番	神奈川	観福寺	浄土宗					31番	猿山	宝塔院	真言宗
10番	鶴見	東福寺	真言宗	20番	荏田	真福寺	真言宗	32番	本郷	東観寺	真言宗
11番	東寺尾	松蔭寺	臨済宗	21番	大場	薬王寺	真言宗	33番	本郷	法昌寺	曹洞宗
12番	太尾	歓成院	真言宗	22番	王禅寺	王禅寺	真言宗				

小机観音霊場一覧

以上、安永九年の「小机領三十三所巡礼和歌」の記載にしたがって、同霊場の札所を概観した。その順序と分布は前頁の通りである。

この内、九番観福寺は明治初頭に廃寺となり、同寺の本寺であった慶運寺に札所本尊が移され、九番札所となっている。また、二十三番札所は当初の万年寺より安永九年段階で徳恩寺に変更されている。二十五番札所も極楽寺から世尊院へ変わっている。さらに三十三番の法昌寺の所在地は、江戸時代の本郷村から青葉区奈良町へ移転している。

巡礼の順序は、鶴見川の中流域に位置する小机村の第一番泉谷寺から出発、鳥山村の第二番三会寺、下菅田村の第三番最勝寺・第四番専称寺と周辺を時計廻りで回った後、第五番正観寺→第六番随流院と南下し、帷子川にいたる。それより東へ向かい、東海道神奈川宿の青木町に所在する第七番本覚寺→第八番宗興寺から神奈川町の第九番観福寺を経て、東海道を東へ向かい、鶴見村の十番東福寺にいたる。それより北上し、東寺尾村の十一番慈眼堂を経て太尾村の十二番歓成院へいたる。それより鶴見川の支流である早渕川右岸に位置する吉田村の十三番円応寺・十四番御霊堂を経て南下、新羽村の十五番西方寺・十六番専念寺にいたり、再び鶴見川沿いに戻る。それより東方村の十七番龍雲寺から池辺村の十八番観音寺をめぐり、茅ヶ崎村の十九番観音堂で早渕川右岸に出る。早渕川に沿って上流へ進み、荏田村の二十番真福寺、さらに矢倉沢往還を越えて、大場村の二十一番薬王寺、王禅寺村の二十二番王禅寺と北上する。ここで方向を西南へと変え、恩田村の二十三番万年寺（徳恩寺）、小川村の二十四番福寿院と霊場全体の西北端をまわる。北八朔村の二十五番極楽寺（世尊院）で再び鶴見川に近づくものの、小山村の二十六番観護寺を経て、上川井村の二十七番長源寺、二俣川村の二十八番三仏寺と、霊場全体の西南端を大廻りする。寺山村の二十九番慈眼寺からは鶴見川に近くなり、中山村の三十番長泉寺、猿山村の三十一番宝塔院を経て、本郷村の三十二番東観寺から打留の三十三番法昌寺で終わる。

全体としては一番泉谷寺の所在地である小机村を起点に、時計廻りに帷子川下流↓東海道神奈川宿↓鶴見川右岸↓早渕川・鶴見川の中流域↓矢倉沢往還と廻り、小机村の北隣の本郷村へ戻る行程である。霊場の南端は神奈川宿から鶴見村における東海道、東は鶴見川下流の右岸から支流の早渕川沿い、北は若干越えてはいるが矢倉沢往還、西北は相模国との国境近く、西南は帷子川、ということになる。

札所間における主要な本末関係を記すと、次の通りである。

一番泉谷寺―四番・十六番・十七番の三か寺。

二番三会寺―三番・十二番・十三番・十五番・十八番・二十六番・二十七番・二十九番・三十番・三十一番・三十二番の一一か寺。

二十二番王禅寺―二十番・二十一番・二十五番の三か寺。

雲松院―五番・六番・七番の三か寺、これに七番本覚寺の末寺である八番宗興寺も含めることができよう。

こうした本末関係からは、小机村の第一番泉谷寺と鳥山村の第二番三会寺、さらには本尊が虚空蔵菩薩であるため札所になっていない小机村雲松院といった、小机周辺における有力寺院の本末関係をベースとして構成されていることが想定される。これに霊場の北側では王禅寺村の第二十二番王禅寺とその末寺を加え、南側の東海道周辺では九番観福寺・十番東福寺・十一番慈眼堂(松陰寺)という『江戸名所図会』に立項された江戸における観音信仰が想定される札所を加えることにより、成立していることになる。

三　小机観音霊場の成立時期

小机観音霊場の成立に関する資料としては、第三十三番法昌寺に残されている宝暦七年（一七五七）建立の「第三十三表」（史料3）の石碑と、享保年間に建立された四基の札所塔（札所標石）が確認される。具体的には第七番本覚寺（史料4）・第八番宗興寺（史料5）・第十二番歓成院（史料6）・第十六番専念寺（史料7）である。札所塔の内、後者の二つについては『横浜市文化財調査報告書　第十七輯　港北区石造物調査報告書』（横浜市教員委員会、一九八八年）に掲載されているが、前者の二つは存在が指摘されていなかった。以下、順に検討する。

まず、法昌寺の「第三十三表」の文言については、『横浜市文化財調査報告書　第二十一輯の一　緑区石造物調査報告書（一）』（横浜市教員委員会、一九九一年）と大塚巌徳「観音菩薩信仰―緑区における小机領三十三ヶ所子年観音霊場巡礼―」（『都筑文化』三、一九八三年）に紹介されている。前者の本文に付されている「注」には「この碑の偈文、不詳の文字多く、意を解し得ないが、小机の三十三観音霊場の由緒を記すものと思われるので、調査記録のまま収録する。後考を待つ」と記されているように、文章が難解であるとしている。筆者も未見であり、ここでは大塚論文の解読文に拠ることにしたい。

〔史料3〕

（右面）

補陀山色朗詠箇中欣曰立日時雨石鼓和風荒塞方寸飄推虚空間聞思修利利円通右転左転彼融此融微哉妙否曲曲無窮

那箇是補陀調也喝法運春深祥瑞起桃花依回自成蹊、法祥現在透謹造立

（正面）

（横書）「第三十三表」

原夫、武州小机領観世音三十三所霊場者、初瀧野愛勝抱素願、図之宗運和尚、和尚固随喜同心、選為発願輪主乃

誘朝庵和尚及転誉上人也、亦棋信向敬服併力営為推較(輓カ)之者善誉浄逝也、既而享保中撰近郷霊場三十三所、三僧親巡詣、因茲詣拝之徒漸踉至、為三十三所納詣札霊場矣、宗運和尚当山先住也、宝暦六丙子春開戸帳、而令縦観尊像、貴賤為群歓喜、渇仰巡詣之徒僉々無休日、則運和尚開基信心所致也、且庵・誉二上人之所羽翼也、其可蔑乎、蓋発願之初転誉上人訴空県官寺社公庁忝所得免許也、今歳宝暦七丁丑春、刻事実於碑石、併造開基宗運和尚之木像、以為不朽錦功徳、於四境欲令霊場莫転壊也、是建立之意爾宝、愛勝化之力而、出家在家相共捐財産、以成焉云、且運和尚詠歌并□野二首□者朝庵和上也、誰用誰棄、略追刻其由、不録其言、庶与世永詠嘆也矣

（左面）

其偈曰大士来也一身多身万水流月百草発春原形刹々説法塵々永伝宝塔引導衆人正央磨之時如何咄箇々門々観自在

等施福寿度窮貧時宝暦七丁丑春二月臥龍山主福淳叟謹誌

史料3は、左面の末尾に「時宝暦七丁丑春二月臥龍山主福淳叟謹誌」とあるように、宝暦七年二月に臥龍山法昌寺の住職福淳が建立したもので、小机観音霊場の設立経緯をまとめたほぼ唯一の史料であるが、浅学な筆者には文意が取りがたい。ここでは正面部分の記述にもとづき、その大要を述べるに留める。

史料3の正面部分によれば、以下のようである。「武州小机観世音三十三所霊場」＝小机霊場は、瀧野愛勝という人物が新霊場設立の「素願」を抱き、法昌寺の宗運和尚へ相談した。宗運和尚は随喜して同心し、その実現のため、法昌寺の朝庵和尚と泉谷寺の転誉上人に協力を求めた。その結果、享保年中には小机「近郷」で三十三所の札所を撰び、三人で親しく巡参し、これにより同霊場を巡る参詣者が増えたという。子年に当たる宝暦六年には各札所の本尊の開帳を実施した。これ以降、子年の開帳が恒例になったものと思われる。多くの参詣人が歓喜して巡詣した様子は「無休日」と記されている。「第三十三表」では、こうした霊場設立の中心人物は法昌寺の先住である宗運和尚であり、

朝庵和尚と転誉上人が「羽翼」ともいうべき良き補佐役であったとする。なお、霊場の開設にあたっては転誉上人が「県官寺社公庁」（代官所や寺社奉行）との折衝にあたり、許可を得たという。そして、今年（宝暦七年）の春にこうした「事実」を「碑石」＝「第三十三表」に記し、あわせて霊場を開基した宗運和尚の木像を造り、もってその不朽の功績を讃えるとともに、小机霊場が永遠に続くことを願ったとし、こうした建立の趣旨に（瀧野）愛勝は力を尽くし、また出家・在家の人々からの寄付により、造立することができたという。霊場発願の「素願」者である瀧野愛勝は宝暦七年時まで生存していたことになる。

以上の内容を、大塚氏は、①小机霊場の発願主は瀧野愛勝で法昌寺住職宗運和尚が願意を受け容れ、住職朝庵和尚―泉谷寺住職転誉上人の助力を得て開設された、②格式から泉谷寺転誉上人が代表となり寺社官辺筋の渉外を担当したようである、③享保年中に近郷の三十三所霊場としての寺を選び、子年の宝暦六年に開帳した、と整理している。

史料3にみられる本霊場の開設経緯は、瀧野愛勝→法昌寺宗運和尚→同寺朝庵和尚・泉谷寺住職転誉上人という人的ネットワークにより、享保年中に成立し、宝暦六年に開帳を実施したことになる。ただし、発願主である瀧野愛勝については、他に関連資料が無く、それ以上の具体的な言及は行われていない。

次に四件の札所塔を史料4～7として掲げる。

〔史料4〕（第七番本覚寺）

（右面）願主　青木町瀧之丁　瀧野重郎兵衛愛勝

（正面）小机丗三所七番目

（左面）享保九甲辰天閏四月十日　現住梁國代

史料4は、第七番本覚寺の札所塔である。同寺の山門外側の右側に現存する。享保九年（一七二四）閏四月一〇日に願主である「青木町瀧之丁」在住の瀧野重郎兵衛愛勝によって建立された。正面に「小机卅三所七番目」とあり、「小机卅三所」という霊場名と「七番目」という札所の順番が記されている。享保九年の段階で「小机卅三所」＝小机霊場が成立しており、本覚寺を七番とする札所の順序も確定していたことになる。

〔史料5〕（第八番宗興寺）

（右面）願主　青木瀧之丁　瀧野重郎兵衛愛勝

（正面）小机卅三所八番目

（左面）享保九甲辰天閏四月吉日　現住梁苗代

史料5は、七番本覚寺の末寺である八番宗興寺の札所塔。本堂正面の右側に現存する。願主は史料4と同じ「青木瀧之丁」の瀧野重郎兵衛愛勝で、享保九年閏四月の建立。正面には「小机卅三所八番目」とあり、小机霊場の八番札所であることを示している。

本覚寺（史料4）・宗興寺（史料5）の札所塔の願主・建立者である瀧野重郎愛勝は、史料3において霊場開設の「素願」を抱いた瀧野愛勝と同一人物であろう。「瀧之丁」＝瀧之町は青木町を構成する町（チョウ）の内、東海道に面した最も東側に位置している。神奈川町との境である瀧の川に沿って上流に進むと瀧横町となり、宗興寺は同町に存在する。したがって、瀧野愛勝は宗興寺由縁の人物であり、それ故、宗興寺とその本寺である本覚寺の札所塔を建立したと考えられる。

〔史料6〕（第十二番歓成院）

（右面）

十一面観世音　運慶御作

（正面）

〔　　〕左十一番

小机三拾三処十二番目

右十三番

（左面）

太尾村妙智堂　歓成院支配

（背面）

享保十一丙子天　半兵衛

市兵衛

寒念仏供養　願主当村　三左衛門

〔　〕

十一月七日　法印大歓代

史料6は、十二番札所歓成院の札所塔。享保一一年一一月七日に太尾村の「寒念仏」講中の半兵衛・市兵衛・三左衛門らによって建立された。左面に「太尾村妙智堂　歓成院支配」とあり、札所本尊の「運慶御作」の「十一面観世音」は「妙智院」に安置されていたことになる。正面の「小机三拾三処十二番目」の文言からは、「小机三拾三処」＝「小机卅三所」＝小机霊場の名称と札所の順番が確定していることになる。また、「寒念仏供養」として建立されていることは、札所本尊の十一面観世音を対象とする観音信仰が、享保一一年段階において太尾村で展開していたことになる。

〔史料7〕（第十六番専念寺）

（右面）

神奈川町飯田町念仏男女講中　久左衛門

神台地村　才三郎

同所観音女講中　八郎右エ門

（正面）

享保十五年戌年

小机領三十三所観世音第十六番

二月吉日

（左面）

こ□くゐりやう卅三ヶ所

神奈川石屋久四郎作

（背面）

亀甲山本覚専念寺

願主

石坂建立供養　諦誉

史料7は、十六番札所専念寺の札所塔。享保一五年二月に建立された。正面の「小机領三十三所観世音」と左面の「こ□くゐりやう卅三ケ所」は、史料4・5・6における霊場名称の「小机卅三所」「小机三拾三処」に該当する。右面には「神奈川町飯田町念仏男女講中」、「神台地村」の久左衛門・才三郎・八郎右衛門、「同所観音女講中」といった札所塔建立に関連した人々の名が記されている。「神奈川町」の「飯田町」は、青木町とともに神奈川宿を構成する神奈川町の町（チョウ）の一つであり、神奈川宿より小机へと向かう飯田道と東海道の交差点である「四ツ角」より少し内陸に入った地点に位置している。神奈川町と青木町の境である瀧の川をはさんで瀧横町と相対する場所になる。「神台地村」は神太寺村のことで、同村も東海道よりやや内陸に位置している。いずれも専念寺が存在する新羽村より離れており、十六番専念寺の札所本尊が村域を超えた信仰圏を有していたことを示している。

以上、史料4〜7からは、まず享保九年閏四月に建立された本覚寺（史料4）と宗興寺（史料5）の札所塔は、（史料3）における霊場の発願主である瀧野重郎兵衛愛勝が建立したものであり、同人が東海道神奈川宿の青木町（神奈川区）瀧之丁（瀧野町）に居住していたことがわかる。その人物像は関連資料がなく明確にしえないが、「瀧野」の姓が「瀧之丁」という地名に由来する可能性と、神奈川湊の所在地である神奈川宿青木町の住人として新たな観音霊場の設置と、史料3「第三十三表」の設立に寄与する一定の財産を保持する商家であることが想定される。本覚寺は法昌寺と同様に小机村の雲松院（曹洞宗）の末寺であり、宗興寺は本覚寺の末寺であることから、前述のネットワークをふまえるならば、霊場成立に関わる流れは、瀧野愛勝→本覚寺・宗興寺（→雲松院）→法昌寺→泉谷寺となる。

また、歓成院（史料6）と専念寺（史料7）の札所塔からは、それぞれの札所本尊が所在する村落あるいは村域を超えた観音信仰圏が、享保年間において一定度展開していたことが確認される。他の札所本尊についても同様な信仰圏の存在を想定することができよう。

おわりに

地域霊場が成立するためには、個々の寺院や村落における信仰の展開と、それらを結びつける何らかの要因が必要となる。小机霊場の場合、史料6・7で確認したように、それぞれの札所本尊に対する観音信仰とその範囲が享保年間(一七一六〜三六)にはおおむね存在していたことになろう。そして、それらを結びつけて一つの霊場として成立させた直接の要因は、青木町の瀧之町に在住する瀧野重郎兵衛による霊場設立の「素願」と、それをふまえて霊場を設立・開基した法昌寺宗運和尚と、その「羽翼」である法昌寺朝庵和尚・泉谷寺転誉上人の活動であった。

観音霊場として必要な三十三所の札所は、泉谷寺・(法昌寺の本寺である)雲松院・三会寺の本末関係をベースとして、これに北部における王禅寺の本末関係と東海道筋における江戸での信仰が想定される寺院を組み込むことによって成立している。そして、鶴見川流域と帷子川流域に展開する本霊場のひろがりは、神奈川湊の経済的影響が及ぶ範囲と重なっており、霊場の形成にあたっても、その経済圏が前提になっているように思われる。神奈川湊の所在地である神奈川宿に居住する瀧野愛勝の「素願」が、霊場成立の契機になっていることも、そうした点を裏付けると考えられるが、具体的な検討については今後の課題である。

社寺建築をめぐる募縁行動と地域社会
―武州幡羅郡妻沼聖天山を事例として―

細野　健太郎

はじめに

江戸時代の社寺は、堂社の修復や造営など臨時に多額の費用を要する場合、様々な募縁行動によってその費用を捻出した。募縁行動には開帳・勧化・勧進・富籤の興行などがあるが、それぞれが伽藍ひとつの修復・造営において単独で用いられたわけではなく、しばしば複数の募縁が組み合わされた。募縁には、氏子や檀家を対象とする場合や、それ以外の人びととの新たな結縁を求める場合がある。募縁の手法は、各社寺の歴史的背景や社寺を支える講などの存在によって多様で、時代によって変化をみせたりもした。

本稿では、武州幡羅郡妻沼《めぬま》村（埼玉県熊谷市）に鎮座する妻沼聖天山《しょうてんざん》を事例に、社寺の募縁行動と地域社会の関わり合いについて紹介する。妻沼聖天山は、大聖歓喜天（聖天）を祀る霊場である。聖天は、仏教の守護神である天部のひとつで、像容は象頭人身の単身像や抱擁する双身像が多い。その信仰は密教のなかのひとつとして平安時代に日本に請来され、密教の側面が色濃い独特な祭祀法は「聖天供（浴油供）」と呼ばれる。鎌倉時代末期には「悪人悪行速疾退散」の効験があると信じられており、後醍醐天皇によって鎌倉幕府調伏のための祈禱として用いられたことが知ら

れる。(1)

江戸時代にはいり、聖天の大きな効験への期待は、たとえば一八世紀後半の天明八年(一七八八)、幕府老中となった松平定信が本所吉祥院に祀られる歓喜天に対し、幕政担当者として貨幣と米穀の円滑な流通を祈願している例がみられる。(2)その一方で聖天は、幅広い庶民層からも信仰されており、元禄の頃には江戸浅草の待乳山聖天が、縁組みや夫婦和合祈願の対象として信仰を集めていた。(3)

聖天信仰は、聖天像が秘仏として扱われることが多いこと、密教的な祭祀法であること、聖天の強い利益とその反動に対する畏怖などを背景として、実態がいまだ明らかでない点が多い。そうしたなか、北関東における聖天信仰の先行研究としては、山中清次「聖天(歓喜天)信仰ついて」(4)がある。山中氏は、仏教民俗学の立場から、栃木県を中心に聖天信仰の地域社会における需要・発展変容の様相を検討し、信仰の庶民化は元禄期頃からみられたのではないかとする。また戦国期以来、栃木県南西地域に多くみられる聖天信仰が、埼玉県西北部の聖天信仰濃密地帯の周縁部に当たることを推測し、妻沼聖天山の影響の強さに言及している。

筆者は以前、山中氏の指摘を踏まえ、武蔵国各郡における聖天信仰の広がりを、「新編武蔵風土記稿」に載る宿・町・村に所在する聖天社などの分布から検討したことがある。(5)その結果、那賀郡では郡内全体の三六%の村に聖天社などが分布し、これに幡羅郡や榛沢郡が二〇%前後とつづき、児玉郡や秩父郡も一〇%を超えていたことが明らかになった。こうした地域の聖天信仰の中心には、寄居(埼玉県寄居町)の聖天宮と妻沼の聖天社が所在しており、各々が一七世紀以前からの氏子村々の存在を由緒として語っていた。

妻沼聖天山にみられる募縁行動の手法は、江戸時代一般の募縁の在り方や社会状況に規定されたものである。その募縁が、地域社会との関わりのなかでいかに行われていったのか検討し、霊場としての妻沼聖天山の在り方を明らかにしてゆきたい。

一　妻沼聖天山と開帳

関東において、歓喜天（聖天）を前面に押し立てた募縁の記録は少ない。江戸浅草の待乳山聖天を例にみてみよう。待乳山聖天で行われた募縁行動のひとつとして開帳がある。江戸における開帳の数量的実態は、「江戸開帳年表」(6)によって明らかにされたが、このなかに待乳山聖天で行われた開帳をみると、寛保三年（一七四三）と宝暦元年（一七五一）の僅か二件が確認されている。そのうち寛保三年の開帳は、「開帳差免帳」(7)に次のように記録されている。

〔史料1〕

金龍山聖天別当

本龍院

右本社内造作幷諸末社建立為助力、本地十一面観世音、来亥之春、日数五十日之間、於自坊開帳仕度旨、越前守方江戌七月願出、

この開帳出願の文書では、開帳する神仏を本地仏の十一面観世音としている。この時の開帳の出願者は、待乳山聖天の別当寺本龍院であるが、募縁の事由として「社内造作幷諸末社」の建立とあるので、開帳の目的が聖天宮とその周辺施設の建築費用捻出であったことは想像に難くない。だがしかし、この時の待乳山聖天においては、信仰の対象である歓喜天像自体を開帳における秘仏公開の対象としていなかった。なお「江戸開帳年表」では、歓喜天像を開帳した例は他寺社も含め確認されておらず、右の待乳山聖天の例のように、聖天を祀る寺社は開帳の際に歓喜天像以外

の神仏を公開していたことがうかがえるのである。

そうしたなか妻沼聖天山では、一七世紀後半の延宝二年(一六七四)、江戸に出開帳を行った記録が残されている。次に示す史料は、同年正月二七日付で江戸の寺社奉行に出願された開帳願い(8)である。

〔史料2〕

乍恐御訴訟申上候

一、武州長井之聖天ハ、斎藤別当実盛之□(守)り本尊にて、則実盛長井之庄領主之時目沼村ニ堂社を建立し、本尊を移し奉り尓今伽藍相続仕候、依之慶長年中従　大権現様御朱印五拾石被為成下、其後　御三代之御朱印同前ニ御座候、則　御当家御安全之御祈禱於聖天之宝前別当・供僧相勤申候、然処ニ本堂・末社・護摩堂・神楽殿・鐘楼堂・二王門・山門・鳥居等迄皆以及破損、其上別当坊去々年致炎焼候故修造之儀以自力難調難儀仕候間、以御哀憐於御当地聖天之開帳御ゆるし被為成被下候ハヽ、他力を以て修造之助成ニ仕度奉存候、右之段御賢察之上開帳御赦免被遊被下候ハヽ、難有可奉存候、以上

武州長井之庄目沼村

別当坊　歓喜院(印)

延宝二年正月廿七日

寺社

御奉行様

この願書では、冒頭に妻沼聖天(長井聖天ともいう)の由来が語られる。その由緒によれば、祀られる聖天像は平安末期の武将斎藤実盛の守り本尊で、伽藍の始まりは、実盛が武州長井庄の領主であった時分に妻沼村に堂社を建立したことにあった。慶長年中には、大権現(徳川家康)から朱印地五〇石を拝領し、以来徳川家の安全を祈禱してきたと

いう。そのうえで願書は、破損著しい本堂・末社等の諸伽藍と、延焼した別当坊の修造のため、聖天の開帳許可を求めるというものであった。開帳を行う「当地」が具体的にどこを指すのか、この願書でははっきりとしないが、次に示す開帳主旨書で明らかとなる。(9)

〔史料3〕

伝聞《ク》、五百年来此尊、直拝之儀《ノ》曽而《テ》[無]《ト》レ之、聞《ニハ》亦雖《タ》レ有下望《ム》二直礼《ヲ》一輩上、宮殿漸《ク》開《ク》、則有《レハ》二破眼之愁《ノ》一、因《テ》レ茲《ニ》至《リテ》レ于レ今終無《ニ》二直拝之者一、然《ル》処我《ニ》師良海、延宝二甲寅暦仲春之日得《ノ》レ拝《ヲ》二尊客一、且《ツ》亦《タ》無《シ》二破眼之愁《ノ》一、予《ヘ》又《モタ》共《ニ》拝《ス》、非二其耳《レ》一、供僧・禰宜・役人等迄《ニテ》令レ礼《セ》レ之、可《ヲ》レ謂我《フ》師之功《ノ》甚《タ》大也《ナリト》、雖レ然《リト》宮殿転《ウタ、》損《ンシテ》而、有レ恥《ルコト》二他見一、故《ニ》予《ニ》行《テ》二武府一、重々之宮殿造レ之、于レ時師於二江府一、有《リ》二開帳之望《ノミ》一、我知《レリ》レ之《ヲ》、是故《ニ》達《シテ》二于奉行所《ニ》一、九旬之間於《テ》二浅草《ニ》一開帳《ス》、従レ其奉レ帰《シ》二于本堂《ニ》一、一旬余直開帳《ス》、但直礼之儀者《ハ》、近里隣村皆是依《ナリタルニ》レ為二氏子一也、蓋《シ》後世之輩《ノ》為《ラ》二所知《ノ》一、記《ス》レ之而已

延宝二甲寅稔

六月下澣吉辰日

この開帳の主旨書は、延宝二年六月に記された。別当坊である歓喜院良海、記主として高野山相応院良雄、そして妻沼聖天山に附属する供僧と覚しき面々一〇名（西方院快円・花蔵院俊慶・宝寿院源光・中道坊祐尊・東蔵院信海・宝蔵院良雄・良玄房俊海・良説房真海・春清房雄印・春長房源雄）、禰宜四名（高山佐右衛門・橋上太郎兵衛・田嶋半右衛門・堀越与左衛門）、坊舎三名（善朱坊・覚善坊・成蓮坊）と、巫女の縁者と思われる大光院毛利が、連署花押（もしくは押印）をしている。

主旨書では、江府（江戸）で開帳を望んだところ、奉行所より許可が下りたことがわかる。そして「九旬」の間、浅

草において開帳し、その後帰郷して「一旬余」本堂で開帳を行うとある。ここでいう「旬」とはおそらく一〇日の意であろう。この延宝二年の開帳は、江戸浅草への出開帳九〇日間、その後、妻沼聖天山本堂での居開帳一〇日余が開催されたものと考えられるが、浅草での出開帳は前出の「江戸開帳年表」で確認はできない。

その後、妻沼聖天山の募縁に、江戸を含む他地域への出開帳は確認できていない。その一方で、居開帳は何度か行われた。その一つは、享保一七年(一七三二)に行われた居開帳である。妻沼聖天山では、享保五年に聖天堂再建が発意され、享保二〇年に着工することになる。この間の享保一六年一二月から翌一七年一月にかけて、別当坊歓喜院に伝わる寺宝のひとつを時の将軍徳川吉宗が上覧するという慶事があった。上覧の寺宝は、中国明代の製作とされ、忍城主成田長泰から寄進されたと伝えられる紵絲斗帳[10]である。この上覧の記録「聖天宮錦戸帳記録[11]」によれば、一二月七日に寺社奉行に提出された紵絲斗帳は、将軍上覧を終えた翌一月二一日に返却され、二月二〇日から二六日までの七日間、開帳された。参詣者は老若ともに多く、まるで市のようであったという。享保一七年の居開帳は、後述するように聖天堂再建のための寄進を集める動きに繋がってゆく。

つづいて確認できる居開帳は、延享元年(一七四四)の春である。延享元年春は、享保二〇年に着工した妻沼聖天堂奥殿が完成した年で、聖天の遷宮が行われていた[12]。工事は、奥殿のあと中殿と拝殿が予定されており、開帳はその募縁でもあっただろう。開帳は盛大に行われたものとみえ、その模様を伝え聞いた長門岩国藩士の長谷川十右衛門は、「開帳遷宮近代之群集繁昌之地と相成」とその書翰に書き記している。

明治初期の記録[13]によれば、居開帳は宝暦七年(一七五七)三月七日から四月八日にかけても開催された。聖天堂の再建は、奥殿の完成後「氏子頗窮」したため中断していたが、宝暦五年に再開されていた[14]。宝暦の開帳は、宝暦六年閏一一月六日に拝殿が棟上げとなったのちに行われたという。拝殿は、中殿の東端間とともに宝暦一〇年に完成した。

そののち妻沼聖天山では、天明六年（一七八六）三月一〇日から四月九日、文化三年（一八〇六）三月四日から一八日[15]、文政元年（一八一八）三月朔日から二八日、天保八年（一八三七）三月六日から二〇日[16]、嘉永四年（一八五一）三月朔日から晦日の五度の居開帳が確認できる。このうち嘉永の開帳は、貴惣門の棟上げ（三月五日）前後のことであった[17]。

以上、妻沼聖天山における開帳をみてきた。このうち享保・嘉永の開帳は、次節以降で述べるように、社内建築をめぐる寄進・勧化・勧進といった募縁行動に繋がってゆくのである。

二　妻沼聖天堂の再建と寄進・勧化

妻沼聖天山において、歓喜天像を祀る本堂は聖天堂（宮）と呼ばれている。江戸時代前期の妻沼聖天堂がいつ頃造られたものなのか、確実な記録は残されていない。造立時期を推測させるものとして、古く天文二一年（一五五二）に忍の成田長泰老母が大檀那となり造立したとする棟札の写や、慶長九年（一六〇四）に幕府代官伊奈忠次が大檀那となり造立したとする棟札の写が残されているものの、いずれも棟札の現物は確認されておらず、殊に後者は造立の事実自体疑わしい部分もある[18]。いずれにしても、歓喜天像を祀る聖天堂が一七世紀段階で記録上に確認できるのは、先に触れた延宝二年（一六七四）の開帳願のみで、願書中に「本堂」とあった施設が聖天堂を指すと思われる。それが一八世紀に至り、享保期に再建工事が開始されることになる。現存する聖天堂は、このときに再建されたもので、優れた彫刻による装飾をもつ奥殿・中殿・拝殿から成る。

聖天堂の再建は、享保六年（一七二一）の棟札[19]によればその発意・細工始めは享保五年である。棟札には、このとき諸堂・末社・仁王門などの施設再建も発意され、翌六年に遷宮が行われたことも記されている。ただしかし、再建の発意から実際の聖天堂工事開始までは一五年ほどの時を待つことになる。享保二〇年の奥殿地棟木墨書[20]によれば、同年二月一五日が奥殿の細工始めで、寛保元年（一七四一）一一月三日に棟上げが行われた。そして奥殿完成はおよそ一〇年の歳月をかけた延享元年（一七四四）の春であり、先述のようにそのあと開帳が行われた。

聖天堂は奥殿の完成後、一一年間にわたって工事を中断することになり、宝暦五年（一七五五）に再開、宝暦一〇年に拝殿までの完成をみる。そして安永八年（一七七九）、当初の計画にあった屋根の瓦棒銅板葺を終えた。この間、発意から五九年、着工から四四年の歳月が経過していた。完成までに長い歳月を要した背景には、予想以上に膨らんだ経費があり、それらが氏子たちの寄進・勧化によって賄われつづけたのである。

聖天堂再建のための寄進は、まず享保六年の棟札にその端緒をみることができる[21]。この棟札には、三二六件に及ぶ寄進者名や金額（もしくは米・麦・大豆の量）などが記されている。棟札上半分には、聖天堂の所在する妻沼村の村人・寺院・僧侶たちの具体的な名が記載され、下半分には村・村組の名がみえる。上半分の妻沼村の者たちによる寄進は、判読できるものを集計すると金三〇両余、銭一貫文余、米三三石余あるという。下半分の村・村組名であるが、記載された村は妻沼村周辺の以下の村々となる。

それは、弥藤吾・男沼・俵瀬・善ヶ島・江波・八木田（十兵衛組・七郎兵衛組）・田島・西野・上須戸・上江袋・太田（三左衛門組・又市組・吉兵衛組）・飯塚・市ノ坪・出来島・八ツ口・弁財・下奈良（時花）・日向・西城・間々田・小島（平兵衛組・平左衛門組）・台・上根・道ヶ谷戸（権右衛門組）・北川原（尼ノ袋）の二五村と、葛和田・江原・小島（伊左衛門組）・道ヶ谷戸（忠蔵組）の四村である。このうち前者の二五村からの寄進で判読できたものを集計すると、金七一両余、銭二貫文余、米一石三斗、麦四五俵余、大豆四俵余あるという。後者四村（うち小島と道ヶ谷戸は重複）は「不済」とあり、集金が間に合わなかった村々（組）であると考えられる。

また寄進者としてほかに、弥藤吾村知行主蜂屋貞延とその家老による寄進も記載されており、一部領主層も再建の寄進に寄与していた。享保六年の棟札にみる寄進の奉納分総額は、金一〇二両余、銭三貫文余、米三四石余、麦四五俵余、大豆四俵余に上っていた。

享保六年に寄進を行った村々は、氏子十二郷あるいは氏子二十八ケ村とも呼ばれる地域である。氏子十二郷の最も古い記録は、万治元年（一六五八）に仁王堂が修造された際の棟札で、奉加主体として「十二郷」の文言が墨書されており、この地域的結合は一七世紀から二〇世紀に至るまで確認できる[22]。これら氏子村々は、二八村のうち大半が一村全体で氏子となっていたが、なかには下奈良村の時花や北川原村の尼ノ袋のように、村内の一部地域のみが氏子となっている場合もあった。聖天堂の再建発意は、享保六年の棟札の記載内容から、彼ら二八の地域全体の総意としてのものだとわかる。ただそのなかでも聖天堂が所在する妻沼村は、個々の人びとが寄進を行っていることから、村単位で寄進を行っている他地域とは異なり、聖天堂と個々の氏子の信仰上の結合がより強固であったといえよう。

さて享保六年、寄進は行われたものの、実際の工事を始めることはできなかった。それが享保一七年、徳川吉宗の紵絲斗帳上覧をきっかけとするかのように、再建への動きが活発となってゆく。二月に紵絲斗帳の開帳が行われ、その翌三月の日付で「武蔵国播羅郡長井庄女沼村聖天宮略縁起[23]」が製作された。この略縁起は、肉筆で記述され、形状は巻子本であり、製作には妻沼在住の大工棟梁林兵庫正清が深く関わっている[24]。

林正清は、聖天堂再建にあたり大きな役割を果たした人物で、享保六年の棟札に大工としてただ一人その名をみせていた。彼はまた、再建予定の聖天堂を極彩色の置上彩色で精密かつ華麗に描いた絵図面を作成している。絵図面のうち聖天堂側面図は、横に長く、二本の掛け軸を接続する形式となっていた。巻子装の「いかきの図」と題された絵図は、その巻頭に「惣間数三拾三間　但間数壱間ノ入用金三両弐分宛　右御寄進之御□□正名ヲ石組ニ壱間切ニ銘々彫□□代ニ□シ候」とあり、絵図に寄進を呼びかける目的があったことを推測させる。

そして享保二〇年となった。先述のように、この年の二月一五日が聖天堂の細工始めである。それに先立つ正月、別当歓喜院と棟梁林兵庫の連名で「御本社建立寄進帳」[25]が作成されていた。この寄進帳は、寄進物すなわち金銭・材木や彫刻が寄進者ごとに書き上げられている。金銭の寄進額は、金三両の者もいれば銭一〇文の者もいるという具合に寄進者により区々であった。集計すると二六両余に上るという[26]。材木は樫一一本・銀杏二本が寄進され、彫刻では鳳凰頭二つや大羽目彫刻一つがみえる。寄進者名としては、個人名、屋号、寺院・宗教者、女性、あるいは森下講中・荒屋敷講中・若宮講中・聖天講中といった講集団などが確認できる。寄進の方法は、そのほとんどが一時に行われたものと思われるが、なかには年一両ずつを寄進する旨記載しその継続性が伺える場合や、四年間にわたり年に金二分ずつを「年貢」として分割寄進する場合などもあった。また、妻沼村の市場勧進銭として寄進される銭もあり、市場における勧進も存在していた。

では、この時に寄進を行った人びとの地域的広がりはどのようなものであっただろうか。寄進帳にみえる地名には、氏子二十八ケ村はもとより、熊谷町・石原村(熊谷市)、桶川町(埼玉県桶川市)、内ケ島村(群馬県深谷市)、利根川対岸の尾島町・岩松村・世良田村(群馬県太田市)、苗木村・岡野村(群馬県館林市)、下高田村(群馬県富岡市)、仙石村(群馬県大泉町)、足利町(栃木県足利市)といった武州・上州・野州の各地があった。発意から工事開始の一五年ほどの間に、別当歓喜院や大工棟梁林兵庫によって根強く募縁が行われたものであろうか。こうした地域のうち、下野国南西の足利や佐野といった地域は、戦国期の兜の前立てに聖天信仰を示す二股大根が用いられる例があるように、戦国期武士層以来の熱心な聖天信仰がみられたという[27]。

さらに享保二〇年七月、別当歓喜院と棟梁林兵庫、加えて講親七兵衛の連名で「江戸講中寄進帳」[28]が作成された。

表題にみるとおり、都市江戸の人びとによる寄進の記録である。この寄進帳には、合計二一両余の寄進額が確認でき、講親である柳屋七兵衛を中心に、「御屋敷講中」と「町講中」という二つの講中が確認できる。「御屋敷講中」には、本所・飯田町・一番町・六番町の地名が冠されており、これら旗本・御家人屋敷の密集地に住む武家奉公人によって講が構成されていたものと思われる。「町講中」は、通塩町・横山町・馬喰町・浅草田原町・本郷・八丁堀・糀町といった一二の町名が確認でき、寄進者はいずれも屋号をもつ商家であった。江戸講中の人びとがどのような経緯で妻沼聖天山を信仰したのか、講組織がどのようなものであったか、その詳細は不明だが、この七月の寄進帳の存在は、妻沼聖天山の氏子の広がりが江戸にまで及んでいたことを示す。

聖天堂の棟上げは、細工始めから六年後の寛保元年十一月三日とされている。この翌二年から三年にかけて、歓喜院は勧化を実施した。歓喜院がこの時、村々を巡行し募縁する勧化を企図したのは、棟上げ後の工事費用捻出のためであろう。勧化の様子は、何冊か残されている勧化帳によって明らかとなる。

例として寛保二年二月の「聖天宮造営勧化帳」[29]をみてみよう。表紙に別当歓喜院とある。冒頭に、妻沼村からそう遠くない下奈良村・中奈良村・上奈良村（いずれも熊谷市）の村人の名と捺印がある。そのうち、中奈良村の曲淵隼人知行所・有田九郎兵衛知行所の人びとのみ、勧化銭の寄進が確認できる。そのあと、前橋町（群馬県前橋市）や倉賀野村（群馬県高崎市）、平塚村（群馬県伊勢崎市）、尾島町（太田市）といった町村と、平塚河岸（伊勢崎市）・山王堂河岸（埼玉県本庄市）という河岸場の人びとが一六名ほど記され、合計銭七一三文の勧化銭が確認できる。つづく記載は、行田町（埼玉県行田市）の町年寄六名が署名・捺印し、勧化世話人一六名の署名がある。またその近在、忍領皿尾村（行田市）の竹田作左衛門からは勧化銭が納められた。

この勧化帳にはほかに、「吉川左京様御家来中」と肩書きされた人びとや「御用所勘定両所家来中」からの勧化が記載されている。聖天堂再建の勧化が始まって数ヶ月のち、寛保二年八月、利根川の決壊による寛保の大水害が発生していた。被災後の復興は、幕府が諸大名に御手伝普請を命じ実施された。この担い手は、肥後熊本藩、伊勢津藩、備前岡山藩、長門萩藩とその支藩長門岩国藩などであったが、勧化帳に列記されているのは吉川左京すなわち長門岩国藩主吉川経永の家中で、この時の普請に従事した人々であろう。御用所・勘定所の者たちは、幕府普請方の役人と思われる。岩国藩普請方の元小屋は妻沼村に設置された。家中が普請場に姿を見せ始めるのは同年十一月頃からなので、勧化帳に記載された勧化もそれ以降のこととなる。(30)

また岩国藩は、妻沼聖天山別当歓喜院に対し、普請が滞りなく済むよう聖天宮での祈禱を申し入れており、初穂料を奉納している。(31)普請役人たちの勧化も、そうした意味合いを含むものであったのかもしれない。なお、勧化帳には名をみせないが、この時の御手伝普請には、岩国藩家中の大工棟梁長谷川十右衛門良治が参加していた。十右衛門は、再建途上の聖天堂をみて刺激を受けたのであろう。妻沼村の林兵庫正清と知己となり、御手伝普請を終え帰国したのち、書翰をやり取りすることとなる。

勧化帳の例をもう少し、「聖天勧化帳　二」(32)にみよう。この帳簿の表紙見返しには、東蔵院・林兵庫・供人金之丞・世話人岡田次兵衛の記載がある。東蔵院は歓喜院の供僧(僧坊)のひとつで、この四名は、この時の勧化に廻った面々と考えられる。帳簿をみていくと、四名は寛保二年六月七日から二九日にかけて、泊まりがけで武蔵国埼玉郡内の村々を廻っている。廻村先は二七村で、現在の埼玉県加須市や羽生市の辺りの地域であった。村ごとの帳簿上の記載は様々で、勧化銭(あるいは米・麦等)を納めている村がある一方、村名と名主の署名・捺印のみで勧化銭の記載のない村があり、何日にどこの村に廻り、その折りに寄進を受けたかどうかがよくわかる。また、翌寛保三年六月の「聖天勧化帳」(33)はその補遺と考えられる。冒頭に東蔵院等四名の名があり、六月一二日・二五日・二六日に「聖天勧

化帳　二」で廻った村のうち四村からの勧化が記録された。なおこの帳簿は、末尾に江戸の人びとからの勧化も記載している。

最後に取り上げる勧化帳は、寛保二年の「聖天本社建立勧化帳(34)」で、これは他の勧化帳と異なり表紙が木版刷りされたものである。この勧化帳の内容は、牛込（東京都新宿区）南蔵院の僧侶もしくは寺院に勤仕する人びと一〇名による寄進である。文政年間に編纂された『御府内寺社備考』によれば、南蔵院は牛込御簞笥町に所在し、天谷山竜福寺と号する智積院末の新義真言宗寺院であり、弁財天を祀っていたとされる。一方で、「続泰平年表(35)」天保十三年（一八四二）六月七日条には牛込横寺町聖天別当南蔵院慶源に係わる事件が記録されており、南蔵院が聖天（宮）の別当寺でもあったことがわかる。すなわち、妻沼聖天山の聖天堂再建には、江戸の聖天信仰の場からも勧化がなされていたのである。

歓喜院の一連の勧化は、それぞれの勧化帳に記載された日付から、寛保二年の二月が開始とわかる。勧化の方法は、当初いくつかの地域の人びとに直接働きかけを行うものであった。対象となった地域は、享保二〇年に寄進を募った地域と重なり合う部分が多い。それが六月になり、歓喜院僧坊たちと大工棟梁林兵庫正清が、再建費用を募る勧化に村々を廻る手法をとるようになる。正清は笈を背負い、巻子本の略縁起や極彩色の聖天堂絵図面を携え、勧化に廻ったといわれる(36)。この時に廻った埼玉郡方面は、それまで募縁行動の行われた地域とは異なる地域であった。またこの辺りは、一九世紀前半の「新編武蔵風土記稿」で、聖天社の所在があまりない地域でもあった(37)。さらにこの勧化が開始された寛保二年の六月は、御免勧化巡行が私領主の意向によって入村できない場合のあることを幕府が撤廃した翌月であり(38)、この触書の影響が、信仰上の縁薄い地域への勧化の効率化に有利に働いた可能性もある。

聖天堂再建工事は、延享元年の奥殿完成後、一一年の期間をおいて宝暦五年に再開される。宝暦一〇年には中殿の東端間と拝殿が完成するわけだが、その前年の宝暦九年、新たな募縁の手法を試みる動きが確認できる。以下に、その史料[39]を提示しよう。

〔史料4〕

乍恐以書付奉願上候

一、武州幡羅郡長井庄妻沼村聖天別当歓喜院奉願上候、右守護聖天宮之儀往古斎藤別当実盛之守本尊ニ而当村鎮座御座候、右宮数年ヲ経及大破ニ古跡之所、右躰ニ而者難儀至極ニ奉存、隣郷氏子及三拾ケ村ニ候村歎ケ敷奉存、享保弐拾年卯年造営発起仕、寛保二年酉年本社建立半途出来仕、尚又古来有来ニ御座候間四ケ年已前拝殿も荒増建候得共、両様共ニ大建立ニ而今更中々自建立ニ出来不仕、建立致掛リ必至与差支、元来　御公儀様御憐愍無御座候而者難取続キ、既ニ先年関八州御免勧化等被為　仰付、天文年再興棟札ニ茂成田下総守長泰様御姓名有之、幷慶長拾九年伊奈備前守様御姓名有之、乍恐御由緒之聖天宮ニ付、恐多ク者奉存候得共、宮為建立と当卯より未年迄五ケ年之間於御当地ニ富興業仕度、以御慈悲御免之儀奉願上候、右請与申建立茂不仕差置候儀至而難儀ニ奉存候、何分右之段被為　聞召分ケ右願之通被為　仰付被下置候ハヽ、年来及大破ニ此度御建立同前ニ宮出来仕難有仕合ニ奉存候、尚又御尋之上委細乍恐口上ニ可奉申上候、以上

武州幡羅郡妻沼村
別当
願人　歓喜院

宝暦九年卯六月

寺社
御奉行所様

これは、別当歓喜院から寺社奉行宛に作成された富籤興行の願書である。願書では、宝暦九年の「四ケ年已前」に拝殿を荒増し建て終えていたものの、大建立であることから「建立致掛リ」つまり費用に差し支えている様子が窺える。注目すべきは「先年関八州御免勧化等被為　仰付」のくだりで、これは寛保二年の勧化を指している可能性もある。そうなると寛保の勧化は官許の勧化であったことになるわけだが、勧化帳等からその裏付けは確認できていない。

さて願書の主旨であるが、費用が嵩むものの、天文年間の忍成田氏による造営、慶長年間の幕府代官伊奈忠次による造営の由緒もあることから、宝暦九年より五年間にわたり江戸で富籤興行を実施したいとするものであった。都市江戸における富籤興行は、古参の由緒をもつ谷中の感応寺と牛込戸塚の宝泉寺両寺によって享保期以降毎月のように開催され、明和年間からは江戸の寺社を興行地とした地方寺社による興行がみられるようになり、それは文政年間に盛行を迎える[40]。宝暦九年は地方寺社の江戸興行が確認できる少し前の時期になるが、同一の寺社が数年にわたり継続して興行を行う例は、明和から安永・天明期には確認されておらず、妻沼聖天山のこの時の出願内容はやや時代を先取りした感がある。そしてこの時、富䰗興行が実際に許可されたのかどうか、そのあたりも詳細は明らかではなく、翌年には拝殿の一先ずの完成をみることになる。

三　貴惣門の建築と寄進

妻沼聖天山の貴惣門は、破風を三つ重ねた特異な側面の意匠をもつ門である。創建は幕末で、その費用はこれも氏子たちの資財によって賄われた。本節では、貴惣門の建築における募縁と地域社会の関わりをみていこう。

貴惣門の設計者は、岩国藩家中の大工棟梁長谷川十右衛門良治である。寛保の御手伝普請を終え、岩国に帰国した十右衛門の寛保三年（一七四三）八月一五日付書翰[41]によると、十右衛門は妻沼に滞在している間に、林正清から貴惣門の設計依頼をされていた。翌延享元年（一七四四）九月二〇日付の十右衛門の書翰[42]では、同年六月四日の時点で、正清の元に貴惣門の設計図が送り届けられており、絵図面をみた別当歓喜院や氏子たちが建立を望んでいる様子も窺える。

しかし貴惣門の建立は、設計から一〇〇年以上の歳月を経た弘化四年（一八四七）一一月の発意を待たねばならなかった。発意の趣意は、歓喜院と氏子二十八ケ村によって行われ、木版印刷された「貴惣門勧進撲」[43]の冒頭部分に平易に記述されている。それによると、寛保期に貴惣門の建築を計画したものの果たせず、その志を継いで再願を発起するとある。ただし財源は乏しく自力での建築は難しいということで、勧化に廻ることはしないが、「有信」の人びとからの寄附を募りたい、というものであった。以下では、貴惣門建立のための寄進の様子をみてみよう。

貴惣門建築の大きな特徴のひとつは、建築部材・彫刻のかなりの部分が、個々の寄進者の寄附に依っていた点である。部材や彫刻の寄附は着工前に募集され、弘化五年（二月二八日より嘉永元年）二月に作成された「貴惣門組物彫物位附帖」[44]に記録された。着工は同年一〇月と考えられている[45]。建築部材や彫刻の寄進は、聖天堂再建の折りにも着工前にみられたが、今回は個々の氏子による寄進の多さが際立つ。建築部材には、垂木・礎石・柱・虹梁・蟇股・木鼻などがあるが、各部材には寄進者名が墨書されており、多くの人びとの寄附があったことが伺える[46]。棟から棟へわたす垂木は、一人で七〇本もの寄附をする者が二名（妻沼村、手計村〈深谷市〉）いるが、概ね一人で数本の寄附であり、氏子二十八ケ村の者や深谷方面の者、上州の者などが確認できる。礎石（一二箇）は妻沼村二名の者によって賄われた。獅子鼻は妻沼村の者七名と上江袋村・上根村（いずれも氏子二八村）の者によって賄われている。ほかにも虹梁・琵琶板・支輪・妻虹梁といった部材もそれぞれ寄進者名が記載されている。寄進者の広がりは、妻沼村を中心に氏子二十八ケ村の人びとが多く、深谷方面や上州方面（なかでも群馬県桐生町が多い）の人びとがみられた。

貴惣門建築のもうひとつの特徴は、上棟後の募縁行動の多様性である。貴惣門は嘉永四年（一八五一）三月五日に棟上げし、三月朔日から晦日にかけて居開帳が行われたとされる(47)。上棟後に開帳を実施するという手法は、聖天堂再建の際と同様であったが、その翌嘉永五年一〇月、募縁の実情とその対応が現れる。「他処寄附未納帳(48)」は、寄附者名・村名・金額が列記されたものだが、帳簿作成時点までに申し出のあった寄附希望者のまさに寄附金未納状況を列記したものといえよう。これは、当時の寄附金が、寄附の申し出と納付の時期にずれがあり、その滞納が問題となっていたことを示している。帳簿からは、作成の翌一一月から四年後の安政三年（一八五六）八月までの間、未納金の回収が行われた様子が窺える。その総額は一八〇両に上るが、未納者のうち半数くらいには未納金受領の記載がなく、結局未納のままとなってしまった者が多くいたようである。

貴惣門上棟後の募縁は、未納金回収に留まらない。未納金回収開始と同月に作成された「貴惣門勧進撰頼入控(49)」は、翌一二月から安政二年七月にかけて、各地の有力者に勧進を頼み入るという募縁行動の記録となっている。その手法は、帳面（版行した勧進帳か）・絵図・手拭などを各地の有力者に預け、勧進を依頼するというものである。依頼先は、改革組合村大惣代や村役人層と覚しき人びとであった。対象地域は、一部に氏子二十八ケ村も含むが、上棟前の寄附がみられない遠隔地や、あるいは寄附のあった町場の周縁部もみられる(50)。こうした募縁行動の結果であろうか、妻沼からかなり遠隔の村よりの寄進も確認できる。安政四年の上州北部の萩室村(51)（群馬県川場村）、上津村(52)（群馬県みなかみ町）からの寄進は、そうした例である。嘉永五年の勧進依頼は、安政二年から四年頃にかけて集金が行われ、それは「貴惣門勧化出入諸雑帳(53)」に一六両余が確認できる。寄進未納金の回収および新規勧進の寄進金回収は、安政四年頃を目処としていたことが伺えるのである。

また広範囲に寄進を求める勧進の一方で、嘉永七年三月には「貴惣門相続講金取立帳(54)」が作成されており、氏子二十八ケ村の寺院や村人一二名が相続講の名目で、一口金五両と定め合計四〇両を集めている。ほかにも同年五月には、江戸不忍（東京都台東区）の吉田波右衛門によって「目沼村聖天貴惣門銅瓦寄進控」[55]が作成されている。寄進者は、数寄屋町の女芸者や池之端・根津界隈の人びとであった。

なお、貴惣門の竣工年についてははっきりしないが、寄附金の回収が安政四年頃まで続いていた点から、竣工はこの前後であった可能性もある。

四　妻沼聖天山の祭祀圏と氏子たち

前節までみてきたように、妻沼聖天山は、江戸時代を通じて募縁行動の範囲を広げてきた。その結果、たとえば嘉永四年（一八五一）には上州木崎宿（太田市）の旅籠屋主人たちが歓喜院から聖天の銅像を借り受けるように[56]、広範囲の地域に熱心な氏子を獲得した。では、氏子たちは妻沼聖天山に対し、如何なる祈願を行っていたのであろうか。

幕末頃の信仰内容を伺うことができる奇妙な文書が残されている。その文書は、表題に「返答書」[57]とあり、明治五年（一八七二）に上州新田郡阿久津村（太田市）の石渡源三郎が、下田嶋村（太田市）の平兵衛から借り受け書写したもので、作者や原本成立年代ははっきりしない。内容は、「縁談世話守領分武州幡羅郡女沼村　神聖天」が、氏子によって起こされた訴訟に対し返答したもの、という形式である。長文のため、その全文をここに引用しないが、訴訟の内容は簡潔にいえば、妻沼聖天が氏子村々で取り持つ縁談相手の選定に依怙贔屓があるのではないかというものである。その返答書の聖天（歓喜天）の言い分のなかに、自身の効験について次のようなくだりがある。

〔史料5-1〕

私家ニ而者従先規国家安全之守護仕候間々、縁組金銭世話焼渡世仕来り候、殊ニ聖天法之義者何様之志願ニ而茂為相叶可申筈、子孫七代迄之金銭ヲ当時江取越相授候事、私家風之取極りニ御座候、

ここでは、自身のことを「家」と表現しているわけだが、その効験は国家安全の守護と、その合間に縁結びや金銭（商い）に利益があるとするものである。とくに「聖天法」はどのような志願でも叶え、商いのことは子孫七代に至るまで効験があると、その利益の強大さを謳っている。「聖天法」についてはまた、良縁を望む者の次のような法要の様子が語られている。

〔史料5-2〕

連中之内喜三郎儀者格別之信心仕、朝夕私方相拝ミ家内に私像ヲ被安置線香味香等相供へ、其後平塚村於天人寺聖天法修行仕、同寺抽丹成祈念致、剰私ヲ釜之中へ逆様ニ立置油熱湯ニて七日七夜之間、煮附候ニ付苦痛堪兼候間、無拠早速縁組致差遣し候、

熱心な氏子は、家内に聖天像を安置し朝夕拝み、さらには「私」（聖天）を逆さまにして高温の油を用い釜で七日七晩の間煮付けるという。聖天もその苦痛に堪えかねて縁組みを手配する、というわけだが、この高温の油を用いる修法は聖天を祀る寺院で行う浴油の修法に類似するものであろうか。

聖天は、氏子村々でのこうした祭祀（縁組みの祈願）の模様を説明しつつ訴願に対し釈明するのだが、そのなかに次のような一節があった。

〔史料5-3〕

私社檀殊之外大取込ニて宮下十二ケ郷・場脇八ケ郷之惣氏子、其外上州・武州・野州三ケ国之越石氏子迄、不洩様縁談取組之評儀最中之場所故（後略）

ここで聖天は、広範囲に所在する社檀（氏子村々）の縁談を洩らさず取り組むことの繁忙さを訴えており、そこに氏子村々の地域呼称がみえてくる。すなわち氏子村々として、「宮下十二ケ郷・場脇八ケ郷之惣氏子」と「其外上州・武州・野州三ケ国之越石氏子」が存在しているとする。「返答書」中のこれら氏子村々の集団呼称は、まず「惣氏子」と「越石氏子」に大別される。「惣氏子」であるが、これは「宮下十二ケ郷」と「場脇八ケ郷」が存在した。このうち前者は妻沼聖天山の膝元の十二郷を意味しており、妻沼村をはじめとする二十八ケ村のことであろう。「場脇八ケ郷」については、具体的にどの村々を指すのか明らかではないが、十二郷とは集団を異にするものの、より彼らに近しい氏子集団と捉えられているといえる(58)。

そして「越石氏子」である。「越石」とは、村社会で一般的に百姓が自村以外の村に土地（石高）を所持することをいう。この場合の「越石氏子」とは、「惣氏子」の地域的範囲を越えた地域に妻沼聖天山が有している氏子たち、との意味で理解できようか。それが、上州・武州・野州三ケ国に広がりをもって存在しているということになろう。

本節で取り上げた「返答書」の写本は、聖天に仮託して記述され、募縁を目的として作成された可能性があるとともに、幕末頃の妻沼聖天山の祭祀圏と信仰の内容を端的に示したものとなっている。とくに氏子村々の中での集団呼称の違いは、それぞれの地域が氏子として成立した経緯の違いを表現したものとも言えそうである。

おわりに

以上みてきたように、江戸時代の妻沼聖天山の伽藍建築においては、氏子たちによる寄進がその資金面を大きく支えた。古くは一七世紀半ばに「十二郷」の奉加による仁王堂造営が確認され、この頃の氏子の地域的枠組みが確認できる。十二郷は、のちに氏子十二郷と呼称される地域的まとまりと同一と思われ、享保五年（一七二〇）の聖天堂再建発意の折りにはそれが二十八ケ村であることが明らかとなる。このうち、妻沼聖天山の所在する妻沼村は再建発意に対し個々の人びとによる寄進がみられ、その他の村（組）は一村（または一組）単位での寄進であった。この段階では、妻沼聖天山と氏子との信仰上の結合は、妻沼村においては氏子それぞれが強く妻沼聖天山と結びつき、その他の地域は村（組）という地域的結合を通じて妻沼聖天山と結びついていたように思われる。

それが享保二〇年の本格的な再建工事開始の際、募縁における個々の氏子と妻沼聖天山との結びつきは、妻沼村以外の地域に広がりをみせるようになる。寄進者の地域的広がりは、氏子二十八ケ村にとどまらず、武州・上州・野州の宿・町・村や江戸に及んでいた。

妻沼聖天山は、聖天堂棟上げの翌年から勧化を実施する。勧化は、まずそれまで寄進のみられた地域の人びとに個別に募縁行動を行い、ほどなく僧坊と大工棟梁林兵庫等が未だ寄進のみられない地域を泊まりがけで勧化に廻り、寄進を求める手法に替えている。さらに、奥殿完成から一一年を経て中殿・拝殿の工事が再開され、再開から四年後の宝暦九年（一七五九）には江戸での富興行を企図している。

幕末期、貴惣門創建は別当歓喜院と妻沼村役人・氏子二十八ケ村役人によって発意された。竣工までの募縁は、着工前に部材や彫刻の寄附募集が始められた。着工から上棟までの期間に申し出のあった寄附金については、その未納状況が上棟ののち確認され、その回収が開始される。それとともに、より広範囲の地域の有力者に新たな勧進を依頼することで、より多くの寄進を求めた。同時に、氏子二十八ケ村の範囲で相続講を設立し大口の募縁が行われ、江戸への募縁も行われたのである。

妻沼聖天山と氏子十二郷の氏子たちは、一七世紀から一九世紀にかけて実施した伽藍建築の募縁のなかで、より広い地域に資財を寄進する人びとを獲得していった。寄進者の広がりが「越石氏子」の広がりを形づくっていき、幕末頃の祭祀圏を形成したものと思われる。「越石氏子」となる人びとの暮らす地域が、妻沼聖天山の募縁以前から聖天信仰の篤い地域であり、そうした地域を募縁対象として妻沼聖天山は祭祀圏を広げていった可能性もあるが、それは今後の課題である。

註

（1）百瀬今朝雄「元徳元年の「中宮御懐妊」」（『金沢文庫研究』二七四号、一九八五年）。
（2）東京帝国大学文学部史料編纂掛編『古文書時代鑑』（一九二五年）一六二号文書「松平定信自筆願文草案」。
（3）「増補江戸咄」五に所収される「金龍山、附真土山」には、待乳山聖天が「此御社へハ、縁組の事、又夫婦あいさつよきやうにと祈り」と記述され、元禄の頃の信仰内容を今に伝えてくれる。
（4）山中清次「聖天（歓喜天）信仰について」（『日本民俗学』一七一号、一九八七年）。
（5）拙稿「北武蔵における聖天信仰と妻沼聖天山」（『熊谷市史研究』八号、二〇一六年）。
（6）比留間尚「江戸の開帳」・「江戸開帳年表」（西山松之助編『江戸町人の研究』第二巻、吉川弘文館、一九七三年）。
（7）「開帳差免帳」第一冊（国立国会図書館デジタルコレクション）。
（8）『熊谷市史　別編2　妻沼聖天山の建築　史料集』（二〇一六年、以下『建築史料集』と略す）所収、№一七。
（9）『建築史料集』所収、№一八。
（10）紵絲斗帳とは、紵絲が繻子組織の織物のひとつで、仏像などを安置する厨子や什物などの前面に垂れ下げる幕のことである。

(11)『建築史料集』No.二八。
(12)『建築史料集』No.五三。
(13)田島良生家文書五九七。本記録には、宝暦の開帳以外に、天明六、文政元、嘉永四年の開帳も記載されている。
(14)『建築史料集』No.八三。
(15)高木幹雄『妻沼町誌全』(一九二八年、一九九五年復刻版)三五頁。
(16)「(妻沼村聖天宮開帳之節催之次第下知状齟齬御糺ニ付御憐愍願上書)」(国文学研究資料館蔵吉田家文書No.一三〇)は、天保七年十一月付で三月の開帳開催に向けた折衝を行っているため、開帳開催年を天保八年とした。
(17)嘉永四年の開帳については、同年二月二十八日付で、歓喜院と堂番との間で開帳時の勤め向き取り決めについて請書が取り交わされていることから、開催の事実は裏付けられよう。
(18)『熊谷市史　別編2　妻沼聖天山の建築』(二〇一六年、以下『建築』と略す)三四頁。
(19)『建築史料集』No.七七。
(20)『建築史料集』No.七八。
(21)享保六年の棟札の記載内容については、『建築』五一頁によった。
(22)氏子十二郷の呼称は、時代がくだり、明治四一年(一九〇八)の日露戦争凱旋記念碑建設時の許認可書類に「十二郷」「氏子廿八ケ村」の例が確認できる(『建築』一〇二〜一〇六頁)。
(23)『建築史料集』No.七。
(24)『建築』九三頁。
(25)『建築史料集』No.二九。

(26)『建築』五五頁。
(27)山中前掲「聖天(歓喜天)信仰について」。
(28)『建築史料集』No.三〇。
(29)『建築史料集』No.三三。
(30)大谷貞夫『江戸幕府治水政策史の研究』(雄山閣出版、一九九六年)一九八頁。
(31)大谷前掲『江戸幕府治水政策史の研究』二〇四頁。
(32)『建築史料集』No.三一。
(33)『建築史料集』No.三五。
(34)『建築史料集』No.三四。
(35)「続泰平年表」五巻(国立国会図書館デジタルコレクション)。なおこの南蔵院には、現在も歓喜天堂が祀られている。
(36)太田富康「聖天堂の歴史と記録」(埼玉県立博物館展示図録『歓喜院聖天堂の建築彫刻』二〇〇五年)。
(37)拙稿前掲「北武蔵における聖天信仰と妻沼聖天山」。
(38)鈴木良明『近世仏教と勧化』(岩田書院、一九九六年)二三頁。
(39)『建築史料集』No.二五。
(40)滝口正哉『江戸の社会と御免富』(岩田書院、二〇〇九年)四八頁・六三頁・一〇三頁。
(41)『建築史料集』No.五二。
(42)『建築史料集』No.五三。
(43)『建築史料集』No.六四。趣意は、別当歓喜院・社役人と、世話人となった妻沼村役人五名・氏子二十八ケ村役人中の連名で作成されていた。

(44)『建築史料集』No.五五。

(45)嘉永元年一〇月には「貴惣神門聖天山細工所材木挽立帳」（現在は所在不明）が大工棟梁林兵庫正道によって作成されており、この前後が着工と考えられている（『埼玉の近世社寺建築』〈埼玉県、一九八四年〉一三〇頁）。

(46)貴惣門建築に纏わる寄進・勧化の様子は、『建築』一一〇頁〜一一二頁によった。

(47)「白髪神社諸摂末社緑《(縁)》記略」（田島良生家文書No.八三）。ただし、貴惣門の上棟については、安政二年三月に林兵庫に対して上棟の狩衣着用許可状（現在は所在不明）がだされていることから、安政二年頃とする見解もある（前掲『埼玉の近世社寺建築』一三〇頁）。林家には「貴惣門上棟儀式帳」（現在は所在不明）も残されていたという。本稿では、嘉永四年の三月に開帳が実施されている点（註(17)参照）から、この前後で上棟を終えたものと考えたい。結果、貴惣門の建築工事は、嘉永元年十月頃から嘉永四年三月の工事で上棟を迎えたことになる。なお、貴惣門落成については嘉永四年十二月であったとする見解（前掲『妻沼町誌　全』三六頁）もあるが、竣工の時期については後考を待ちたい。

(48)歓喜院文書No.六。

(49)『建築史料集』No.五八。

(50)この時勧進の依頼を行った対象地域としては、桶川宿方面や荒川右岸の武蔵国男衾郡方面、熊谷宿周辺、利根川対岸の上野国太田宿周辺などであった。

(51)『建築史料集』No.六四。

(52)歓喜院文書No.四。

(53)『建築史料集』No.六二。

(54)『建築史料集』No.六〇。

(55)『建築史料集』No.六一。なおこの時、門の銅瓦寄進が行われていることから、工事はまだ継続中であった可能性が高い。

(56)『建築史料集』No.四八。

(57)『建築史料集』No.五一。

(58)「場脇八ケ郷」については、武蔵国幡羅郡中でかつて「長井庄」と呼ばれていた地域の村々で、「氏子十二郷」に含まれない村々を指している可能性もある(『建築』一〇五頁)が、この点については今後の課題である。

嘉永期における池上本門寺鐘楼の再興と妙沾院日詮

安藤　昌就

はじめに

天保七年（一八三六）より一二年まで、江戸郊外の雑司ヶ谷に偉容を誇った長耀山感応寺は、建立地の地名から鼠山感応寺（以下に感応寺とする）と通称された、一一代将軍徳川家斉の祈願寺であった。池上本門寺による御取立願いの結果、近世後期において極めて異例となる新寺として認められた感応寺の御取立と建立の背景には、家斉周辺の江戸城大奥の積極的な働きかけが大きく、建立後の主だった信徒もまた、家斉および家斉正室広大院、家斉弟の田安徳川斉匡や彼らに付いた大奥女中など、家斉周辺の人々であった。

この感応寺の二代住職で、実質的に感応寺の伽藍を整備したのが、妙沾院日詮《みょうでんいんにっせん》（一七七三〜一八五四）である。感応寺は、家斉逝去の後に将軍家慶の「思召」により廃寺となるが、感応寺の諸堂の殆どは本寺である池上本門寺に引き取られて移築された。その中には廃寺の際に建立事業が進行中であった鐘楼堂の用材も含まれていた。自身が感応寺時代に建立を手がけた諸堂を移築することにより、日詮は池上において寺院復興を行っていくが、中でも感応寺鐘楼堂用材を用いた本門寺鐘楼堂の再建については、自身が池上に居ることができないという特異な状況の下に建立事業が進められたものであった。以下にその概要と意義をみていきたい。

一　鼠山感応寺の伽藍

『櫨楓《はぜもみじ》』感応寺の項によれば、天保一二年(一八四一)一月五日に感応寺廃寺が達せられた時点において、感応寺には二三棟におよぶ建物があった(1)。将軍家斉の「思召」により御取立となった感応寺ではあるが、幕府により建立寄進されたのは本堂のみであったため、ほかの諸堂は本門寺側の手によって建立整備されていった。感応寺開山となった妙華院日萬は、時の本門寺貫首(四八世)であり、感応寺御取立当初において、感応寺の住職を兼帯した。感応寺の寺地が雑司ヶ谷の安藤対馬守下屋敷地に定まったのが天保五年五月、この後、同七年一月に至って幕府作事方により本堂の作事が開始され、同年一二月に本堂の完成をみたが、大名など高位の参詣者への対応を考え、幕府より一〇カ国勧化が認められて建立が進められた客殿など本坊の設備が整うのを待って、天保九年七月に感応寺の開堂供養は盛大に行われた(2)。

開堂供養を果たした日萬は天保九年一〇月に感応寺住職を日詮に譲り、同年一二月二四日に遷化している。日萬は本門寺に住しながら感応寺住職を兼帯したが、日詮は感応寺に住した。このため感応寺では日詮を初めて感応寺に住んだ住職という意味から「住職初祖」と称した。日萬住職時において、本堂・客殿・惣門など本山格寺院としての躰をなす最低限の伽藍が整備された感応寺ではあるが、寺院経営の上で大変なのはこの後であった。すなわち、感応寺は御取立願の段階において、釈迦堂・祖師堂・位牌堂・五重塔・経蔵・鎮守堂・山門・鐘楼・鼓楼・惣門・中門・客殿・本坊向・土蔵・物置・井戸・塔頭の建立が本門寺の願いどおりに認められた希有な寺院であったが、感応寺には残りの諸堂を自力で建立しなければならないという難題を抱えた寺院であったのである。この自力による伽藍整備に邁進したのが住職初祖の日詮であった。

感応寺伽藍の作事棟梁は、幕府作事方による公儀御普請の本堂は別として、日萬による客殿や庫裏・玄関など天保八年までに建立されたものについては、天野栄助や森幸次郎といった江戸府内の大工を使っているが、日詮晋山を経た天保九年以降では、池上本門寺の御用大工小木與三郎が勤めている。小木氏は本門寺四七世輪成院日教のもとで、天保二年頃まで本門寺伽藍の修復や多宝塔（現存、重要文化財池上本門寺宝塔）建立に携わり、それ以降、感応寺に携わる直前まで本門寺の兼帯寺院である鎌倉比企谷妙本寺祖師堂（現存）の作事に携わっていた(3)。この池上御用大工の登用は、長く本門寺において役者を務めた日詮の意思によるものと思われる。

感応寺廃寺時点における二三棟の建物の内、『櫨楓』により建物名とその詳細が判明するものが二〇棟ある。廃寺によりこれらの諸建物は本門寺の手により移築されるが、『櫨楓』にはその移築先も明示されていて、その内容は本門寺における伝承とも一致する。『櫨楓』によると、現地に残された地主稲荷社や雑司ヶ谷村名主家である戸張氏に引き取られた一如庵などの四件以外は、本門寺と妙本寺に引き取られ移築された。これらの建物のうち妙本寺へ移築されたものは、大正一二年（一九二三）九月の関東大震災にて倒壊して失われ、本門寺へ移築されたものは昭和二〇年（一九四五）四月の戦災により失われており、現存するものは、わずかに池上常仙院に移築された旧米蔵（現池上中道院物置）一棟にすぎない(4)。

二　感応寺諸堂の移築と日詮

感応寺が将軍家慶の「思召」で廃寺となった一件は、中山法華経寺塔頭で祈禱相伝寺院であった智泉院の住職日啓が女犯を犯したとして捕縛・処罰されたという「智泉院事件」と混同されることが多いため、世上では感応寺住職日啓と誤って理解され、ために感応寺は淫靡な寺院と説明されることが多いが、近年は「智泉院事件」とは別件であることが理解され、「感応寺事件」という名称で説明されるようになってきた(5)。感応寺の廃寺は、あくまで将軍の「思召」によるものであり、住職及び寺院側に何らの落ち度があるものではなかったため、住職日詮に対しては、「別段御構無之候間一宗之内相応之寺院江住職いたす儀者勝手次第」(感応寺廃寺達書)として、何らの罪科に問われることはなかった。

感応寺諸堂は本門寺の自前による取り払いが幕府より認められ、天保一二年(一八四一)一一月一一日より翌年三月一三日までの間に全てが解体され、取り払われた。本門寺において未だに備えていなかった鼓楼については、いち早く本門寺への移築が決まり、一一月一三日に解体が行われたが、これを皮切りに、直前の一〇月二八日に火災を出して失われた妙本寺客殿・庫裡の後継建物として、感応寺客殿・庫裡・玄関が妙本寺へ移築、本門寺が塔頭照栄院に開設していた南谷檀林の惣門として感応寺惣門が移築され、また妙本寺釈迦堂としての再用が認められた感応寺本堂が解体されて鎌倉へ運ばれるなど、幕府の証認のもと、本門寺により移築先が決められていった。

しかしながら、前記以外の天保九年以降に住職初祖日詮により感応寺に整備されていった諸堂宇の移築先については、日詮の意向が重きをなしていた(6)。日詮は感応寺よりの解体建物をもって、火災被害により零落していた本門寺塔頭の常仙院と東之院の復興を行っているのである。このうち常仙院には貫首居間・塔頭源性院客殿・惣門脇塀・米蔵が、また東之院には塔頭大乗院客殿と塔頭源性院庫裡が移築され、これらは天保一三年九月に落成した。

東之院に移築された大乗院客殿は一橋徳川家大奥女中の施主という建物で、常唱堂（題目堂）として機能した堂宇であった。この時期に本門寺役者として感応寺廃寺に携わった大車院日運（後に日軌）が止住した御堂浄蓮寺には、日詮直筆の東之院復興規定帳案文の一部が残されている。（7）

〔史料1〕

長栄山之塔中東之坊ハ蓮華阿闍梨日持尊者之開闢にして星霜漸積歳月稍久坊舎朽損し候得共、元来無録同様ニ而修理難行届、依之天明年中取崩し玄理坊江共坊ニ相成候所、古謂霊跡ニ候得者真俗之悲傷不浅候、兼而ゟ老衲再建之心願ニ候所、天保十二年丑十月雑司谷感応寺廃寺被仰付候就、同寺常唱堂并塔中源性院庫裡を以再建仕度段公辺本山聴許之上願済ニ付、翌十三年寅初春ゟ造立経営ニ取懸り同年季秋経営成就致候、雖然往々修覆無覚束剰住持続命之資糧ニ乏く、依之殊更励丹精共手当相備候間、末代ニ至まて□□不実無用此帖規定之通堅可相守、猶常唱題之修行納金志之追善聊不可有怠慢者也、

天保十三壬寅年九月　　中興開基日詮

一客殿一宇

右ハ感応寺山内常唱堂ニ而大嶋女性幾岡女性御発起、同志之面々依助力建立ニ相成候、其後当坊江引移、子細ハ序文ニ断候通、

一庫裏一宇

右ハ感応寺塔中源性院庫裡ニ而萬尊者同寺御兼職中建立被遊候所其後当坊江引移ス、子細ハ序文ニ断候通、

一玄理坊儀ハ東之坊同様之貧跡ニ而相続難出来ニ付、天明度両跡共坊ニ相成是迄相続致し来候所這般東之坊再建候ニ付玄理坊元録ニ立戻し候而ハ永続難出来ニ付、東之坊屋敷是迄畑地相成候□作徳収納方為手当金拾両外ニ東之坊旦那不入斗村彦七ゟ東之坊方へ先祖月牌料として納置候、玄理坊へ御山御寺領之御年貢諸役相勤、

一法用具荘厳具什具一式　　納主　一橋御殿　御女中方

（後略）

この規定帳によれば、東之院客殿は、もと一橋徳川家大奥の大嶋と幾岡が発願者となって同志面々の助力により建立した建物であったと確認できる。東之院の寺伝では、池上移築後も一橋徳川家の題目堂であったと伝えられているが、(8)規定帳には「法用具荘厳具什具一式」が一橋徳川家大奥の女中方より奉納されている。もっとも旧大乗院客殿時代に一橋徳川家大奥より奉納を受けた「法用具荘厳具什具一式」が、一橋徳川家大奥の了解のもと、そのまま東之院に奉納されたとも理解できるが、いずれにせよ日詮の東之院復興に一橋徳川家大奥が関係していたことを推測させる。

他方、常仙院についてはどうであろうか。常仙院についても、御堂浄蓮寺に日詮直筆の常仙院復興規定帳の案文が一部ではあるが残されている。(9)規定帳の前文によれば、常仙院は天保七年に火災により客殿・庫裡を失っており、本門寺の前住で感応寺開山でもあった日萬が復興を念願していた。日萬は果たせずに遷化したが、日詮がその意思を引き継ぎ感応寺からの移築建物をもって復興したことが述べられる。そののち、常仙院相続のための什金奉納が列記される。

〔史料2〕

永世相続料
一金百八拾三両也
内訳
当坊再建立発起御願主
金五拾両　納主　萬尊者　御随身中
金六拾両　納主　入江氏　杦尾御女性
金弐拾両　納主　田安　町田御女性
寛徳院様
無量院様
本徳院様
霊明院様
右御四方様永代御追善料幷永世御尊牌御修覆料共、
但し霊明院様御事ハ感応寺居間之御施主、則当坊庫裡ニ相成、
金七両　納主　尾州　筒井御女性
清窕院殿永代追善料幷位牌修覆料共、同霊者霊明院様御腹也、
金五両　納主　田安　杦尾御女性

町田御女性
存取院殿永代追善料幷位牌修覆料共、

金弐両　　納主　同　町田御女性
永寿院殿永代追善料

金拾五両　　納主　荒川氏
松下氏
松下氏
庄田氏

納金内訳
拾両荒川氏、弐両ツヽ松下両家、壱両庄田氏、
本立院殿永代追善料幷位牌其外荘厳具、霊膳等迄永世修覆料共、

（後略）

冒頭には、常仙院復興を念願した日萬の遺弟たちから奉納された金五〇両を記すが、それ以下の什金奉納は、田安徳川家、尾張徳川家の大奥女中によるものが列記されている。日詮は田安斉匡の帰依を得ており、常仙院に移築された旧感応寺貫首居間は、天保一〇年一〇月に三五歳で歿した斉匡の長男霊明院（田安匡時）の住居の解体材を用いて建てられたものであった。田安徳川家大奥の枚尾と町田の関与は、この縁によるところが大きいのであろう。

将軍家慶の「思召」による感応寺廃寺と、日蓮宗を信仰する家斉側近の失脚などにより、江戸城大奥の関与は見ることが出来なくなるが、感応寺廃寺直後における日詮の寺院復興は、従来同様に日蓮宗篤信の大名大奥の合力を柱に据えたものであったことがわかる。

三　日詮の捕縛と室田妙行寺隠棲

感応寺廃寺の際には何らの罪科に問われることはなかった日詮であるが、常仙院と東之院復興を終えた後、「葵御紋付之一条」による罪を科せられて公儀に捕縛されたことが、南谷檀林の記録に控えられている。(10)

〔史料3〕

一昨寅之十月八日、山中常宣坊ニ被致隠居候而居候鼠山感応寺日詮師義、葵御紋付之一条ニ付、御奉行阿部伊勢守殿御宅江被召出、其後御調中者役寺朗惺寺江御預ヶに相成、右一条十二月廿一日済方ニ相成、日詮師義者軽追放、ごかい道武蔵国壱ヶ国三ヶ津十里四方御構ニ相成候、右様不取締出来候ニ付、時之尊前幷院家役者不残御しかりを受、其上尊前江山内院内不取締之御咎ニ而、五十日之間逼塞被　仰付、（後略）

ここでいう「葵御紋付之一条」とは、日詮が公儀に無断で葵紋を使用したということであろう。この罪により日詮は「軽追放、ごかい道武蔵国壱ヶ国三ヶ津十里四方御構」を科せられたことが知られる。

また、御堂浄蓮寺には、捕縛とその後に言及した日詮の書状が残されている。(11)

〔史料4〕

猶々兎角揃兼候時⌐　⌊折角御厭被成候様専一⌐　⌊御頼申上候、戸張之⌐　⌊節何分宜敷奉

願候、去年之⌈　　　⌊当月初ニ被召捕藤沢ニて引合ニも⌈　　　⌊掛り当年ハ実ニ難渋仕事ニ御座⌈
⌊
先達而御細書被成下候□急便故御返事も不仕失□□年御免被下候、猶又此間□山妙順院此方へ参□□候、委細伝言被成下実ニ承知仕候、　御赦願之一条段々御骨折被下候段千万難有奉存候、妙順院申聞候□　御法事相済候上ニて御調相□様子ニ承り候ト申事故、まつ〳〵参上待居り候事ニ御座候へ共、縦令此度之願無詮ニ相成候とも公儀江恐入慎罷居り候趣さへ通り候へハ、其上之事ハ相叶不申候とても致方も無御座、罪障深重之事ト存居り候、是迄御一統様之御骨折無詮ニ相成候事ハ何共恐入⌈　　　⌊⌈　　　⌊□□□廿三四日□御座候間、相成候ハヽ、廟参仕度奉願候へ共、叶不申候ハヽ、申訳仕此方ニて読経ニても可仕と存居り候事ニ御座候、御席の砌神楽坂様御初此度御願被下候御法類之方々様、別而智順院師ニハ上野へも度々御出被下候由承知仕候、呉々宜敷御礼御頼申上候、先日御見せ被下候願面之写し幷神楽坂様ゟ之御紙面今日御戻し申候間御□□可被下候、且又御席々□□院師初御同役之方々様へ呉々宜敷奉願候、末筆ニ相成候へ共先達而一ノ宮妙光寺聖此地へ被参候節□兼候、結構成御茶戴候、（後欠）

この書状は日詮が捕縛された後、本門寺門下より日詮の赦免歎願の働きかけがあったことへの感謝を述べるとともに、公儀に対して謹慎していることを述べたものである。この書状の宛先は失われているが、史料の伝存状況から見て、本門寺役者大車院日運に宛てられたものであることは間違いない(12)。追而書には「当月初ニ被召捕」と、捕縛されたことを明確に述べると共に、文末を欠くため不明瞭であるが、続けて「藤沢ニて引合ニも」と記していることは、藤沢宿において何らかの刑に処されていることを推測させる。「当月」が天保一三年（一八四二）の何月であるかは未詳であるものの、日詮への裁許は同年一二月二一日に達せられていることと、破損のため起点がわからないが「廿三四日□御座候間、相成候ハヽ」池上の日蓮廟所へ暇乞いの参詣をしたいと述べている内容から、一一月ないしは一二月を指すのであろう。

一二月二一日に達せられた裁許の内容は史料3の通りである。日詮の罪である葵紋の使用については、具体的な記述がなく詳細は未詳であるが、日詮の裁許がなされた月である一二月に、本門寺より諸末寺に対し「諸寺院之僧侶不律不如法之儀ニ付、取締方厳重ニ被　仰渡、猶又厚キ御仁政を以流弊改革之御趣意被　仰出候御触書之趣」への請書提出が触れられていることと、日詮の処罰と無関係ではなかろう。(13)恐らく葵紋使用にまとめられた日詮の「不律不如法之儀」についてあえて推測すれば、家斉没後における江戸城大奥の粛正とも表現される世代交代に伴う信仰環境の激変や、おそらくそれと大きく係わるであろう感応寺の廃寺などが示す時勢を読み誤った日詮が、旧然として大名大奥を軸に据えた寺院復興を行ったことに対するものではあるまいか。幕府が寺院側を処罰することにより、帰依する大名大奥側を牽制したものとも受け取れよう。

「軽追放」の裁許を受けた日詮は、大前妙隆寺（栃木県足利市）へ移って天保一四年九月まで滞在し、(14)その後、日詮は武蔵国松山を経て、閏九月二四日に妙本寺末寺の室田妙行寺（神奈川県茅ヶ崎市）に入っている。(15)

室田妙行寺は本門寺二五世守玄院日顗が元文四年（一七三九）に鎌倉より移転再興した寺院で、紀州藩祖徳川頼宣息女で鳥取藩祖池田光仲室である芳心院が造立した日蓮坐像を奉安していた。しかし、当時の妙行寺は日詮の言葉によると「旦家ハ貧家壱軒御座候寺」で、「客殿庫裏共ニ大キク御座候へ共実ニ大破ニて家根初畳戸障子不残破れ候て住居も出来兼候位」という荒れ寺となっていた。日詮は、あくまで隠居の身であったが、「中年之弟子ヲ留守居名前ニ仕り」と、弟子のうちから名ばかりの住職を立て、赦免により池上へ戻るまでの八年の間、自らが主導して妙行寺の復興を行っていく。

妙行寺閑居時代の日詮は「室田御庵」「室田御隠士」「室田御隠居」などと呼称された[16]。妙行寺閑居中の日詮は妙行寺の本寺である鎌倉比企谷妙本寺へは度々登山しているが、他方、池上については、史料3に見られるとおり「ごかい道武蔵国壱ヶ国三ヶ津十里四方」の内であったため、登山は叶わなかった[17]。

四　鼠山感応寺鐘楼と池上本門寺鐘楼

天保一二年（一八四一）一〇月の廃寺の時点で、感応寺の伽藍は未だ完成に至っておらず、五重塔・山門・経蔵・鎮守堂などの建立が計画されるとともに、鐘楼の建立事業が進行中であった。感応寺境内には廃寺の約二か月以前となる七月二五日より梵鐘の鋳込み場の矢来設置が始まるとともに、梵鐘鋳造鋳物師の仮小屋三棟も設けられていた。この梵鐘製作には感応寺を篤信する大御所家斉室広大院と田安斉匡もかかわっていたと見られ、広大院は内々に金五〇両を寄進し、斉匡も廃寺直前の九月二六日に鋳込み現場の視察を行っている[18]。梵鐘の鋳型製作および銅の地金購入も九月内に終わり、鋳込みを待つのみとなっていたが、家斉逝去に伴う何らかの造営と思われる「文恭院様転備御炮蔵御用」のための鋳物師が不足することを憚って、日延べをしている状況にあった。

結局のところ廃寺の達しの方が早く、梵鐘の鋳込みが行われることはなかった。しかしながら、梵鐘を吊す鐘楼堂については、材料の加工がかなりの程度、進行していたようである。感応寺廃寺の動向を身延山久遠寺が記録した『感応寺引払一件』（身延文庫蔵）に控えられた「自普請之内日詮手限ニ而造立仕候ヶ所明細書」のなかには、「鐘楼堂材木石類」が見られる。この鐘楼堂の用材は本門寺の「鐘楼堂破壊いたし（中略）再建仕度」という理由により、本門寺への引き取りが願い上げられ、幕府より認められている。

当時、本門寺に建っていた鐘楼に関しては、吊されていた梵鐘の改鋳の年次等はわかるものの、鐘楼堂自体の建立年次は未詳である。(19)本門寺の梵鐘は、本門寺一七世蓮乗院日東代に、紀州徳川家初祖徳川頼宣の室である瑤林院の寄進により製作され、二三世慈雲院日潤代の正徳四年（一七一四）に紀州徳川家施主により改鋳されたものである。(20)正徳改鋳の理由としては、『等師顗師得意記』に「鐘供養前々有来候鐘破れ申候故鋳直ニ而、正徳四午年五月二十日ゟ十五日之間供養之法事勤修仕候」とあり、鐘が割れたことであったとわかる。(21)しかし、この記述には鐘楼堂自体の建て替えには言及していないことから、鐘楼堂は一七世日東代の寛永後期の梵鐘鋳造時に建立されているものと見て問題はあるまい。

この鐘楼堂には、四七世輪成院日教代の日蓮五百五十遠忌報恩事業により、銅板葺き屋根の鋲締め直しと塗装、および堂全体塗装の塗り直しと基壇の修理、撞木の取り替え、という大規模な修理が行われていた。(22)天保二年のことである。本門寺鐘楼堂破壊のため再建するという理由により、引き取られた感応寺鐘楼用材であるが、当の本門寺鐘楼堂は直近に大修理を施した破壊とはほど遠い状態にあったのである。この時の本門寺鐘楼堂の姿は『江戸名所図会』本門寺項の境内図の中に描かれており、方一間という大体の規模を知り得るが、感応寺鐘楼堂は後に本門寺鐘楼堂として建てられた姿から、桁行三間・梁間二間の規模であったと知られ、より規模の大きい堂宇であったことがわかる。感応寺鐘楼堂の用材は本門寺へ運ばれた後、すぐに建てられることがなかったのは、本門寺鐘楼堂が「破壊」状態になかったために、感応寺より運ばれた他の建物の作事を優先したためであろう。

そのような中、感応寺において鐘楼堂の作事を主導した日詮が捕縛され「軽追放」となって池上を退去してしまった。感応寺鐘楼堂は「日詮手限」にて建立が進められたものであるため、その用材使用については、日詮の意思が重要であったことに加え、「破壊」状態になかった本門寺鐘楼堂の再建は結局のところ、先延ばしになることとなった。

五　池上本門寺鐘楼の再建

日詮の赦免は、嘉永二年(一八四九)一二月二八日に老中土屋采女正より本門寺に達せられた。日詮赦免の知らせが本門寺より鎌倉比企谷妙本寺に届いたのが、翌年正月八日である。日詮当人への知らせも同じ頃と思われ、赦免請書の写が室田妙行寺経由で妙本寺に知らされることを伝えている。[23] 日詮はこの後、妙行寺の復興関係の書類を妙本寺へ提出し、妙行寺の寺院経営に道筋を付けた後、池上へ帰着した。[24]

日詮が池上へ移った二年後の嘉永四年に、石造の本門寺鐘楼再建記念供養塔が鐘楼脇に建立された(図)。塔身正面には時の本門寺貫首五四世貞心院日英により一遍首題が記されるとともに、その背面には「以天保十丁亥年創之　今茲嘉永四辛亥年　逐其功因以小塔記落成」と刻まれている。一見して天保一〇年(一八三九)が本門寺鐘楼再建事業を興した年であると理解できるが、この作事に使用された資材は感応寺鐘楼堂の用材であることと、天保一〇年時には感応寺は健在であり、日詮もまたその住持であったことを考えると、この天保一〇年は再建資材となった感応寺鐘楼建立事業が立ち上げられた年を指すものと理解すべきであろう。

また、この銘文には、当年である嘉永四年が鐘楼堂作事の功を遂げた年であり、それを記念して石造供養塔を建立した年次であることをも明記されるとともに、その下には「発起主日詮」と刻んで、鐘楼堂再建の発起主が日詮であることも確認できる。日詮の肩書きが「前飯高教寺」とあるのは、過去に飯高檀林化主を勤めたことによる。[25] 日詮の住職歴の中での最高位寺院は本門寺門下の本山格であった感応寺であるが、将軍思し召しにより廃寺とされたために肩書きとして用いることが出来ないことから、次いでの高位となる飯高檀林化主を肩書きに用いたのであろう。

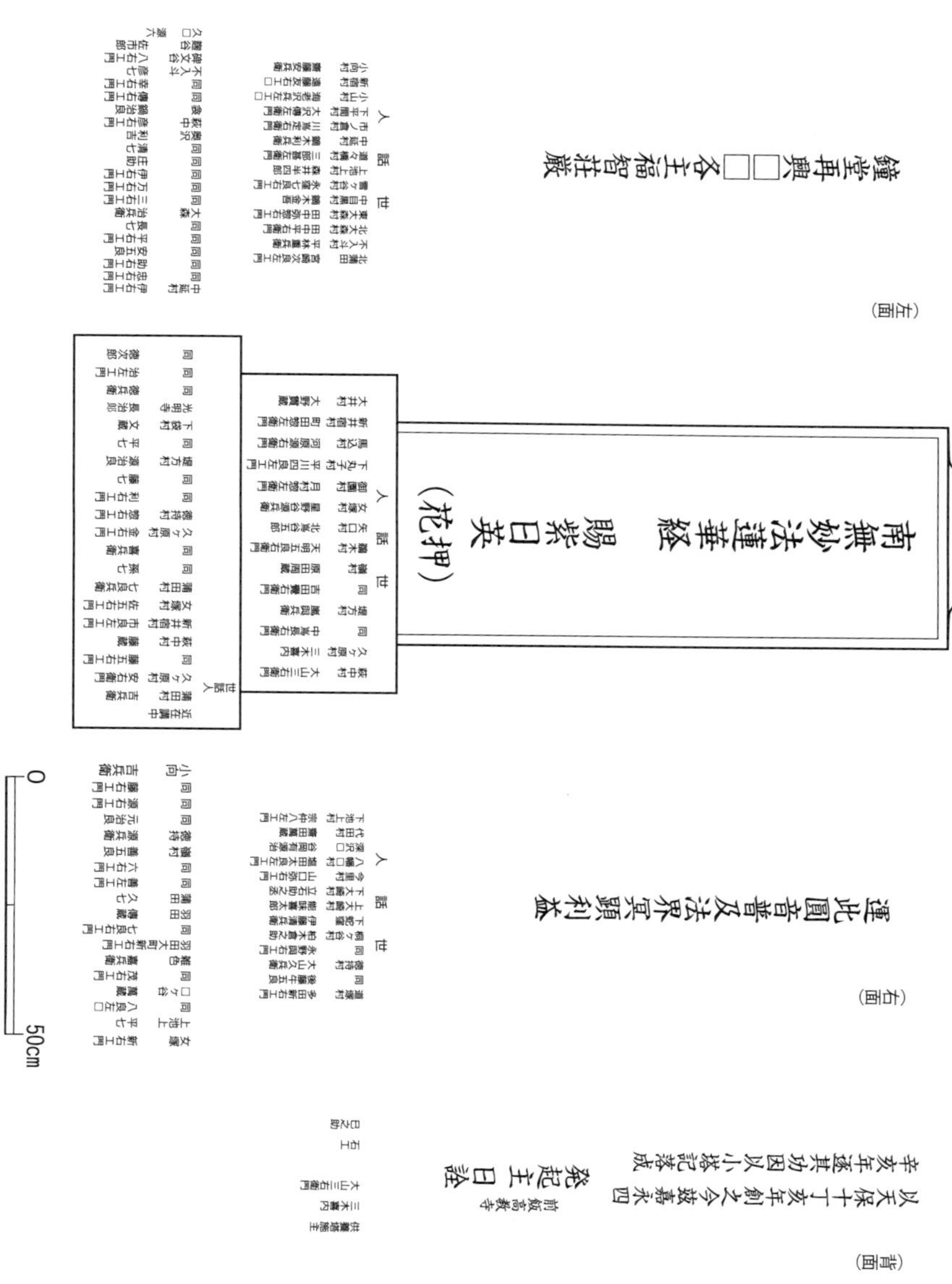

本門寺鐘楼再建記念供養塔

二段からなる供養塔の基礎石には、「近在講中」面々の名前が列記されているが、このことは、これらの人々が鐘楼再建に丹精した面々であることを示している。この「近在講中」の面々は文字通り本門寺周辺に位置する村々に住しており、その範囲は現在の東京都大田区・品川区、および神奈川県川崎市の一部にあたる。上段の基礎石には世話人として三七ヶ村四一人が列記されている。何れも名字を冠した人物であり、少なくとも、このうち萩中村大山三右衛門、久が原村三木喜内、久が原村中嶌長右衛門、嶺村原田周蔵、鵜之木村天明五郎右衛門、矢口村北嶌谷五郎、女塚村星野谷源兵衛、御園村月村惣左衛門、下丸子村平川四良左衛門、馬込村河原源右衛門、新井宿村町田惣左衛門、大井村大野貫蔵、不入斗村平林重兵衛、東大森村田中弥惣右衛門、今里村山口弥右衛門、中目黒村鏑木金吾、雪が谷村永窪七郎右衛門、道々橋村三部甚左衛門、中延村鏑木利兵衛、小山村海老沢兵左衛門、徳持村永野與右ヱ門、上大崎村能味喜太郎、下大崎村立石助之丞、八幡塚村塩田太良左衛門、下池上村宗仲八左衛門は、いずれも各村の名主であることから、上段の面々は名主役かそれに準ずる村の有力者であったものと思われる(26)。

それでは具体的に本門寺鐘楼堂が再建されたのはいつごろであろうか。それを示す記述が、下丸子村名主を勤めた平川家に残る嘉永二年の『御用触留帳』に見られる(27)。

〔史料5〕

改暦之御慶御同意目出度申候、然ハ弥御清安被成御越年奉賀祥候、然ハ池上釣鐘堂再建之儀、御村々御丹精を以此節出来相成候間、来ル十三日正九つ時、貫首読経之上時鐘撞初いたし候ニ付、此段御通達申候、当日御参詣初被成度御方々者、多少ニよらす御奉納之上鐘撞初被成候様、夫々ゟ御申聞御取計奉願候、

酉正月

三木喜内
大山三右衛門

久が原村名主三木喜内と荻中村名主大山三右衛門より、嘉永二年正月に発せられた廻章で、宛先は記されないが、「御村々御丹精を以」とする文から、鐘楼堂再建記念供養塔にみられる各村であることは疑いない。「御村々御丹精を」いただいた本門寺の鐘楼堂が、来たる正月一三日九ッ時に本門寺貫首の導師による法要の後、撞き初めする運びとなったので、当日参詣の方は奉納をした上で撞き初めするように、という内容から、嘉永二年正月初頭には鐘楼堂自体は完成しており、打鐘が出来うる状態であった事がわかる。本門寺鐘楼堂は再建発起主である日詮が妙行寺に閑居中、すなわち「軽追放」に服している最中に完成していたのである。この本門寺鐘楼堂は昭和二〇年（一九四五）四月一五日の戦災により失われたが、古写真にてその姿を知ることができる。(28)

なお、廻章差出人である三木喜内・大山三右衛門の両名は本門寺鐘楼再建記念供養塔の施主でもあった。後掲する史料7には「世話人惣代」の肩書きが記されており、彼らは再建記念供養塔ばかりか、池上近在講中世話人の中心人物として、本門寺鐘楼堂の作事に携わっていたことがわかる。

ただし、この時点において鐘楼堂作事の一部は未だ終わっていなかったことが、妙本寺の寺務日記『嘉永二己酉載日記』（妙本寺蔵）の次の記事より知られる。

〔史料6〕

正月廿八日　酉　晴

池上近在講中

夕刻　せわ人

一入来　久ヶ原村喜内殿代

泊り　幸右衛門

同

長右衛門

小杉原壱折

室田

御隠居

右者池上鐘楼出来候ニ付四方土留石、鍬下入用之石当院ニ有之分借用申度之旨云々、

右ニ付万年屋掛合云々、

一添書

嘉永二年正月二八日に、池上近在講中の世話人である久ヶ原村喜内の代理である幸右衛門と、同じく世話人である長右衛門という人物が、「室田御隠居」すなわち日詮の添状を持参の上で妙本寺を訪れ、池上の鐘楼が完成したので、「四方土留石」として使用できうる石材を、「鍬下入用之石」として妙本寺にあるものから借用したいと申し入れてきた。この件について妙本寺では万年屋に掛け合って対応する、というものである。史料5の廻章の通りであれば、正月一三日に撞き初めが行われた本門寺鐘楼堂であるが、未だ「四方土留石」の据え付けが終わっていなかったことがわかる。

史料6にて、池上近在講中が妙本寺に借用を依頼した四方土留石、すなわち鐘楼周囲の土止め石は、古写真を見る限り基壇石垣の周囲にめぐらされた石列を指すものと思われる。「万年屋」については未詳であるが、おそらく鎌倉の商家であろう。妙本寺では「万年屋」を介在させることで、借用の申し入れに対して実質的な売り渡しとして対応したのであろう。鐘楼堂再建に本門寺本体がどの程度関与したかについては、残存史料の内では確認し得ない。しか

しながら、兼帯寺院である妙本寺に対して四方土留石の借用を依頼する本件の内容は、本来であれば本門寺本体がなすべきものであろう。これを日詮が出した添状に基づいて池上近在講中が行っていることは、本門寺鐘楼堂再建事業の主体が、日詮および池上近在講中にあったことを物語る。池上近在講中の世話人久が原村名主三木喜内は、本門寺鐘楼再建記念供養塔基壇の上段に記された世話人にも見られ、史料5の廻章の差出人である久が原村名主三木喜内、同じく長右衛門は供養塔基壇に名のある同じく久が原村名主の「中嶌長右衛門」と同一人物と思われる。

さて、四方土留石の据え付けを終えたであろう後、本門寺鐘楼堂の供養法要が修されたと思われる。それを物語る廻章がやはり平川家に残る嘉永二年の『御用触留帳』に書き留められている(29)。

〔史料7〕

以廻章得御意候、暖和ニ罷成候之処各様方御安康之由大慶候、然ハ池上本門寺鐘楼堂、御助力ヲ以再建ニ成就いたし、就而者上棟可致之処御座候得共、領中其外御寄附之内残金今以不寄ニ付上棟差支候間、来ル七月迄相延、且御村々餅米御寄進被下候石数、夫迄其御村方へ御預り置可被下候、其節上棟日限取極御通達可申上候、

酉三月晦日

世話人惣代

三木喜内

大山三右衛門

右村々御同役中

史料5の廻章と同じく、池上近在講中世話人惣代三木喜内と大山三右衛門より、「右村々御同役中」すなわち、近在講中の村々に宛てて出された廻章である。その内容は、本門寺鐘楼再建が近在講中村々の助力により成就したので、上棟式を行う予定であるが、領中その他の村からの寄附金のうち、未だ奉納がなされていない所があるため、上棟式

を行うのに差し支えになっている、このため上棟式を七月迄延期することとした、村々より上棟式のために寄進された餅米は、一旦村方へ戻すので上棟式まで村々で預かっていてほしい、上棟式の日取りは決定次第通達する、というものである。

通常、上棟式は棟木を取り付けた際に行われる儀式である。この場合、概ね建物は構造体のみの状態であり、当然ながら屋根は全く葺かれていない。およそ「完成」あるいは「成就」とはほど遠い状態であることから、ここで言う「上棟」は、おそらくは竣工式を指すものであろう。村々より寄進された餅米は、竣工式の仏前に供えられる鏡餅や、散餅に用いるためのものであろう。

六　池上近隣村々の丹精

さて、先に示した史料7の廻章には、本門寺鐘楼堂が村々の「御助力ヲ以再建ニ成就いたし」たことが明記されている。この村々はいうまでもなく、再建記念供養塔に見られる「近在講中」村々であろう。鐘楼堂再建事業全体にかかわる帳簿が現存しないため具体的には知り得ないが、古写真に見る桁行三間・梁間二間、入母屋造銅板葺きという、鐘楼堂としては極めて規模の大きな建物を建てるためには、多額に及ぶ資金が必要であった事は自明である。この多額の負担について、その一端が知られる史料が残存する。

それは三木喜内と同じく、本門寺鐘楼再建記念供養塔基礎上段に列記される世話人のうち、下丸子村名主平川四良左衛門家に残る、「池上鐘楼再建寄進割合覚帳」という帳簿である。(30) この帳簿によると、下丸子村では本門寺鐘楼再建への寄進額(負担額)となる銀高一二二匁の負担を、村内六五軒の百姓に対して家別の定額と持高割との二口立てにて割り付けを行い、徴収していることが知られる。これらの百姓は村に所在した二ヶ寺の真言宗寺院、およびごく少耕地しか所有しない数人の百姓を除いた下丸子村全村にあたる。

名主平川四郎左衛門をはじめとする一〇軒の家は、本門寺塔頭で日詮が復興事業を行った常仙院の檀家であったが、鐘楼堂再建資金を負担した下丸子村百姓六五人のうちの大半は、村内にあった真言宗寺院である蓮光院と長福寺の檀家であった(31)。また、下丸子村百姓六五人のうち再建記念供養塔に名前が記載されているのは、世話人である名主平川四郎左衛門のみであることは、供養塔上段の世話人に列記された各村名主ないしはそれに準じる村の有力者が属する各村では、下丸子村に見るような村の百姓のほぼ全体に対して課金を賦課していることを十分に推測させる。

また、「池上鐘楼再建寄進割合覚帳」の表紙には「弘化四年未十二月十日取立」とあり、負担金徴収の日付がわかる。この約半月前の一一月二八日に名主四郎左衛門は北鎌田村梅林で行われた「池上つりかね堂寄進割合」に出席していることから(32)、世話人中の話し合いにより、各村に対して鐘楼堂再建負担金がこの時に割り付けられ、各村ではその割り付けに基づいて、村民への負担額を算定し割り付けていることが知られる。この弘化四年（一八四七）は日詮「軽追放」の四年後となるが、少なくとも、この一一月末の各村負担金割付時点において、本門寺鐘楼堂再建事業は実施設計および再建費用の算定を終了していたことが知られる。このことと、嘉永二年（一八四九）正月には鐘楼堂が「完成」の状態にあったことを考え合わせると、鐘楼堂の建物自体の作事は、嘉永元年（弘化五年）の内にて行われたとみてよいであろう。

また、鐘楼建立記念供養塔の基礎下段に世話人として列記された五九人の人物については、何らの情報も持たないものの、名字を冠しておらず、かつ同一村落に複数人の記載が見られることから、篤信の百姓で個人的に信仰を同じくする人達からの寄附金を、とりまとめて寄進した人物たちであったのであろう。特に本門寺より至近に位置する徳持村と蒲田村が七人、大森村とやや池上より離れるが中延村より六人が記されており、この四ヶ村で約半数をしめる。中延村・徳持村では基礎上段に名主の名前があることから、村単位での負担が村民に課せられていたことが推測されるが、下段に記された人達は、それに加えて寄進を行っているのであろう。

なお、上段の中延村名主鏑木利兵衛は同村天領分の名主であるが、下段の中延村百姓六人が天領分か増上寺御霊屋領分のどちらに属した者かは分明ではない。しかしながら、本門寺よりやや離れた中延村から多くの寄進世話人を出していることは、日詮が感応寺に晋む以前に、中延村に所在する法蓮寺の住職を約四〇年にわたって務めていたことが大きな理由ではなかろうか。

この他にも、馬込村旗本木原氏領の名主を勤めた加藤家には、嘉永元年六月二六日付の『本門寺釣鐘堂勧化控帳』が残されている(33)。この帳簿には八二人が列記され、内五人分に寄進金額が記されないものの、全体で四貫二九六文の奉納が記録されている。奉納金額には、ほぼ定められた額があったようで、内訳は二〇〇文(三人)、一〇〇文(一二人)、四八文(四二人)、三六文(一人)、三二文(六人)、一六文(三人)、一二文(三人)となっている。各寄進者名は、例えば「重次郎殿」というように「殿」付で記載されている。帳簿の作成者等の記載は一切見られないため、本帳面は本門寺による勧化帳とみるのが自然であろう。馬込村旗本木原氏領名主の加藤家は鐘楼建立記念供養塔には記載がなく、下段にも馬込村の世話人はいない。このような「池上近在講中」構成者以外の村については、本門寺が直接に勧化活動を行っていたかも知れないことが推測できる。

いずれにせよ、日詮が「発起主」となった本門寺鐘楼再建事業には、池上近在講中を主とする本門寺近隣の村々が広く丹精しており、その力を結集して事業が成し遂げられていたことを知ることができる。

七　「内々」の日詮池上参詣

鐘楼堂再建当時、感応寺鐘楼用材の所有者であり、本門寺鐘楼再建の「発起主」であった日詮は、「軽追放」に服しており、自らが再建事業の先頭に立つことは叶わない身であった。しかしながら自らの赦免を待たず、相模国室田村の地より池上近在講中の有力者を催すことにより、日詮は自らの宿願と念じていた本門寺鐘楼堂再建事業を興して、背後でその事業を推進し、成し遂げていたことが知られるのである。結果的に赦免はこの年の暮れになるのであるが、そのようなことを知り得ない日詮は、嘉永二年（一八四九）春に「内々」に池上を訪れている。

〔史料8〕

一書啓上仕候、未タ秋暑去兼候へ共弥御安泰被成御座奉慶寿候、春中ハ池上ニて得御意、其節も有之候ト千万忝仕合ニ奉存候、其後弥兵衛殿贈り金も被下慥ニ中延ゟ受取申候、段々厚ク御世話被成下候段千万〱忝仕合ニ奉存候、拙老事、四月初ニ池上ゟ室田へ帰り候へ共、少々も気重ニ相成り日々喰事も減候故、老衰ニて内々たり共池上へ廟参も仕候ハヽ、夫々江御暇乞も仕候て帰り候故、臨終も近寄り候故ト存居り候所、閏四月中旬ゟ大キニ募り喰事ハ朝飯ニ中かさニ一森位被下候斗りニて、昼比ゟ末ハ下腹江強く差込、中々一口も喰事ハ不仕、殊ニ寄り候へハかたくりめんを少し被下候事か三日ニ一度も御座候へ共、其外ハ一向給へ不申、尤臥りハ不仕朝夕の勤経ハ仕り候へ共声ハ少しも立不申、実ニ小音ニて題目ニても唱へ候位ニて、当盆前迄ハ□　　□仕候、夫故端慮ニ相成□　　□ヲシカリ候斗り故小僧共ハ□　　□出し候て壱人も居り不申、□□師も能キのハ無御座、煎茶も余程被下候へ共一向ニ遣不申候所、南湖の宿ニ女ニてもみ候て病気ヲ直し候者御座候由ニて頼呉候者御座候ハヽ、

盆前ゟ盆中迄壱通りもんで貰候所、右もみ医中候ニハ全ク疝積ニ候間、煎茶ハ何程用候ても役ニ立不申熊のいな
爪ハ宜敷、ねり熊ニても御用ひ被成る候へハ押へ候間、ねり熊沢山御座候ゆへ日々相用候てもみ貰候へハ、次第
に見込も直り、当月廿日比ゟ喰事も一のみニ三度も喰し候様ニ相成、全快ニハ無御座候へ共、先ツ当分ハ死ニも
致間敷哉存候位ニ相成申候、右不快中故心外ニ御無沙汰仕候、（後略）

史料8は酉七月二九日に、本門寺役者を勤めていた御堂浄蓮寺住職の日運に宛てて出された日詮書状の一部である。(34) 日詮が室田妙行寺に閑居している期間において酉年は嘉永二年のみであることから、この書状の年次が知られる。冒頭で、この春に池上で日運と会ったことに触れているが、「軽追放」の仕置中であるにもかかわらず、法を犯す危険を顧みずに、内々に池上を訪問したことについて、日詮は老衰と表現するほどの健康への不安から、日蓮をはじめ、自身の師匠らも眠る本門寺の歴代廟所への墓参と、世話になった関係者への暇乞いをすることが目的の一つであったことを述べている。その時期については春とのみ記すのみであるが、四月初めに池上から室田妙行寺へ帰ったことに言及していることから、池上訪問は三月頃であったことが推測される。

この三月は、先に示した本門寺鐘楼上棟の延期を通達した廻章（史料7）が出された月でもある。竣工式であろう「上棟」の法要について、池上を訪問した日詮の意図の中にあったかは定かではなく、かつ、書状の中にも記していないが、日詮がこの時期に内々に池上を訪問した理由の一つに、自身が生きている内に再建が成った本門寺鐘楼堂の姿を一目見ておきたいとの願望があったことは容易に推測できよう。実際、室田妙行寺に帰った日詮は、閏四月中旬頃から急速に体調を崩し、食事ものどを通らない程に体調が悪化しており、死をも覚悟する状態にあったようである。日詮の体調不良は、その後、妙行寺近郊の立場宿である南湖（神奈川県茅ヶ崎市）に住むもみ医の治療と、「ねり熊」という薬により回復したことが記されている。

おわりに

前述の通り、嘉永二年（一八四九）一二月二八日に、寺社奉行より本門寺に対し日詮の赦免が伝えられた。赦免を受けた日詮は池上へ帰住することを念頭に、新たに妙行寺住職として孫弟子である弁朗（妙種院日成）を立て、妙行寺閑居中に、復興した寺院什金の詳細を帳面に記して本山である妙本寺へ提出し、妙行寺の相続を規定した上で、少なくとも翌嘉永三年一〇月には池上常仙院へと移っている。池上近在講中世話人物代として本門寺鐘楼の再建に尽力した三木喜内・大山三右衛門が施主となって、嘉永四年に建立された本門寺鐘楼再建供養塔は、事業の発起主である日詮の池上帰住を受けて、晴れて建立された、この事業を総括する記念碑であったと見ることができる。日詮が示寂するのは、この三年後となる嘉永七年七月二五日。世寿八二歳であった。

これまでにおいて、日詮は感応寺を初めとする多くの寺院の興隆・復興に尽力してきたが、その手法の殆どは大名やその周辺の大奥女中を教化し丹精を得ることに主軸を置くものであった。しかしながら、感応寺廃寺後の池上における捕縛と「軽追放」を境に、その手法は、寺院檀家や広く一般の講中信者より丹精を募るものへと変わっていった(35)。とくに本門寺鐘楼再建事業においては、自身が罪科に問われ刑に服している状況の中、池上近在講中の面々に催して、自身が前面に出ない形で、復興実現へと繋げていることが見て取られる。丹精した池上近在講中村々の人々は、名主のもと、多くが他宗の檀家であったにもかかわらず、この事業に結縁した。これは事業が大寺院における鐘楼という寺院周辺の広範囲に浄音が響き渡らせる、そして自身もそれを耳にするという、伽藍の中でも特殊な性格の建物であったことによるのかもしれない。いずれにせよ、日詮と近在講中による本門寺鐘楼再建事業は、寺院における堂宇再興事業の中でも特異な事例として位置づけられるものであろう。

註

（1）『櫨楓』は天保の末年頃、雑司ヶ谷村元名主の戸張苗堅が晩年に著した雑司が谷近郊の地誌。天・地二巻より構成されたと思われるが、「天之巻」は早くに失われ、「地之巻」のみその内容が伝わる。戸張苗堅は名主役を子に譲り感応寺にて寺務を担当した人物であり、特に日詮代の感応寺について詳述している。海老澤了之介『新編若葉の梢』巻末に付録として所収。原史料は戦前まで雑司ヶ谷法明寺に伝存した。本稿での感応寺の事蹟の記述については、特に注記しない限り『櫨楓』による。

（2）感応寺の開堂供養までの事蹟については、日萬自筆『感応寺興隆記』（千葉・部田徳性寺蔵、『大田区史』資料編寺社1、大田区史編さん室、一九八一年、一五〇九頁）、および『御取立感応寺記』（東京・高輪承教寺蔵、『大田区史』資料編寺社1、八八六頁）に詳しい。

（3）『鎌倉市文化財総合目録』建造物篇（鎌倉市教育委員会編、一九八七年）妙本寺祖師堂項、『東京都指定有形文化財池上本門寺宝塔修理工事報告書』（池上本門寺、二〇一〇年）。

（4）感応寺伽藍の詳細については拙稿「鼠山感応寺の伽藍と雑司ヶ谷」（報告書『鼠山感応寺』日本女子大学綜合研究所、二〇一五年）。なお、旧感応寺米蔵は日詮寂後ほどなく、日詮菩提のため日詮が属した法系の菩提所である池上中道院に移築されたことが、棟札（中道院蔵）より確認できる。

（5）竹内誠・深井雅海・松尾美恵子編『徳川「大奥」事典』（東京堂出版、二〇一五年）など。『櫨楓』を資料として感応寺の実像を紹介した研究には、宮崎英修「天保年間に於ける鼠山感応寺の興廃」（『大崎学報』一〇〇、一九五三年）、兜木正亨「鼠山感応寺の創建から廃寺まで」（『法華』四五―四、一九五九年）、菊池勇夫「雑司が谷感応寺の性格と地域住民」（豊島区郷土資料館『生活と文化研究紀要』一、一九八五年）、望月真澄「江戸城大奥女中の代参形態―鼠山感応寺の事例―」（『近世日蓮宗の祖師信仰と守護霊信仰』平楽寺書店、二〇〇二年）、『旧感応寺境内遺跡（徳川ドーミトリー西館部分）発掘調査報告』（旧感応寺境内遺跡発掘調査団、一九九三年）、特別展図録『鼠山感応寺―八年で消えた幻の大寺院』（池上本門寺霊宝殿、二〇一〇年）、特別展図録『大奥女中とゆかりの寺院』（江戸東京たてもの園、二〇一三年）、報告書『鼠山感応寺』（日本女子大学綜合研究所、二〇一五年）、『池上法類中延法縁史』（中延法縁、二〇一七年）が挙げられる。

(6) これらの建物は「日詮手限り」を理由として幕府より引き取りを認められていた（『感応寺引払一件』身延文庫蔵）。

(7) 御堂浄蓮寺蔵衾下貼文書A一一〇。近年、池上本門寺霊宝殿の調査により浄蓮寺が蔵する衾の下貼から多くの日詮関係文書が発見された。

(8) 東之院は昭和二〇年四月一五日の戦災により本門寺とともに焼失したため、寺有の宝物や什物・文書類を全て失っているが、同寺における伝承として一橋徳川家による信仰が伝えられており、現在でも一橋徳川家諸霊の供養が行われている。

(9) 御堂浄蓮寺蔵衾下貼文書B四六。

(10) 「板頭得意記」（東京・池上法養寺蔵、『大田区史』資料編寺社1、三五二頁）。

(11) 御堂浄蓮寺蔵衾下貼文書C七六。破損が大きく差出・受取ともに失われているが、筆跡及びその内容から日詮のものであることが知られる。

(12) 御堂浄蓮寺蔵衾下貼文書は、日詮書状以外にも多くの内容を含むが、この内、近世文書の殆どが浄蓮寺住職で本門寺役者でもあった日運に関係するものである。恐らくは日運の手文庫が反故紙として使用されたのであろう。

(13)『伊北両寺年番記』(千葉・大野光福寺蔵、『大田区史』資料編寺社1、一三四八頁)。なお、本史料にはこの記述の直前に日詮裁許の記事を載せるが、ここでは裁許の日付を一日早い一二月二〇日と記録している。

(14)四月一六日付日詮書状(栃木・大前妙隆寺蔵、『大田区史』資料編寺社2、一九八三年、九八九頁)。

(15)註(12)に同じ。

(16)これらの呼称は嘉永元年より三年までの比企谷妙本寺寺務日記(妙本寺蔵)に散見される。

(17)註(12)に同じ。

(18)廃寺寸前まで広大院と田安斉匡は梵鐘製作や、広大院施主の放生会を奉行するため幕府による感応寺への水路引き入れ事業を行わせるなど、感応寺に深く関わっていた。ここから将軍家慶「思召」による感応寺廃寺がいかに突然のことであったかを知ることが出来る(『櫨楓』)。

(19)『新編武蔵風土記稿』。

(20)梵鐘銘文による。戦災により鐘楼堂は焼失したが、梵鐘は破損しながらも残存した。現在、大田区有形文化財に指定されている。

(21)『大田区史』資料編寺社2、一二〇一頁。『二十四代等師二十五代顗師得意記』は戦災消失しており、その内容は戦前に筆耕された抄録より知られるのみである。

(22)「池上本門寺歴代得意記」(『大田区史』資料編寺社2、一二一九頁)。

(23)『嘉永第三日記仮帳』(比企谷妙本寺蔵)正月九日条。

(24)『嘉永第三庚戌日記』(比企谷妙本寺蔵)一〇月三日条には、池上常仙坊の日詮師より御状があったことを書き留めており、日詮が既に常仙院に入っていることが確認できる。
(25) 日詮は感応寺入寺の直前の天保九年に、飯高檀林第二七二代として三月一九日に入山し、春夏の化主を勤めている（『文句能化徳行記二』飯高寺蔵）。
(26) この列名の内にみられる「市ノ倉村川嶌定右衛門」は同村年寄三人の内の一人であったが、同村名主横溝与惣右衛門が病身を理由に弘化初年頃に退役したため、嘉永三年に息子の横溝与惣右衛門が名主となるまで、年寄が名主代役を勤めた。定右衛門は老衰を理由に嘉永三年に退役を申し出ていることから、筆頭年寄であったのであろう。市ノ倉村では本門寺鐘楼堂再建事業期間には、「名主無之」であったため、供養塔には与惣右衛門ではなく、定右衛門が記名されているのであろう（『大田区史』資料編横溝家文書、大田区史編さん室、一九九〇年、九・二三四頁）。
(27) 『大田区史』資料編平川家文書1（大田区史編さん室、一九七五年）七三〇頁。
(28) 特別展図録『鼠山感応寺―八年で消えた幻の大寺院』（前出）、『撮された戦前の本門寺』（池上本門寺霊寶殿、二〇〇一年）。
(29) 『大田区史』資料編平川家文書1（大田区史編さん室、一九七五年、七三一頁）。
(30) 『大田区史』資料編平川家文書2（大田区史編さん室、一九七六年、一〇〇七頁）。
(31) 弘化四年「宗門人別帳」（『大田区史』資料編平川家文書3、大田区史編さん室、一九七七年、三四五頁）。
(32) 弘化四年「御用村役人出勤扣帳」（『大田区史』資料編平川家文書2、四四七頁）。
(33) 『大田区史』資料編加藤家文書4（大田区史編さん室、一九八七年、二八五頁）。
(34) 御堂浄蓮寺蔵袞下貼文書A四八。
(35) 閑居した室田妙行寺において日詮は、自己資金を投入しつつ檀家の意識改革を促すとともに、檀家の丹精に主軸を置いた寺院復興を行っている（天保一五年七月「室田妙行寺諸什物幷後代迄之規定帳」、比企谷妙本寺蔵）。

〔付記〕　本論所載の「本門寺鐘楼再建記念供養塔」の実測図は、池上本門寺霊宝殿本間岳人氏より提供していただいた。ここに特記し謝意を表する次第である。

近世伊勢詣とその費用
―「伊勢参宮道中入用帳」の史料紹介から―

石山　秀和

はじめに

江戸時代の伊勢参宮には、どれくらいのお金が必要だったのか。一般には社会経済が発展した元禄・享保期以降に参詣者が飛躍的に増加したと説明されるが(1)、社会が豊かになって、人びとは旅にどれくらいの金銭を消費したのか。あるいは、消費することができるようになったのか。こうした素朴かつ基礎的な研究は、これまでの交通史研究の夥しい数の社寺参詣ルートの考察に比べて、少ないように思える。そこには、史料的な制約も大きく関わってきていると考えられるが、まったくこうした考察がなされていないわけでもない(2)。

本稿では、結城商人(町名主)松原吉右衛門が伊勢参詣において記録した「道中入用帳」の史料紹介と、前述した疑問について若干の考察を試みたものである(3)。

一　書誌

題　　名　勢州参宮道中入用帳
作成年代　安政四年(一八五七)二月二〇日より五月二四日まで
作　　者　松原吉右衛門
出 発 地　下総国結城町
寸　　法　一二・四×一六・五センチメートル
形　　態　横半帳
丁　　数　四〇丁(表紙とも)
所 蔵 先　筆者架蔵

入用帳の内容については後述するが、いくつかの特徴をみると、九三日間にわたりほぼ毎日記載されており、支払った費用の詳細がわかる。また、当日書き漏らした費用については、数日後に日にちを明記して追記している。また、一丁の表(オモテ)、すなわち見開きの最終行には、必ず支払った費用の小計(原史料では「小〆」または「〆」)を記しており、今回の旅の総合計を算出していたことも記述内容から知ることができる。したがって、吉右衛門の伊勢参詣に掛かった総費用を知ることのできるかなり正確な史料といえる。

さらに、本史料の内容を正確に把握するために注意を要するのが、入用帳の記載に「吉之丞分」として、講中の同行者である新田吉之丞の宿泊・食事・交通費などを、吉右衛門が支払っている箇所が多くみられることである。また、記載内容から一人分なのか二人分なのか判別できない箇所もあるが、全体を通じて宿泊・食事・交通費などの主要な箇所は、「安之丞分」「両人分」と記されていることから、「二人分」の費用を記した入用帳といえそうである。ただし、買い物や小遣いなどは吉右衛門個人の入用と考えられる。

旧稿においてすでに述べているが、今回の参詣は講中の一二人（女性一人を含む）でおこなわれた[4]。往路は東海道を利用し、伊勢参宮の後、奈良・大坂・京都などの名所を巡り、先祖にあたる松原氏（屋号は筆屋）の菩提寺である播磨国有馬郡上津上村の蓮花寺（現在の神戸市北区長尾町上津）を訪れている。帰路は中山道を利用している。特に京都につ

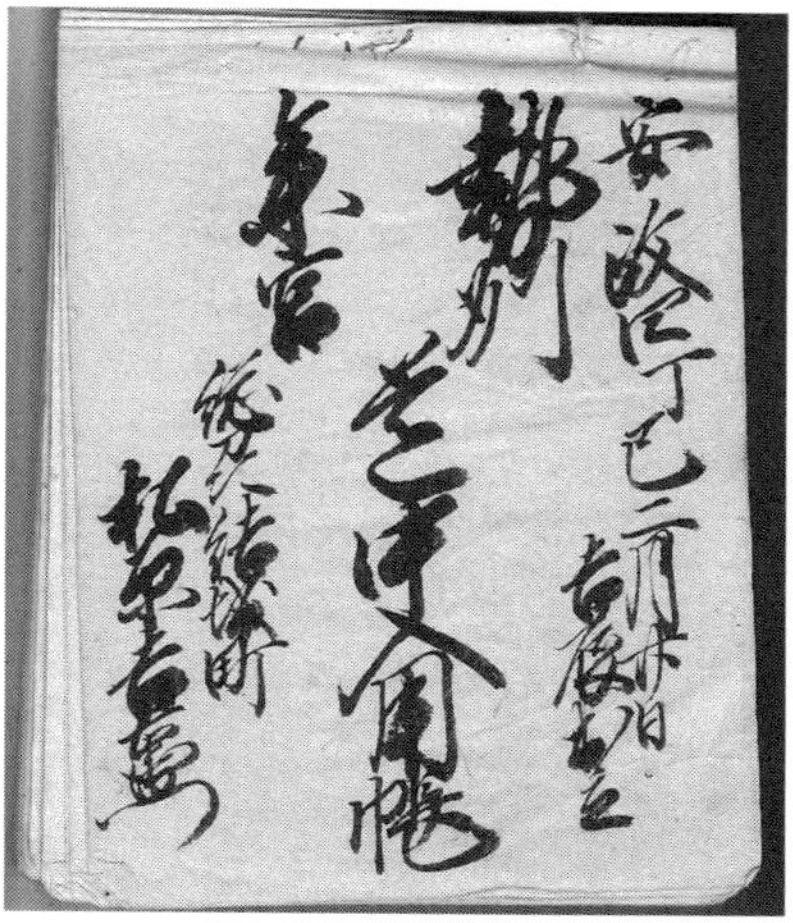

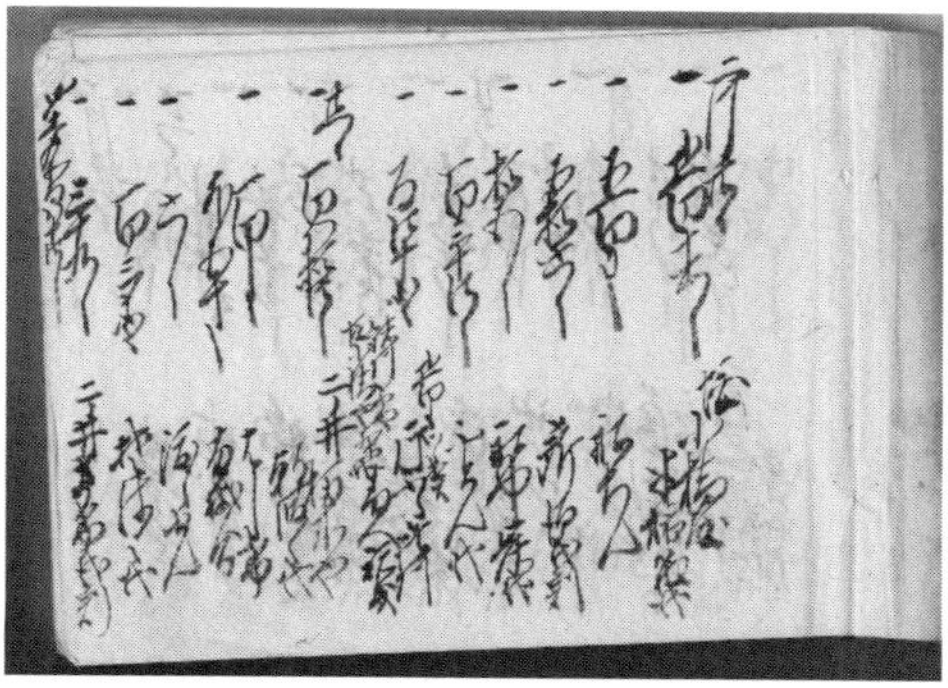

安政四年「勢州参宮道中日記」

いては、一三日間も滞在しており、結果的に往路より帰路の方が多くの時間を費やしたことになる。先祖参り以外は、それほど特色があるとはいえない行程での入用帳をみて、全体を通じてどれくらいの費用が掛かったのか。何に多くを費やしたのか。具体的な内容について紹介したい。

二　伊勢参宮に掛かった費用

(1)総額と一日あたりの費用

前述のように、入用帳の見開きには小計が記されていた。これをもとに、単純に合計してみると、総額で金一八両と銭八一貫四六六文となる。当時の銭相場は東西によって違いもあるが、仮に御定相場の金一両を銭六貫五〇〇文で計算すると、全体で銭一九八貫四六六文となり、金で換算すれば、金三〇両二分余となり、これが今回の旅の総費用といえる(5)。ただし、入用帳を実際に一つ一つの項目について計上すると、総額は二〇三貫八二一文となる。本稿では、こちらの数値をもとに費用の計算をおこなうことにする。

費用を日数九三日で割ると、一日あたり銭二貫一九一文余となる。また、これが二人分相当と考えると、一人あたり一日に銭一貫九五文余を使った計算となる。

時代は異なるが、文政一二年(一八二九)に江戸から上方へ旅をした歌舞伎役者の中村仲蔵は、「一日一朱」と記録しており、文政六年の越後国柏崎郡の名主の旅の費用は「一日三五〇文」とある(6)。また、弘化二年(一八四五)の武蔵国多摩郡喜多見村の村役人喜多見国三郎の伊勢参宮では、「一日四〇九文(約金一朱)」という分析結果がある(7)。これらの参詣は、あまり遊興に消費せずにかなり切り詰めた事例と考えられ、吉右衛門の場合、後述するが酒や煙草も飲み、道中で駕籠も頻繁に乗り、旅先で購入した物品の輸送もおこなったりして、さまざまな諸経費が積み重なった結果、こうした総計になったものと思われる。

⑵旅籠代

すでに指摘されていることだが、特別な贅沢をしなければ、道中にかかる費用で占める割合でもっとも高くなるのが宿泊費である。(8) 一般には旅籠代とされるが、これは朝晩の二食が付いての値段であり、厳密にいえば宿泊代と食事代である。ここでは入用帳で宿泊先である宿屋が明記された箇所のみを計上した。また、同日の記載で、旅籠で消費したとされる「茶代」と記されているものについては、別会計として次項の食事代で計上した。

旅籠代は総額で三七貫六〇八文（全体の約一八％）で、これを日数九三で割ると、一日あたり四〇四文となり、安之丞との二人分であるので、吉右衛門自身は一日二〇二文の旅籠代を支払ったことになる。これまでの事例でも、宿泊地によって差異はあるものの、一泊二〇〇文という相場が知られているが、時折、茶代や酒代が加わったとしても今回の道中も平均的な数値であったといえよう。(9)

⑶食事代

宿泊に付いた朝晩の食事以外の食費になるが、道中の昼食代のみならず、休憩時の茶代や、旅籠代とは別に計上された飲食費（史料上は酒代や茶代）も計上した。

飲食費は、総額一九貫五七六文（全体の約九％）となる。この費用もおそらく安之丞の分も多く含まれているので、実際の吉右衛門はその半額となる。数回程度、一朱や二朱の出費もみうけられるが、突出した贅沢をしたとは思えない。一日あたり一〇五文という計算結果を得た。ちなみに、道中では地域の名物を食していることがわかる。江戸では久保町砂場のそば（二月二三日）、川崎宿の萬年屋にも立ち寄っている（二四日）。佐夜中山の飴餅（三月五日）、三輪そうめん(二七日)を食し、加納宿手前で養老酒(五月八日)を飲んだりしている。

(4)川渡し賃(船賃を含む)

伊勢参宮にかかる経費を必要以上に膨らませてしまうのが、渡河にかかる舟賃や橋銭などである。総額は五貫八二八文(全体の二%)で、日数九三でわると六二文となる。安之丞との二人分であると計算すれば、一日あたり三一文となる。特に東海道は、架橋されていない河川も多く費用を増加させている。

主要な支出となるはずの宿泊と食事代、川渡し賃では、一日平均は三三八文となり、ここまでは決して贅沢な旅であったとはいえない。

(5)駕籠代(馬代を含む)

道中は原則として徒歩の旅になることが多いが、吉右衛門一行は頻繁に駕籠を使用している(二月二八日、二九日、三月六日、七日、一一日、一二日、一三日、一四日、二三日、二六日、四月一日、五月一〇日、一二日、二〇日)。本来は過酷な旅となるはずだが、こうした交通手段を利用できるか否かで旅の快適さも変化するのであろう。駕籠代の総額一〇貫七一九文(全体の約五%)となっており、経済的に余裕があるのか、同行者に女性もいることからなのか、比較的余裕をもった道中であったと思われる。一日あたり約五七文の計算となる。

(6)按摩

定期的に按摩をしている。この費用の負担も決して少なくないものといえる。総額一貫二一六文で、おそらくは吉右衛門のみの費用と思われる。三ヶ月以上の道中では、疲労に対する手当も必要となる場合もあるが、後述するわらじ代などに比べれば、経済的に余力のある参詣者の消費といえそうである。

(7)寺社への奉納金

安政四年「勢州参宮道中日記」の内訳

		費用	割合
(2)	旅籠代	37608文	18.4%
(3)	食事代	19576	9.5
(4)	川渡し賃(船賃を含む)	5828	2.8
(5)	駕籠代(馬代を含む)	10719	5.2
(6)	按摩	1216	0.5
(7)	寺社への奉納金	21992	10.7
(8)	土産物	78982	38.7
(9)	荷物駄賃	11076	5.4
	わらじ代	739	0.3
	消耗品	2430	1.1
	髪結代	2275	1.1
	煙草代	724	0.3
	浅草見世物、奈良などの見物代	3305	1.6
	雑費(薬代、祝儀代含む)	7351	3.6
	合計	203821文	100　%

伊勢詣では、名物を食したり、寺社以外の名所旧跡を訪れ、娯楽としての側面をも有していたされているが、毎回の金額は僅かではあるが「三せん」と称して訪れた寺社へ喜捨をおこなっている。ただし、回数(四一回)や総額をみてみると、この費用もまた少なくない金額といえる。総額二貫八八四文(全体の約一%)であり、二日に一回程度、各地の寺社へ喜捨をしていたことになる。これも吉右衛門個人の消費といえそうである。また、これに伊勢滞在中での奉納金など(総額で六貫六四〇文)や、彼が信仰していた浄土真宗寺院への奉納金や、高野山や先祖詣における供養費なども含めると、こうした寺社への奉納金の総額は二一貫九九二文(全体の約一〇%)であり、伊勢詣のみならず、さまざまな信仰の存在も無視できないであろう。道中の飲食費に匹敵する経費であった。

(8)土産物

吉右衛門は道中の寺社参詣と合わせて、地域の名物や特産品を購入している。総額は、銭七八貫九八二文(全体の約三八%)となり、最大の支出項目となっている。なかでも帯地や羽織など、衣料にかかわる土産物が高額である。京都滞在中の四月二三日には、唐更紗(金二両)、白金巾(二分三朱)、小紋絽羽織(三両二分一朱)の購入がみられる。ほかにも江戸では錦絵、伊勢で萬金丹、奈良で奈良墨、有馬の駕籠細工など、地域定番の土産物を購入している。また、購入した土産物は結城へ送り届けていたようである。荷物の駄賃代として、総額一一貫七六文(全体の約五%)が支払われている。前述の信仰に対して娯楽にかかわる支出といえそうである。

(9)その他

旅で消費されるわらじ代(七三九文)、蠟燭や油紙代などの消耗品(二貫四三〇文)、髪結代(二貫二七五文)、煙草代(七二四文)、薬代(七六文)、浅草見世物見物、久能山や奈良見物での案内人への支払いや、芝居見物などにかかった費用(三貫三〇五文)、番人への祝儀や、旅籠屋の女性に支払う心付けや、さらに宿帳勧化といった旅籠屋に宿泊した際に支払うなどの雑費(七貫二七五文)もあった。

おわりに

本史料を通読すると、比較的余裕のある富裕層の伊勢参詣だった印象をうけるが、彼の記した「道中日記」と合わせて解釈するならば、さまざまな信仰に支えられて九三日間もの長期にわたる旅をおこなったものといえそうである。また、一般的な参詣とは異なり、一日あたりの費用が掛かったのは、宿泊や食事代などでは特段の贅沢をしたとは思えないので、土産代を最大支出として、それにかかわる荷物の運搬費、さらには駕籠代や按摩代などの諸経費に起因するものと思われる。疲労を少なくして、比較的身軽な道中を過ごしたことは想像に難くないであろう。どれくらい快適に過ごしたかは、こうした入用帳の分析を通じて明らかになるといえる。

快適さを求めた道中であるならば、彼らの参詣に対する動機付けも、やや物見遊山的な娯楽に偏りがちになることが想定されるが、信仰にかかわる費用も決して少なくない額面であった。

人びとの心情までを数値化して計測することに違和感を感じ得ないが、「信仰」と「娯楽」の両面を有した当時の旅の実態を考察する一つの事例提供になればと思う。良質な史料で、時代・地域・階層などを踏まえ多くの事例を集積して、当時の旅の実態はもとより、人びとの心情を探るための一事例になればと思う次第である。(10)

註

（1）新城常三『新稿　社寺参詣の社会経済史的研究』（塙書房、一九八二年）。

（2）金森敦子『伊勢詣と江戸の旅』（文春新書、二〇〇四年）、池上博之「世田谷の伊勢講と伊勢道中について」（『伊勢道中記史料』世田谷区教育委員会、一九八四年所収）。

（3）今回考察した「道中入用帳」とともに「道中袖日記」も記されており、ともに比較的記述内容の多いのも特徴といえる。拙稿「結城商人の伊勢道中日記について」（『立正大学人文科学研究所年報』五四号、二〇一七年）参照。

（4）拙稿前掲「結城商人の伊勢道中日記について」。

（5）草野正裕「続　近世後期における大坂と江戸の銭相場」（『甲南経済学論集』五二巻三・四号、二〇一二年）には、安政四年の銭相場は、金一両につき六貫六六四文としている。

(6) 金森前掲『伊勢詣と江戸の旅』三二頁。
(7) 池上前掲『伊勢道中記史料』。
(8) 前掲書『伊勢道中記史料』。
(9) 金森前掲『伊勢詣と江戸の旅』一三六頁。
(10) 金森前掲『伊勢詣と江戸の旅』一二〇頁において、「個人で参宮をした場合は、細かな値段が記されていることもあるのだが、支出のすべてが記入されているわけではない。一日か二日で履き捨てていったはずのわらじ代や、街道沿いにある神社仏閣への賽銭、日に数度は茶店で休んだはずだからその茶代、昼飯代、伊勢や京都などに着けば髪月代を整えることが普通だったからその髪結い銭など、常識の範囲のものや金額が小さいものは付け落としが多いようである」としているが、今回紹介した史料は金森氏の指摘しているすべての値段について記されている。

史料編

凡例

一、漢字は原則として新字体とし、固有名詞については旧字体を用いたものもある。
一、変体仮名は原則として平仮名に改めた。
一、合字は原則として平仮名に改めた。
一、誤字・当て字・余分な送り仮名はそのままとした。

（表紙）

「安政四丁巳二月廿日吉辰出立

勢州
参宮　道中入用帳

総州結城町　松原吉右衛門」

二月廿日

一、弐百十六文　境小橋屋
　　平旅籠代
一、五百文　船ちん
一、五拾六文　同所酒代割
一、拾五文　船中炭代
一、百三十四文　ふとん代
　弐百文ツヽ遣ス、
　片ふた諸川番人祝儀
一、百四十弐文　諸川宿
　境小橋や茶代

廿一日

一、百八拾四文　二ノ井栃木や
　朝飯之代
一、百文　はしけ
　外五十文　両掛分
一、六文　渡しちん
一、百三十弐文　そは之代
一、三十九文　二ノ井さけ代割
小〆壱貫五百八十四文

二月廿一日

一、百文　按摩代

廿二日

一、弐朱ト五文　竹屋たばこ入

一、五百十弐文　錦絵廿壱枚
一、百三十弐文　紐壱筋代
一、弐百六十四文　さぬきや茶漬代両人分
一、五拾六文　浅草みせ物入用
廿三日
一、百文　油かみ代
　七十弐文　同　代
一、百文　そは代両人分
　久保町すなば
一、廿四文　三せん出し
一、七百六文　乙三二夜泊代
　茶代共ニ
一、五百文　同　安之丞分
一、五百文　品川村田や伝左衛門
　外十八文　両人はたご代
　茶代わり
廿四日
一、廿四文　羽田休み茶代

　みかん代
一、六十九文　同渡しせん
　又六十九文　大師河原迄
一、廿文　大師河原休み
一、六十四文　萬年や茶つけ
　又五十文　同代
一、廿四文　三せん出ス
一、七拾文　萬年や酒代わり
一、十六文　だん子代
一、廿八文　荷物たちん
小〆弐朱三貫五百四十九文
二月廿四日
一、弐百五十文　程谷宿久和屋善左衛門
　外ニ弐百五十文　はたご代
一、五十壱文　壱朱八人茶代わり
一、六文　宿帳遣し
廿五日
一、十弐文　焼の大坂

もち代
一、廿四文　わらし代
一、廿三文　まんちう色々
一、三十弐文　鎌倉三せん
一、廿八文　わらし代
又廿八文
一、弐朱ト五十弐文　江しま　戎屋吉右衛門
はたご両人分
一、廿四文　道中茶代割
又十弐文
一、弐百文　鎌くら丸屋茶漬両人分
一、七十弐文　江しま川越ちん
一、弐拾文　荷物わり
廿六日
一、六拾四文　同所渡し銭両人分
一、弐百五十文　藤沢宿豊本ニ而
茶つけ両人分
一、五十文　三せん色々

一、十六文　休之茶代
一、三十文　馬入川渡しせん
一、四十弐文　荷物わり合
一、三十六文　茶代割
一、六文　宿帳
一、五百文　大磯山城や清右衛門
外廿八文　茶代わり両人分
小〆弐朱弐貫壱百廿六文
二月廿七日
一、百六十四文　小田原入口左り
茶漬両人分
一、十六文　同　そは之代
一、十弐文　三枚はし菓子代
一、十弐文　非人江遣し
一、五十文　荷物た賃割
又廿八文
一、十四文　茶代わり
一、四文　宿帳遣ス

茶代弐朱遣し
一、五百三十弐文　　湯元　福住九兵衛
　外五十八文　　　　旅籠両人分
　　　　　　　　茶代わり
廿八日
一、弐朱ト百十文　同所より権現前迄かごちん
一、三百五十文　箱根よりみしま迄
　　　　　　　　荷物わり、両がけ
一、弐百文　　箱根御関所前
　　　　　　　石田や茶漬両人分
一、廿四文　　小遣ひ
一、弐百五十文　　みしま
　外四十壱文　　梅木や佐助
　　茶代割　　　　はたご代
一、弐百文　　　同　壱人分
廿九日
一、十六文　　　休、茶代
一、六十八文　原ニ而
一、五十文　　　　　茶漬両人
　　　　　　　吉原甲州や
　　　　　　　　同断代
一、弐百文　　原よりよし原迄
　　　　　　　　　　たちん
一、七十二文　廿四文ツ、
　　　　　　　　藤川渡しせん
一、廿八文　　馬方江酒手割
一、弐百五十文　蒲はら宿
　　　　　　　　木こうや泊
小〆弐朱ト弐貫七百六十七文
二月廿九日
一、弐百文　　かんばら
　　　　　　　　木香や酒代
卅日
　五十六文　　　　わらし
一、十六文　　由井　休、菓子代
一、五十六文　興津　茶つけ代

又廿四文
一、五十文　江尻　同代
一、百八十文　久能　福しまやニ而
茶漬両人分
一、六十四文　同　案内銭同分わり合
廿四文　わらし
一、廿四文　三せん
一、弐百五十文　駿府　伊勢本勘兵衛
外弐百文　はたこ代
三月朔日
一、三拾八文　墨切れ代
一、三十弐文　仕立代
一、廿四文　同　三せん
二日
一、廿四文　髪結せん
一、五十文　按摩代
三日
一、四十文　菜種代

又八拾文
一、七十弐文　あんま代
一、弐百文　清作置て　白さけ代
内百五十文三人より受取
四日
一、壱貫百廿四文　朔日より三日迄
府中　伊せ本勘兵衛
三日逗留、昼三賄代共
〆又壱貫百廿四文
一、弐百文　同　下女江遣ス
内百文作兵衛より取
一、弐朱　同　茶代遣
花輪両人
一、七十八文　岡部江戸や
中喰代
又四拾四文　同断之代
一、九十文　阿部川渡せん両人
小〆弐朱四貫弐百丁五十文

三月四日
一、廿四文　瀬戸川渡せん
一、壱貫六文　大井川渡銭
両人分
三人前分持分共
一、十六文　しまた
松や汁代
一、廿六文　茶代わり
一、弐百廿文　荷物駄賃わり
一、廿四文　くすり代
一、弐百五十文　金谷宿
外百七十二文　濱松や新六　中印
一、廿四文　同所　茶代割
一、五十文　あんま両人分
五日
一、百文　掛川十九首町
外五十文　松や江茶漬
一、四十文　佐夜中山

あめ餅代
一、十六文　袋井出抜休み
一、十弐文　久年母代
一、四百五十文　見附宿
大江戸屋万太郎
外六十四文　茶三人ニ而　泊り代
一、五十文　荷物わり
一、廿四文　あんま代
六日
一、五百五十文　同所より濱松迄
外百文酒代　かこ之代
一、五十文　濱松入口吉のや
外三十弐文　うとん代
一、三十弐文　茶代遣ス
一、弐百文　あらい渡賃
但し立切四百十七文　舞坂かどやニ而
外壱人十六ツ、宿江心付共
小〆三貫六百文

三月六日
一、廿文　　　　　　　　　あらい舟頭へ酒手わり
一、四百文　　　　　　　　同紀伊国や弥左衛門
　外ニ七十八文五人茶代わり　はたこ代
一、五拾文　　　　　　　　あんま代
一、七十弐文　　　　　　　天龍川舟ちん
　外四十文　　　　　　　　酒手遣し
七日
一、五百五拾文　　　　　　新居より二タ川迄
　　　　　　　　　　　　　三り半かこ代
一、百五十文　　　　　　　二川まつ川や
　　　　　　　　　　　　　茶漬両人
一、三十弐文　　　　　　　わらし二同分
一、廿四文　　　　　　　　茶代遣し
一、壱貫文　　　　　　　　御油いてうや伊左衛門泊
　　　　　　　　　　　　　昼共ニ　　両人分
一、四文　　　　　　　　　同　宿帳せん
　又四文　　　　　　　　　あらい同断

一、廿四文　　　　　　　　髪結せん
八日
一、廿弐文　　　　　　　　梅ほし色々
一、五十文　　　　　　　　あんま代
九日
一、五十六文　　　　　　　掛替ニ付岡崎橋渡ちん
　又廿八文　　　　　　　　荷物分
一、四十文　　　　　　　　藤川茶漬
　外五十文
一、五十六文　　　　　　　岡崎升やニ而同断
　外廿八文
一、三十六文　　　　　　　国元状賃割
　　　　　　　　　　　　　ちりう明神奉加
一、五十四文　　　　　　　御油　酒代わり
一、弐百文　　　　　　　　池鯉鮒　さくらや泊
　百七十弐文
小〆三貫弐百六拾六文
三月九日

一、廿五文　　宝蔵寺休
一、十文　　もち代
一、六文　　くしかき
十日　　ろうそく割
一、七十弐文　　鳴海桑名や
又五十文　　茶つけ
一、三十弐文　　三せん出ス
一、三十弐文　　荷物わり
一、廿四文　　みや宿ニ而
一、百廿四文　　うとん代
　　ちりう様御守
一、百文　　はつを
一、四百文　　同断安之丞分
　　名古屋六丁目
　　桑名屋半左衛門
　　両人分
一、金弐両壱朱　　鳴海　しほり三反

十一日
一、三十弐文　　菓子色々
一、弐百文　　つしま
　　山口屋源兵衛
　　中喰代
外三十五文　　酒代わり
一、三百五十文　　同所より桑名迄
　　舟ちん
但し十四人ニ而大舟壱艘、壱間買切壱分一朱
船頭よりふとん三枚借、旁四百文祝遣ス
一、百廿四文　　名古や出抜より
　　つしま迄三りた賃
一、四百五十文　　桑名京や小兵衛より
　　両人分指図
　　大坂や弥二右衛門泊
一、十六文　　宿帳勧化
一、六十弐文　　ろうそくわり
　　同所京や茶代わり

但し壱朱遣分、菓子弐百斗出来
小〆弐両壱朱弐貫百六十文
三月十一日
一、三百廿九文　くわなより御屋敷
　　　　　　　反もの三反
　　　　　　　　江戸迄賃せん
十二日
一、廿四文　茶代分
　　　　　くわし代
一、廿四文　神戸ニ而
　　　　　うとん代
一、三十弐文　四日市ニ而
　　　　　　茶つけ代
一、四百五十文　同所より神戸迄
　外廿四文　かこちん
　　　　　　酒代遣し割合
一、弐百文　上野角や庄兵衛泊
　外弐百文

一、廿五文　白子観音様
　　　　　　もち代
一、七文　宿帳勧化
十三日
一、壱朱ト五十文　上野より津迄かこ代
　外百文　高田廻り分
一、廿八文　くもつ川渡せん
一、廿四文　雲津先ニ而
　五十弐文　茶漬代
一、廿八文　かこ立場茶代
一、五十文　上野宿迄
　　　　　　荷持江遣ス
一、廿四文　同断遣ス
一、廿四文　たん子代
一、四百文　大和や与兵衛泊
　　　　　　両人分
　外四十弐文　茶代わり
　　　　　　同人分

十四日
一、三十弐文　わらじ二
一、八十文
外五十弐文　新茶屋茶漬柳屋新七
一、廿八文　櫛田川渡場
一、十弐文　おはた同断
小〆壱朱ト弐貫三百六十三文
三月十四日
一、八百文　中川原より神主迄分
巻せん
外三百文　安之丞分
十五日
一、四百文　内宮様参宮
三せん、巻せん
十六日
一、四百文　外宮様
右同断
十七日

一、四百文　あさま参詣
三銭、巻銭
一、弐朱　萬金丹代
一、弐百三拾弐文　白たひ壱足
一、百三十弐文　中ぬき壱足
十九日
一、四百文　内宮様御礼
参り分
一、弐百文　外宮様同断
一、五十八文　うとん休み
十六日
一、弐朱　久保倉へ落物
安之丞分
一、壱分　同所落物
壱分七十弐文　御祓料、御供、巻銭
但五人ニ而
御祓料弐朱ト
御供料壱分

廿一日
巻せん壱分
一、百六十八文　磯部様参詣
酒、茶漬代
両人分
一、四百十六文　とば　村田や又兵衛
両人分
一、九十文　船津よりとば迄
舟銭両人分
一、百文　茶代四ヶ所
九人わり合分
一、四十文　酒代わり
同断
一、六文　とば　宿帳
小〆三分ト四貫弐百三拾文
三月廿二日
一、八十八文　壱朱遣し
繫吉殿案内わり

一八文　舟ちん
一、十弐文　塩合川舟ちん
一、金壱朱　横田子息
謙助殿遣ス
廿日
馬迎
一、金弐分　八人割合分
五百廿壱文
一、弐朱ト百八十弐文　江戸より伊勢迄
荷物賃せん
六百四十文
百匁ニ付壱匁四分六り七
廿三日
一、百九十弐文　壱分ト
御福入箱代
ちん銭割合
同
一、百四文　状ちん両人分

廿日
一、五百五十五文　助合分割合
不足分
廿三日
一、弐百四十九文　内宮より中川原迄
かこ酒代持頭遣共
一、弐百四十九文　同断　安之丞分
一、百八十文　弐朱遣し
中川原茶代割
一、三十六文　茶代わり両人
一、丁五十文　いせより江戸迄
状ちん割
一、六百五十八文　藤波江弐分茶代
両人分
一、四百文　松坂　米や甚右衛門
泊り代
一、弐百文　出立　まきせん
一、廿八文　くし田渡し

十弐文　いちき川同
小〆弐分三朱三貫七百五十二文
三月廿三日
一、廿五文　もち代
茶代分
廿四日
一、五十弐文　大の木
茶つけ代
一、六十八文　同　代
一、八文　指せん二カ処
両人分
一、廿五文　もち色々
一、廿四文　同　代
一、十五文　わらし代
一、弐百文　垣外
外百五十文　いかや吉兵衛
はたこ代
同弐百文遣

一、三十八文　　菓子代わり
二カ処
廿五日
一、弐百文　　あをひしや
百五十文　　中飯代両人分
一、五十文　　あんま代
一、廿文　　しゆうちう色々
一、七十弐文　　色々小夫
一、廿四文　　小遣ひ
一、弐百文　　三本松
百五十文　　鍵屋五兵衛泊代
廿六日
一、十三文　　わらし代
十三文
一、弐朱、内五十文帰り　　同所より初瀬迄
駕籠ちん
一、四十文　　萩原江戸や
茶つけ

一、十文　　たん子代
一、十文　　もち代
一、廿八文　　かご　茶代
一、三十弐文　　初瀬観音様
三せん
小〆弐朱ト壱貫五百八十五文
三月廿六日
一、十八文　　はや絵図
一、弐百文　　初瀬
百五十文　　胡麻や又三郎
泊りせん
一、六十四文　　同所茶漬代
一、十八文　　わらし代
一、廿四文　　白酒、両人分
一、廿四文　　あんま代
一、廿四文　　同之代
廿七日
一、三十弐文　　三輪高田屋

せうめん
一、六十文　丹波市　よしのや
外五十文　茶つけ代
一、廿四文　三輪在原寺
三せん
一、十四文　一ノ本　もち代
一、十弐文　同　さけ代
一、十弐文　ならせんへい代
一、十五文　三せん分
廿八日
一、弐百三十文　なら　大黒や吉兵衛
外百五十文　両人分
一、五十文　根付之代
一、三百五十文　奈良参詣
三せん施シ
一、百廿文　大黒や　茶漬代
一、百廿文　百五十文遣し
案内せん

一、五十弐文　弐百文
茶代わり両人分
一、十弐文　法花寺より郡山迄案内割合
小〆壱貫八百四拾五文
三月廿八日
一、弐百文　郡山　大黒や泊
外百六十四文
廿九日
一、十六文　休之入用
一、四十六文　茶つけ
一、十六文　わらし
一、弐朱　奈良ニ而墨之代
一、十文　法りう寺案内せん
両人分
一、十六文　休入用
一、五十文　三せん
一、十八文　百卅文
当麻寺開帳わり両人

一、十弐文　同　絵とき料　両人分
又十弐文　同　宝物料
一、弐百文　同　米屋栄蔵泊り
外百五十文
一、六十文　同　茶代割色々
一、五十文　あんま代
四月朔日
一、三十八文　飛鳥　きの国や
茶つけ
一、五十弐文　岡寺　くすりや
一、廿文　多武峯　もち代
一、五十文　三せん
一、三十弐文　上市　渡しせん
両人分
一、三十六文　かこ茶代分
一、弐朱　駕籠ちん
多武峯半道前より
よしの坊々

小〆壱分ト壱貫弐百六十四文
四月朔日
一、十六文　多武のね
御石間拝見
両人分
二日
一、弐百文　吉野　湯川や喜兵衛
百五十文
一、四十文　あだ　茶つけ代
又八文
一、三十六文　同
一、三十六文　わらし
かみ壱ツ
一、三十弐文　小遣ひ
一、百文　よしの竹林院
三日
一、金弐分　高野　地蔵院様
月牌料

外弐朱
壱朱　落物両人分
一、金壱分　清浄心院様
若林分上ル　但し預り分
一、七十六文　神谷　はるや昼
両人分
一、廿四文　かむろより
小遣ひ
一、五十文　奥院参詣
三せん
四日
一、壱分ト百文　高野　桜池院
初見氏　月杯料上
一、壱分ト弐百文　学問ろ　大平
外ニ四百文　両人分　茶漬両人分
百文　はたご茶代わり
一、五十文　慈尊院
三せん色々

一、五十文　小遣ひ
四日夕
一、百七十弐文　三日市
又百五十文　なへや安右衛門
七十弐文　地蔵いんニ而
たはこ四人ニ而
小〆三分三朱ト弐貫七十六文
四月五日
一、四十文　茶代
一、六十弐文　堺さつまや宇右衛門
茶つけ代
四十弐文
一、廿弐文　同　草もち代
一、五十文　同所開帳三せん
一、十六文　そばの代
一、十六文　てんかく　てもちニ而
一、百文　三銭、其外〆
一、三十文　ひらさニ而酒代わり

一、百八十六文　　当麻より大坂迄
　　　　　　　　　案内銭わり
五日夕分
一、六百文　　平佐泊り銭
一、壱朱　　茶代遣し、両人分
一、弐百八文　　いせより大坂迄
　　　　　　　　荷物七百十匁わり合
惣高三貫七百十匁ニ而
壱貫四十文はらい
六日
一、壱分　　高麗橋升やニ而
　　　　　　下ケ緒代
一、四十三匁六分　　帯地之代
一、弐匁五分　　同しん
一、五分　　引わた
一、弐匁　　仕立之代
一、拾弐匁八分　　小くら帯地
一、八分　　同し立代

〆六十弐匁弐分　　ゑちこやニ而
　　　　　　　　　三ツ井店
銀七十匁壱分　此金三分弐朱ト七十三文
一、五十文　　あんま代両人分
小〆壱両三朱壱貫五百十六文
四月六日
一、弐百文　　虎や
　　　　　　　まんちう
　　　　　　　よふかん代
一、廿四文　　御坊所三せん
七日
一、六拾四文　　髪結せん両人分
一、十六文　　たはこ之代
一、壱分一朱ト　　中ノ芝居見物
　　弐百五拾文　　入用両人分
一、百文　　たはこ代
一、十文　　きせるらう代
八日

一、三百文　　扇子弐対
又百三十弐文　　壱対代
一、三十六文　　水引之代
一、十五文　　包かみ代六枚
六日・七日〆分
一、壱貫弐百文　　平佐はたご
両人弐夜分
外五百三十弐文　　二昼分両人分
一、六十四文　　同所ニ而
かみ結せん
一、廿四文
又五十文　　あんま代
九日
一、廿五文　　桜之宮渡せん
一、十六文　　三せん
十日
一、三十弐文　　髪結銭
一、十八文　　鍵之代

一、廿四文　　合羽繕代
一、金弐朱　　善福寺様之回向料上
一、十壱文　　香花之代
一、十六文　　三せん
一、百三十六文　　茶つけ両人
小〆壱分三朱ト三貫百十五文
四月十日
一、六文　　十三川渡しせん
一、拾文　　神崎同断
十一日・十日夕分
一、五百文　　同　かなや市兵衛
泊り両人分
一、十四文　　わらし代
一、十弐文　　伊丹入口休ミ
一、廿四文　　一文字つるや
同酒壱合
一、百文　　中山観音前うとん代
一、六文　　御影料

一、十六文　　三せん
一、廿文　　東久保ニ而
　　　　　　もち代
一、廿四文　　茶つけ代
一、十三文　　わらし代
一、弐百五十文　　道場宿より
　　　　　　上津迄かこ代
一、五十文　　同　花屋茶代
一、廿四文　　上津ニ而茶代
十日分
一、銀七十弐匁　　五匁かへ
　　　　　　中形緒留
一、五匁七分五り　　撥ゑり代
　　　　　　三井より
　此金壱両ト七百文　　淀や払
十一日
一、金壱朱上ル　　上津蓮花寺分
十二日

一、十文　　わらし代
　又拾三文　　同
十三日
一、百十六文　　道場　花や儀三郎
　　　　　　酒肴之代
一、百文　　上津
　　　　　　悴吉蔵殿へ
　　　　　　子供へ遣し
小〆壱両壱朱ト弐貫十六文
四月十三日
一、十弐文　　山口村
　　　　　　休茶代
十四日
一、弐朱　　有馬
　内菓子入弐ツ　　かこ細工・菓子五ツ
　　　　　　かぶせふた物壱ツ
　又三百五十文　　ふたもの三ツ
一、五十文　　按摩之代

一、六十四文　　髪結せん両人分
十四日
一、十弐文　　三せん
一、廿文　　もち代
十三日・十四日泊り
一、壱分　　有馬岡衛杓子や
両人二夜分
外四百文　　両人二昼飯代
十五日
一、三十六文　　同所　茶代
一、八文　　同峠ニ而もち代
一、八拾八文　　二本松ニ而
茶漬両人分
一、廿六文　　わらし二
同分
一、拾八文　　十三川神崎両所
舟ちん
一、廿文　　同所ニ而もち代

一、十六文　　天満天神
古久知妙見宮三せん
一、四百廿文　　八軒家
旅籠屋仁兵衛
泊り両人分
一、四百文　　船ちん同分
一、廿四文　　あんま代
小〆弐朱ト弐貫九百七十六文
四月十五日
一、弐百五十文　　さらし六尺
一、廿八文　　たはこ代
十六日
一、廿四文　　川掘心付
一、廿文　　同　餅之代
一、廿四文　　はし本　渡しちん
一、百廿四文　　同　濱屋弥兵衛
中喰代
一、五百文　　同所泊り代

十七日
一、拾八文　八幡様目釘竹
一、八文　同　茶代
一、百三十六文　伏見ニ而茶漬
　両人分
一、廿四文　同　柏もち代
一、拾文　淀橋掛替ニ付舟賃
一、廿文　たばこ代
一、六十四文　うとんそば両人分
一、五十文　所々三せん
十八日
一、百三十弐文　清水茶屋ニ而
　茶つけ代
一、金弐分三朱　大坂三ツ井より
　廿六文　唐さらさ
　風呂敷繕
　三源江相渡
一、三百六十八文　たはこ之代

一、七十弐文　三銭出しせん
一、三十弐文　絵図弐枚代
一、三十弐文　かみゆへ
一、百文　京烏丸通姉小路上ル
　江戸迄状賃　いつつや甚三郎
小〆弐分三朱弐貫八拾弐文
四月十九日
一、弐百八十文　北野てうしや
　茶漬両人分
一、七十弐文　金かく寺両人分
　案内せん
一、七十五文　案内ものへ茶漬
　もち代茶代割両人分
一、八十文　案内壱人頼
　弐百五十文六人わり
一、三十五文　わらし二足
一、七十弐文　白川様御神酒
　頂戴両人分

一、百文　三せん
廿日
一、三十弐文　かぎ之代
一、五十文　按摩之代
一、三十文　餅之代
一、三十弐文　かみゆへ銭
一、五十文　三銭色々
廿一日
一、百文　御室大師様三銭
一、八十四文　嵯峨大坂やニ而
両人茶つけ分
一、五十文　愛宕山
御札三せん
一、廿八文　茶代遣し
又八文
一、三十文　はん子代
一、四百文　一の鳥井下
花や久右衛門

廿二日
一、百文　壱条うら門ニ而
うとん茶漬両人分
一、三十弐文　三せん
一、十弐文　渡しせん
小〆壱貫七百七十八文
四月廿二日
一、八十文　柏もち色々
一、十三文　わらじ代
一、金弐分ト　逆井より預り置候分
弐百文
右者御本山江上納金上ル
廿三日
一、金弐両　唐更紗壱反
一、金弐分三朱　白金巾
弐表分
内　壱表安之丞分
〆　寺町通佛光寺上ル

かみや　仁兵衛
一、五拾壱匁五分　小紋絽羽織壱反
一、弐拾四匁五分　小もんせんじ壱反
一、五拾弐匁五分　唐更紗風呂敷五枚
一、六拾九匁　更紗ふろしき三十
一、五拾壱匁九分　同　三十
〆弐百四拾九匁四分
銀相場
七拾匁弐分　此金三両弐分一朱
つり六十弐文取
松原通寺町西江入
大丸店大文字や源蔵
廿四日
一、七百文　柳小利　一ツ
一、百四十四文　油紙壱枚代
一、三十文　麻原之代
一、五十文　安之丞中飯代
一、三十弐文　千草切之代

わらしかけ用
小〆六両壱武九百八拾九文
四月廿五日
一、壱朱　京三条
越後や五郎兵衛
茶代遣し
一、七十九文　同　女江遣し
一、四百五十文　手さし代
一、三十六文　もち代
一、廿八文　くし代
祇園二軒茶や
一、弐百廿四文　同所　茶つけ両人
一、廿弐文　大谷絵図之代
廿六日
一、金壱分ト　御本山
弐百八十文　御冥加金上
一、廿四文　三せん
一、八十四文　東六条かめや

一、三十弐文　茶漬代
髪ゆい銭
廿七日
一、五十文　按摩之代
廿八日
一、十五文　御本山　三せん
一、百文　五条はし　めし之代
一、百五十文　下加茂ニ而
茶つけ代
廿九日
一、廿四文　所々三せん
三百文ツヽ
一、金壱両ト三十弐文　越後や五郎兵衛
はたご代十一泊分
外壱貫六十四文　中喰八ツ代
百三十弐文ツヽ
廿八日分
ゑい山行

一、七十弐文　安之丞分　昼めし
一、廿四文　同　そうり代
一、三十弐文　同　わらし色々
小〆壱両壱分一朱ト弐貫七百廿四文
四月廿九日
一、十五文　わらし代
一、四十弐文　山科藪ノ下
中飯代
一、五十文　同　代
一、十弐文　同御坊　三せん
一、四百文　大津札ノ辻
小ずしや庄三郎
泊り弐人分
五月朔日
一、弐百八十文　同所三井寺観音前
とりやニ而
茶漬両人分
一、三十弐文　三せん分

一、金壱分　　算盤師桁代
　　　　　　　壱里塚前庄兵衛
一、十三文　　かみ之代
一、廿八文　　わらし二
一、十四文　　せた　松や茶代わり
一、四百文　　草津野村や
　　内五十文帰り候　　泊り代
二日
一、八十四文　　錦職寺前
　　　　　　　　茶つけ両人
一、百文　　中村渡し銭両人
一、百三十弐文　　安川下渡し場　同断
一、百文　　仁保川　同断
一、十弐文　　三せん
一、十五文　　もち之代
一、六文　　大津草づ宿帳
朔日分
一、百七十弐文　　膳所ニ而

三日
一、壱分　　根緒二品之代
　　　　　　八幡四軒口
　　　　　　遣ひ物砂糖代
四日
一、五拾文　　按摩之代
一、廿四文　　半し壱ツ
小〆弐分壱貫九百四十九文
五月五日
一、廿八文　　かみゆへ代
六日
一、十壱文　　わらし代
一、十八文　　三せん
一、十四文　　小遣ひ
一、十文　　同断
一、四百文　　ゑち川
　　　　　　竹ノ子や十兵衛
　　　　　　はたこ代

七日
一、十弐文　多賀様　三せん
一、三十弐文　同　茶つけ
又四十文　とり居本茶漬
一、五十弐文　同所　同断
一、十三文　わらし
又十文　小遣ひ
一、五拾文　あんま代
一、三十弐文　小遣ひ
一、四百文　関ヶ原宿
江戸や五郎右衛門
三十文　茶代両人分
八日
一、弐百文　竹中ニ而
ろう石弐本代
一、十五文　わらじ代
一、十六文　呂久川渡せん
一、十弐文　小遣ひ

又十弐文　にしめ代
一、六十文　みえじ丸や
茶漬代
一、三十弐文　河渡川船賃
一、廿壱文　よふろう酒
七日分
一、弐百文　神教丸代
小〆壱貫七百三拾八文
五月八日
一、十六文　ちり紙之代
一、弐百文　加納宿　かミや源助
又百六十四文　はたご之代
一、弐百八十八文　京越後や
酒代わり
一、廿弐文　かみや　茶代割
九日
一、七十弐文　鵜沼
しまや茶つけ代

一、廿四文　うとん団子
一、廿八文　同　代
　　又五文
一、十弐文　煮しめ代
一、四文　きせるらう代
一、七十弐文　太田川渡せん
　　　　　　両人分
一、十四文　わらし代
一、五十文　あんま代
一、弐百文　御嶽宿
　　　　　錢や源右衛門
　　百六十四文
十日
一、丁五十文　大久手
　　　　山しろや茶つけ
　　又廿四文　にしめ
一、十七文　茶代わり
　　又十弐文

一、五十六文　髪結せん両人分
一、十四文　わらし代
一、三十六文　うとん色々
一、廿四文　もち色々
一、廿八文　赤飯にしめ
一、四百文　みたけより細久手迄かこ代
小〆弐貫廿六文
五月十日
一、三百五十文　中津川
　　　　　十一屋長兵衛泊
　　　　　　両人分
一、廿文　同　茶代割
十一日
一、十六文　落合　赤飯之代
一、五十文　妻籠わたや
　　　　　昼飯代
一、十六文　わらし代
一、三十四文　中喰代

又十弐文
一、十六文　小遣ひ
一、百八十文　野尻
三文字や傳右衛門
又百七十弐文　はたご代
一、三十弐文　同　茶代割
十二日
一、弐百廿四文　同所より須原迄
かこ之代
一、廿文　同　茶代
一、百文　ねさめ　そは代両人
一、三十六文　福しま
田中や半平
そうに代
一、十弐文　同　にしめ
一、三百五十文　藪原
川上や作左衛門
泊り両人分

一、百六十四文　同　酒代、茶代わり
十三日
一、三十弐文　宮ノ越　茶漬代
又三十弐文
一、十文　鳥居峠　茶屋
一、十六文　わらじ代
一、十文　小遣ひ
一、七百七十六文　八まん　舟中割合
一、壱朱　同　宿屋へ茶代割
宿壱分、女三人弐朱遣
小〆壱朱弐貫七百六文
五月十三日
一、三百五十文　洗馬宿
こくや太郎兵衛
両人分
一、廿弐文　同　茶代割
一、十三文　茶代わり合
十四日

一、八拾八文　松本入口
たるまや
茶つけ
一、三十六文　にしめ、めし代
一、十文　玉子代
一、十文　かみ之代
一、十四文　まんちう茶代
一、廿文　苅谷原
さくらや　赤飯之代
一、廿文　茶代其外
一、百八十文　青柳宿
百八十文　紅屋豊次泊
一、廿八文　わらし代
一、廿文　赤飯色々
一、十弐文　たはこ代
十三日夕
一、百三文　遠し馬江
弐朱遣しわり合

十四日
一、十三文　なか茶代割
一、百五十文　立峠　たちん
一、三百五文　同断
中津川より洗馬迄
両かけ之分
十五日
一、十五文　猿馬場峠もち代
一、六十四文　いなり山岩田や茶漬
一、十八文　にしめ之代
一、八文　かみ代
一、百四文　川中しま渡しせん
両人分
小〆壱貫八百七文
五月十五日
一、廿四文　荷物ちん
一、五十文　あんま代
一、四百文　善光寺

外ニ丁五十文　藤や平五郎
廿壱文　泊りせん、両人分
茶代割　じゆす、ぞふり
まつ香両人分
十五日
一、弐百文　過去帳初穂上
一、十弐文　六道せん
十六日
一、拾弐文　徳間ニ而休ミ
一、四十文　浅野ニ而茶つけ代
一、廿四文　柏もち代
一、十弐文　にしめ代
又六文
一、十六文　そうめん
又十六文　同　代
一、五拾文　立花渡しせん
一、廿四文　小半紙代
一、廿弐文　たばこ代

一、四百五十文　渋湯津幡屋泊
両人分
十七日
一、廿文　峠茶や
もちの代
一、十八文　赤飯代
又八文　菓子之代
一、十六文　わらじ代
十八日
一、五貫百七十四文　京都より草津迄
荷物た賃割合
一、五十文　あんま代
一、十六文　たはこ代
十九日
一、五拾文　按摩之代
一、廿文　もち之代
小〆六貫八百九十文
五月十九日

一、八百五拾文　草津
　坂上次右衛門
　二夜泊り分、両人分
一、百廿六文　そは割合、七せん分
一、百五十文　宿へ茶代わり合
一、百五十文　きせる之代
一、百文　玉子之代
一、百文　どしゆう代
一、百十六文　酒肴代割
一、七十四文　髪結心付
六十四文　同弐人分
一、四十四文　茶之代
又三十弐文
廿日
一、四百廿四文　坂上泊り銭
　両人分
一、百五十文　中喰之代
又百五十文　同

一、四十弐文　そば之代
一、五十文　まんちう代
一、十文　梅色々
一、十六文　たはこ代
一、百文　茶代
一、弐百文　水そば之代
一、廿四文　糯ばんせんたく代
一、弐朱ト百文　草津より長野原迄
又廿八文　同茶代　三り半かご代
一、五十弐文　長野原ニ而茶つけ
一、四十文　同　代
一、五十弐文　須賀尾峠　茶や赤飯
　両人分
小〆弐朱ト三貫弐百七十四文
五月廿日
一、廿弐文　わらし代
一、四百弐拾文　大戸宿
　堀口利右衛門

泊り代

廿一日

一、廿文　はるな山　たん子代

一、廿文　同　三せん

一、六十四文　同　うとん　両人分

一、四十四文　室田　茶つけ代

一、廿四文　まんちう代

一、八文　茶代

一、四百六十四文　高崎

大黒や九兵衛

外ニ五十六文　泊り両人分

七人之茶代

一、十弐文　はしせん

一、廿四文　あんま代

廿二日

一、十文　五料高崎や

昼飯之代

九十弐文　同　代

一、六十四文　同　渡しせん

両人分

一、三十弐文　境渡しせん

同分

一、十六文　玉村前橋

渡しせん

一、十四文　茶代

又十弐文

一、十六文　菓子餅之代

一、十四文　小遣ひ

一、弐百廿四文　こうかけ之代

一、四百六十四文　太田横山町

外ニ八十四文　こくや三郎次

七人ニ而三百文遣　両人分

一、五十文　按摩之代

廿三日

一、廿四文　たはこ代

高崎ニ而

小〆弐貫四百三十文
五月廿三日
一、八十八文　古戸渡しせん
一、四十文　梁田川同断
一、百八十四文　八木宿
　いつみや茶漬
一、五十文　犬伏入口
　うとん代
一、三十六文　同　もち代共
一、五十文　茶代入分
一、十六文　たばこ代
一、四百五十文　もろしく
　つるや泊
　五十文　茶代両人ニ而遣
廿四日
一、五十文　大行寺渡しせん
一、十六文　小林　休み菓子代
一、五十文　髪結せん

一、廿四文　わらじ代
先日分
一、金壱分　髪結留吉
　いせ迄入用心付中傳江遣ス
帰宅後
一、金弐分弐朱
　七百廿四文
右者江州八幡江相尋候処、近久・近庄方別段世話ニ
相成候ニ付、中傳・扇や・伊勢庄・手前ニ而紬しま
謝礼差遣し申候、入用割合也
上州草津より当地迄荷物馬付致し伊勢や才料ニ而参
り入用わり合
一、横田吉左衛門殿　江戸旅宿霊岸橋
　真鶴屋久右衛門
一、飛脚屋佐内丁ニ而和泉屋甚兵衛
一、古座風呂敷求
一、壱ツさけ煙草入見合

一、柄巻
一、紹羽織地
一、けんちりばつち
一、鳴海絞り　弐反程
外ニ道中着　壱反
一、伊勢萬金丹
一、半御供料弐朱預り　小田根村長之助より納
欽良院釈義宏居士　嘉永元戊申年六月廿六日
一、紀州高野山地蔵院
両親　月牌料上ル事
静臺院釈尼妙耀大姉　弘化二乙巳年八月廿八日
一、同　清浄心院
金壱分預り　若林村舘野氏
同断上ル事
一、大坂　両家江見舞　進上もの
片岡之分壱
岩吉さらし
一、同　善福寺江仏参

一、摂州有馬郡上津上村　進上もの
半さらし壱反
松原武兵衛殿江見舞
一、京都西本願寺様　弥右衛門
清水屋　藤兵衛
御冥加志上　逆井より三人より
金弐百疋　外ニ弐拾疋　弥右衛門より
一、大津壱里塚前
御用算盤師　庄兵衛
十七間箱入ニ而　木屋利兵衛
此金弐朱位　若林分
二月廿日改
一、丸キ上　セニヨメキ吉
一、　ス上ス　大々金分
引〆　内口上キ　江戸ニ而為登預り置
一、　ヨ　諸川峯久より預り

仲間分立替置候
二月廿一日
一、弐百五十文　講金廿五両
　　　　　　　　両替打銀
一、六百八十八文　伊勢迄為登貸銭
〆
廿二日
一、金三分弐朱
　弐百三十弐文　江戸より同所迄
　　　　　　　荷物目方
　　　　　　四貫弐百目賃
〆金三分弐朱ト壱貫百七十弐文
一、弐百文　片ふた番人江祝儀
一、弐百文　諸川同断
一、金弐朱　同伊勢や茶代
一、金弐朱　境小橋や同断

明治初期の村落寺院と教導職

奥田晴樹

はじめに

明治維新後の新政府による国制改革が本格的に起動したのは、明治四年(一八七一)七月一四日に断行された廃藩置県以降だったと言ってよかろう。[1]そこで実施された改革には、当然ながら、寺社に関わる諸制度も含まれていた。

わが近世の寺社は、四民すべての精神および社会生活上に、不可欠の役割を有していた。国制上、寺社の大半は領知や除地からなる寺社領を宛行われ、本末制度の下に組織されて、幕府の寺社奉行の管轄に服していた。[2]と同時に、寺社の中には、多くは本末関係や講組織を介し、旅行と遊興の娯楽的性格を併有しつつも、全国から崇敬・参拝を集めていたものも少なくなかった。そうした中で、個々の寺社は、どのような役割を有していたろうか。

寺院は、幕府の宗門改政策に動員され、信教の掌握を兼ねて、寺檀(寺請)制度の下で、四民の戸口管理を担っていた。一方、神社は、被治者たる民衆が形成する町村共同体の精神的かつ習俗的紐帯となっていた。もっとも、神仏習合の故に、住民との関係において、寺社を截然と区別することが難しい向きも少なくなった。そのような事情もあり、村落に所在する寺院には、貢租の村請制と、営農と生活の共同性とを、相依する背景の両面として、神社とは相を異にするものの、住民の精神的かつ習俗的紐帯としての性格を、少なからず具有していた。

維新後、新政府は、こうした寺社のあり方を、単一の政策理念により一貫したものではなかったが、漸次、改変を加えていく。ここでは、廃藩置県後に実施された教導職制度によるそうした改変が、該期の地域社会にどのように受容された（されなかった）のかを、一つの村落寺院を事例に検討してみたい。その上で、それをも含め、明治初期に起動する国制改革において、村落寺院が如何なる歴史的位相にあったかを考えたい。

一　新政府の社寺政策

1　神仏習合の解消

新政府は、慶応四年（一八六八）年一月一二日付で、発足時以降に任ぜられた総裁・議定・参与の「三職分課」を定め、七つに分けた各課に人員を配置した。七課の筆頭に「神祇」が置かれ、総督三名（有栖川宮熾仁親王〔総裁〕、中山忠能〔議定〕、白川資訓）と、掛三名（六人部雅楽・樹下茂国・谷森善臣）を配置した。(3) 白川は、長く神祇伯を世襲し、朝廷の神祇祭祀を担当していたが、参与ではない。掛の三名も参与ではなく、白川の配下にあった地下《じげ》の公家だろう。いずれにせよ、この時点では、新政府に寺院を管掌する組織も設けられず、人員も配置されていないことは明らかだろう。なお、総督には、同年二月二日付で、近衛忠房（同月二〇日付で議定に任命）も任ぜられている。

ついで、同年二月三日、三職の分掌が七課から八局へ改編された。八局になったのは総裁局が新設されたためで、七課は、「海陸軍」が「軍防」と改称されたが、「神祇」以下の七事務局へと横滑りで改組された。もっとも、総裁局以外の各事務局の職掌が定められ、その長官は独任となり、配置人員も増やされた。神祇事務局は、職掌を「神祇祭祀、祝部・神戸ノ事ヲ督ス」と定められ、督に白川（二月一九日ないし二〇日付で参与に任命、二二日付で議定に昇任）、輔に亀井茲監（参与、石見国津和野藩主、同月二七日付で議定へ昇任）と吉田良義（同月二〇日付で参与に任命）、判事に平田鉄胤（同月二二日付で参与に任命）、権判事に植松雅言（同月二〇日付で参与に任命）と樹下・谷森・六人部の三名が任ぜられた(4)。また、同月二〇日付で、矢野玄道も判事に任ぜられている。

当初、伝統的な白川神道一本で発足したが、ここで、近世にそれと並ぶ地位を得た吉田神道、さらに、幕末の尊王攘夷運動の担い手となった平田国学や津和野国学なども加わり、神道・国学の新旧各派の寄合所帯となったのである(5)。この態勢の下で、神道をいわば「国教」化する政策が打ち出されていく。

同年三月一三日付で、「王政復古の大号令」において「神武創業」に立ち返ることが宣言されたのをふまえ、「諸事御一新、祭政一致之御制度ニ御回復」するとの趣旨から、「神祇官」の再興と、それへの全神職の「附属」が達される(6)。そして、同月二八日付で、太政官よりいわゆる「神仏分離（あるいは判然）令」が次のように達される(7)。

一中古以来、某権現或ハ牛頭天王之類其外、仏語ヲ以神号ニ相称候神社不少候、何レモ其神社之由緒委細ニ書付、早々可申出候事、

　但、勅祭之神社　御宸翰　勅額等有之候向ハ是又可伺出、其上ニテ御沙汰可有之候、其余之神社ハ裁判・鎮台・領主・支配頭等ヘ可申出候事、

一仏像ヲ以神体ト致候神社ハ以来相改可申候事、

　付、本地抔ト唱ヘ仏像ヲ社前ニ掛、或ハ鰐口・梵鐘・仏具等之類差置候分ハ早々取除キ可申事、

右之通、被　仰出候事、

第一条は、神仏習合して、神号を「権現」などの仏教用語で称する神社が少なくないとの現状認識を示した上、そ

の由緒の書面による早急な提出を命じている。但書では、①「勅祭」の神社、「宸翰」や「勅額」を有する神社は、その旨を（おそらく神祇事務局へ直接に）伺い出て、指示を俟つように命じ、②その他の神社は、新政府の裁判所や鎮台、領主、本末関係上の「支配頭」などを書面の提出先として指定している。

第二条は、仏像を神体とする神社に、それを改めるよう命じている。付則では、神社が、「本地垂迹」説に立ち、神体の「本地」とする仏像を祀ったり、鰐口・梵鐘・仏具などを社殿の内外に置くことを禁じ、早急に除去するよう指示している。

第一条の但書②で、神仏習合の由緒を記した書面の提出先について、新政府の直轄地は管轄する裁判所や鎮台と明確に指定する一方、それ以外は領主ないし「支配頭」などと、便宜のよい所へ提出させることにしているのは、統治が全国には及んでいない、江戸開城以前という該時における新政府の状態を反映していよう。

第二条がいわゆる「神仏分離（判然）」条項であり、ほどなく「廃仏毀釈」の動きを惹起することとなる。それは政策の意図を超えた動きだったろうが、[8] ここでの政策目的が神仏習合を解消し、神社と神道を、寺院と仏教から、組織的にも教義的にも自立させるところにあったことは間違いなかろう。

けだし、同年閏四月四日付で、「今般、諸国大小之神社ニオイテ神仏混淆之儀ハ御廃止」になったとして、神社を奉祭・管理して来た「別当・社僧之輩」に対し、還俗の上、「神主・社人等」と称して、「風折烏帽子・浄衣・白差貫」を着用し、「神道」によって勤仕するよう命ずる一方、余儀なき支障や「仏教信仰」上の理由で還俗しない者の神社への勤仕を禁じている。[9] 寺院と僧侶による神社の奉祭・管理を禁止し、還俗して神職となるか、神社への勤仕をやめるか、の二者択一を迫り、僧侶と神職を人的に分離させ、神社の組織的自立を担保させようとしたのである。

2　国体論の宣教

江戸開城により戊辰戦争が終結したかに見えた慶応四年（一八六八）閏四月二一日付で、「政体」（いわゆる「政体書」）が制定され、同月二七日付で頒行（頒布・施行）された[10]。そこでは、太政官の下に設けられた七官のうち、「行法」（行政）権を分掌する政府組織の一つとして「神祇官」が置かれたが、神祇祭祀と祝部・神戸を管掌する点では、先の神祇事務局と変わりなかった。

もっとも、知事に鷹司輔凞（議定）、副知事に亀井茲監、同年五月一二日付で判事に福羽美静（津和野藩士出身）が任ぜられ、神祇行政の主導権は津和野国学へ帰していく。その後、知事は改元直後の明治元年（一八六八）九月一二日付で近衛忠房へ交代し、ついで同二年五月一五日付で知事は中山忠能、副知事は福羽へ交代しており、津和野国学優位の趨勢は福羽の実権掌握により一層強まっている。

版籍奉還聴許後の明治二年七月八日付で「職員令」が制定され[11]、政府組織が大きく改編される。「職員令」では、律令制に倣って、政府組織が「神祇官」（長官は伯、相当する位階は従二位）と、「太政官」（長官は左大臣と右大臣、従一位・正二位）に二分された。同日付で、伯には中山が引き続き任ぜられたが、次官の大副には白川資訓が復活し、福羽は三等官の少副となり、四等官の大祐には北大路随光が任ぜられた（北大路は同月一〇日付で任命）。

「神祇官」は、「政体書」で新置されたが、太政官の下に置かれ、「行法」権を分掌する一部局にすぎなかった。しかし、この「職員令」では、律令制と同様、太政官の上に位置づけられたのである。もっとも、神祇伯の位階は、左右大臣よりも一～二階下であり、その位置づけが形式に止まることもまた、律令制と同様だった。

「職員令」では、「神祇官」の職掌として、従来の「祭典」と「祝部・神戸」の管轄に、「諸陵」の管理と、「宣教」の監督を加え、この「宣教」を執行するため、「大教」を「宣布」する「宣教使」が新置されている。

ここでの白川の復活は、彼らが奉祭して来た宮中祭祀を、この「神祇官」の職掌として重視したことと関係していよう。教化の方を引き続き、福羽が主導する態勢に変わりない。その後、伯は四年六月二七日付で三条実美(右大臣と兼任、左大臣は欠員)、大副は三年一二月二六日付で近衛、同年八月五日付で福羽へ交代している。福羽は、廃藩置県直後、三条による神祇・太政両官の長官兼任態勢の下、「神祇官」の実質的な責任者となったのである。

三年一月三日付で、「大教宣布の詔」が渙発された。そこでは、「天神」「天祖」が立て「列皇」が継承した「祭政一致、億兆同心」の「治教」が、「中世以降」、時に汚され、時に晦《くら》くされて来たが、「百度維新」により「治教」を「宣明」し「惟神之大道」を「宣揚」するため、新置した「宣教使」に命じて「天下」に「布教」させることが、「群臣・衆庶」に闡明されている。(12)

この詔が渙発された政治的な背景には、新政府首脳間に広がりつつあった立憲政体導入の気運(13)に対する警戒感もあったと見てよかろう。大納言(太政官の次官)の岩倉具視は、三年八月頃、一般に「建国策」と称される、全一五ヶ条からなる、今後の国制改革の方針に関する意見書を太政官へ提出している。(14)

そこでは、「万古」を経て「今ニ至ル」ところの「我立国ノ体裁」(国体)は、「共和和合シ君主ヲ易ル」ような「共和政治」でも、「人民ヲ奴隷シ一家ノ私政ヲ以テ独断専制」する政治でもないとした上で、「方今大変革」を進めなければならないと説き、「祭政一致」のわが国体の「宣教」を大いに推進することを、改革具体策の第一に挙げている。

この岩倉の「建国策」によって、「宣教」される「大教」の核心が国体論にあることがわかる。そして、国体論によって国民を教化しようとする背後には、新政府首脳間に広がりつつある立憲政体導入の動きを、国体論の枠内に収束させようとする政治的な意図が、少なくも、岩倉や、彼と政治的に緊密な関係にある、中山や福羽ら、「神祇官」の首脳にあったと見てよかろう。

いずれにせよ、廃藩置県以前の時期にあっては、新政府の政策に寺院を積極的に位置づけようとする志向を見出し難いことは明らかだろう。

3　社寺領の上地

「寺社領」は、朱印地が二九万四四九一石六斗七升、黒印地と除地が合わせて三〇万三一三三石余あった(15)。

上野戦争直後、慶応四年（一八六八）五月一九日付で「江戸鎮台」が新置されたのに伴い「大総督府」は、同日付で、江戸開城後も暫定的に存置されて来た旧幕府の三奉行を廃止したが、その事務は「諸事是迄之通」とした上、「寺社奉行所ハ社寺裁判所」などと改称した(16)。

新政府は、同年五月二四日付で、「以来万石以下之領地幷寺社領共、其国々最寄之府県ニテ支配可致事」と達して、「本領安堵」された旧旗本領とともに、「寺社領」を最寄りの直轄府県に「支配」（地方《じかた》支配）させることにしている(17)。しかし、この時点の直轄府県に、旗本領にせよ、「寺社領」にせよ、貢租の賦課・徴収、治安の維持、領民間の紛争の裁定などの地方支配を直接に行う統治能力を備えていたとは思われないから、実際には従来の地方支配の実態を掌握する程度であったろう(18)。

実際、これを受け、江戸鎮台は、同年六月二八日付で、社寺・民政（旧勘定奉行所）・市政（旧町奉行所）三局（裁判所）並びに各藩宛に、以下のように達している(19)。

今般、各府・各藩・各県所部ニ属スル社家・寺院、已来、其向之可為支配旨、於太政官被　仰出候ニ付而者、旧幕府ヨリ受封之判物差出方之儀者、各其領主・地頭ヘ差出可申候、尤是マテ元寺社奉行所直支配受来候向ハ社寺裁判所ニ可差出候事、

別紙之通、被　仰出候ニ付而者、各其所部ニ属スル社家・寺院、旧幕府ヨリ受封之判物、早々取集、社寺裁判所
　へ可差出候事、

江戸鎮台は、京都の太政官が出した五月二四日付の達を、府藩県に、それぞれが所管する社寺に対する管轄権を確認させようとした措置と解している。その上で、各社寺が旧幕府から交付されていた「判物」(領知宛行の朱印状・黒印状)を、それぞれを所管する藩や旧旗本へ提出させるよう命じている。提出先の藩や旧旗本は、当然ながら、同日付で定められた江戸鎮台の管轄区域(駿河・甲斐・伊豆・相模・武蔵・安房・上総・下総・常陸・上野・下野・陸奥・出羽の一三ヶ国)[20]のそれである。しかし、そこには、上野戦争後、軍事的な掌握が覚束なくなった地域も少なくない[21]。しかも、そこで目指されたのは、「判物」による「社寺領」の現状と、その提出行為を通じた管轄権の所在との確認に止まっている。

もっとも、ここで注目すべきは、旧幕府の寺社奉行が直接に所管していた社寺(本末関係の上位に位置する社寺と見てよかろう)については、江戸鎮台の「社寺裁判所」へ直接提出するよう命じている。これでわかるように、上野戦争後、旧幕府の寺社奉行所を接収して、全国の社寺を近世以来の本末関係に即して掌握できる行政事務上の条件が、ようやく得られたのである。しかも、それは、京都の神祇官ではなく、江戸に進駐した征討軍の大総督府が設けた軍政機関である江戸鎮台の社寺裁判所なのである。ここに生ずる兆しを見せた、京都と江戸の二重行政の可能性は、ほどなく実施された天皇の東幸、ついで再東京による東京奠都によって、解消されることとなる[22]。

ところで、新政府、とりわけ京都の太政官は、五月二四日付の達に見られるように、近世以来の「寺社」の語を用いていたが、江戸の大総督府は、同月一九日付の達に見られるように「社寺」の語を用い、神社を寺院の上に位置づけている。両者の二重行政の解消はまた、「社寺」の語への統一でもあった。

新政府は、明治四年(一八七一)一月五日付の太政官布告で、版籍奉還後、「社寺ノミ土地・人民私有ノ姿」では「不相当」だとして、「現在ノ境内ヲ除クノ外、一般上知《ママ》」する、との太政官布告が出され、追って社寺の禄制を定め、蔵米を支給するが、「当午年収納」(明治三年分の貢租)は従来通り支給する、とした。(23) こうして社寺領は、全面的に上地され、それぞれ従来それらを管轄していた府藩県の管轄高へ編入されたものと見られる。

社寺領の上地は、社寺の財政的な基盤を奪い、「廃仏毀釈」の動きと重なり、とりわけ寺院に大きな打撃を与えたことは間違いない。

二 教部省と教導職

1 教部省の発足

廃藩置県直後の明治四年(一八七一)七月二九日付で「太政官職制及事務章程」が制定され、(24) 政府組織は「太政官三院制」へ改編された。ついで、同年八月一〇日付で「官制・等級」が改定され、(25)「職員令」の官位相当制が廃止され、官職と位階を分離する一方、新たな一五の官等を定め、各官等に各官職を配した。これにより、高位の公卿や諸侯を、政府各部署の長官などの高官に擁する制度上の必要がなくなり、幕末以来の「志士」や、維新後に登用された下層身分の士民などの出身者でも、伝統的な朝廷の位階秩序にとらわれず、長官を含む、政府各部署における高位の役職に就くことができるようになったのである。

こうして、統治領域のみならず、統治機関の人的構成においても、「四民平等」へ国家統治のあり方を平準化する、国制改革を本格的に推進する条件が整ったのである。

政府組織の改編の一環として、同年八月八日付で、神祇官が「神祇省」に改置され[26]、翌日の九日付で神祇大輔に福羽美静が任ぜられた（卿は欠員）。神祇官は太政官右院に属する一部局である神祇省へ格下げとなったが、神祇行政の実質的な主導者だった福羽が、ついに長官となったのである。福羽は、留守政府と岩倉使節団の両首脳が締結した盟約書にも名を連ねており[27]、廃藩置県後の政府において、首脳部の一員として認められていたことは間違いなかろう。

廃藩置県後の国制改革の課題の一つは、従来の士民を、「万国ト対峙」し得る国家の建設（「廃藩置県の詔」[28]）を担う「国民」へと、身分的規制を解消して統合するとともに、そうした「国民」に相応しい実務的力量と精神的境位を備えた存在へと変えていくことだった。それには「国民」を教育ないし教化する一連の諸施策が講ぜられる必要があった。そのうち、成人の「国民」の教化を担当する政府機関が、当初は神祇省だったのである。

前述したように、岩倉具視は国体論による教化を大変に重視していた。しかし、「肇国」神話をはじめとする、その理念（宗教的な「エートス」[29]と言ってもよかろう）的な前提を、「国民」に受容させる上で必要と考えられた、神道の「国教」化とするには大きな壁があった。住民社会の指導層に国学が浸透している地域は、全国的にはかならずしも多くはなかった。そのため、教化の十全な担い手を在地に確保するという大問題が横たわっていた上、住民社会の中に根ざす長い伝統を有する寺院と僧侶の反発も、「廃仏毀釈」の動きがかえって強めたところがあろう。しかも、政府首脳部の大勢が求める教化の内容は、「文明開化」だった。

五年三月一四日付で、神祇省と大蔵省戸籍寮社寺課が廃止され、それらの管掌事務を継承して「教部省」が設置された[30]。ついで、同月一八日付で「教部省職制並事務章程」が制定され、「教義ニ関係スル一切ノ事務ヲ統理スル」とされた[31]。そこでは、教部省の「事務ノ綱領」として、①「教義並教派」、②「教則」、③「社寺廃立」、④「祠官・僧侶ノ等級、社寺格式」、⑤「祠官ヲ置キ僧尼ヲ度スル事」の五ヶ条を挙げ、そのうち①～④を「上奏、制可スヘキ」

事務、⑤を「専任施行スヘキ」事務と定めている。

ここで、注目すべき点は、二つある。第一は、神道を理念的な基礎として、神社と神職のみによる、従来の教化政策が大幅に修正され、寺院と僧侶も動員して、②の「教則」により教化を進める方針へ転換されたことである。第二に、その動員手段として、教部省が神職と僧侶の身分認可権を掌握したことである。しかし、後者が、近代の「国民国家」が通有する「政教分離」原則に背馳することは明らかだろう。

発足した教部省は、当初、教部卿には正親町三条実愛が任ぜられ、教部大輔には福羽が横滑りしていた。しかし、同年五月二四日付で、福羽は解任され、一〇月二五日付で教部卿も、文部卿の大木喬任の兼任となる。かくして、年少者に対する学校教育を管掌する文部省と、成人に対する教化、今日風に言えば、社会教育ないし生涯学習を管掌する教部省とを、一体的に運営する態勢がつくられていったのである。

2　教導職と教化政策

教部省は、全国すべての神職と僧侶を「教導職」に組織して、「三条の教則」[32]により国民の教化を進める方針を打ち出した。当初は、福羽が主導して、神職と僧侶をともに教導職へと融合・解消し、その教導職も神職が優位を占める形で構想されていた。しかし、文部省との実質的な合併後は、既存の仏教諸宗派の教団組織を存置し、主にそれを利用する形で教導職を組織する一方、教導職の「説教」内容の重心も、政府の改革や政策への理解、文明開化の推進へ移されていった[33]。

教導職は、政府が直接補任する大教正から権少教正までの一～六級と、各宗の管長の推薦により補任される大講義から権訓導までの七～一四級に二分される[34]。東京に大教院、既存の寺院や神社の施設を利用して、各府県に中教院、主要な町村に小教院が置かれ、教導職の管理と教育、実際の「説教」活動が行われた。なお、大教院は、明治五年(一八七二)九月に紀尾井町の旧紀州藩邸に置かれ、翌六年二月に芝の増上寺へ移転している[35]。

教導職に「説教」を行わせるため、「説教」のテキストや参考書の類も多数出版され[36]、実際に「説教」活動も展開された[37]。しかし、仏教界や国民の支持・協力は覚束なく、浄土真宗の僧侶や信徒などによる公然たる抵抗も起こり[38]、教導職による「国民」教化政策は挫折していく。

八年四月三〇日付で「神仏各宗合併教院相立布教」することが廃止され[39]、同月、大教院も解散された。もっとも、同年五月三日付の教部省達では、「三条ノ教則ヲ遵奉シ、自今各自教院取設布教勉励」するよう指示され[40]、神道や仏教各宗派がそれぞれ独自に「説教」活動を継続することとなっていた。

しかし、僧侶の身分については、同八年九月二五日付の太政官布告で、「僧尼ト相成度者、管轄庁へ可届出旨」が達され[41]、その権限が認可制から届出制に弱められた。九年一月一五日付で「教部省職制・事務章程」が改正され、神職については従来同様だったが、教部省が僧侶の身分認可権を掌握する規定はなくなり[42]、先の届出制への変更と法制上の整合がなされている。そして、同年一二月一六日付の太政官布告で、「僧尼ト公認スル者ハ教導職試補以上ニ限リ候旨」が達され[43]、依然として、僧侶を教導職として教化政策に動員する態勢が継続されている。

ところが、一〇年一月一一日付で、教部省自体が廃止され、その事務は内務省へ移管され[44]、同月一九日付で同省に社寺局が設置される[45]。ついで、同年四月三〇日付の太政官布告で、前出の九年一二月一六日付の太政官布告の内容を理由に、八年九月二五日付の太政官布告で定められた僧侶身分の届出制が「廃止」された[46]。かくして、内務省社寺局は、僧侶の身分について、教導職制度を介してのみ関与し得ることとなったのである。

一方、神職は、五年八月八日付の太政官布告で、「自今、神官ノ輩、総テ可被補教導職候」と達され[47]、全員が教導職を兼ねることとなっていた。しかし、一五年一月二四日付の内務省達で、「神官ハ教導職ノ兼補ヲ廃シ、葬儀ニ関係セサルモノトス」とされ(48)、教導職の兼補とともに、「神葬祭」の執行も廃止された。もっとも、同達の但書で、「府県社以下神官ハ当分従前之通」とされ(49)、府県社以下の社格の神社の神職による教導職の兼補は「当分」継続することとなっていた。

内務省社寺局の下で講ぜられた、これらの措置(50)に、教導職の制度とその「説教」活動を推進する政策的な志向を認め難いことは明らかだろう。

太政官は、一七年八月一一日付の達で、「自今、神仏教導職ヲ廃シ、寺院ノ住職ヲ任免シ、及教師ノ等級ヲ進退スルコトハ、総テ各管長ニ委任」すると定めた(51)。こうして、教導職は廃止された。そして、仏教諸宗派に関しては、一応、「国民」教化政策と宗教政策が分離され、「政教分離」原則が確立されたのである。

三　村落寺院と教導職

教部省は、明治五年（一八七二）一一月二四日付の達で、仏教「諸宗管長」に対し、大教院の設置を告げるとともに、「各宗寺院」を小教院と心得て「教導」に当たるよう、「末派末院」へ達することを、以下のように指示した(52)。

天下大小之寺院ハ抑衆庶ヲ教詢スル教院ニシテ其住職・僧侶ハ乃其教職・教師タル事、固ヨリ論ヲ待タス、然ルニ寺院ヲ僧侶私宅ノ様心得違、教導ノ事ヲ疎カニシテ政治ニ裨益スルナキヨリ竟ニ徒食之譏ヲ免カレサルニ至リ候、因茲今般新ニ大教院ノ設アリ、神官・僧侶爰ニ従事ス、就テハ自今、各宗寺院ヲ以凡テ小教院ト心得、各檀家ノ者ヲ集メテ勤学為致候様可為専務候条、向後其檀家ノ子弟ニ無職・無頼ノ徒無之様、篤ク三条ノ意ヲ体認シ、

衆庶ヲ教導シテ地方ノ風化ヲ賛ケ、政治ノ裨益相成候様可相心得旨、夫々末派末院ヘ無洩可相達候事、

本来、寺院は「教詢」を行う「教院」であるにもかかわらず、僧侶が私宅扱いし、無為徒食しているのはけしからん、という現状認識に立って、檀家の子弟から無職や無頼の徒が出ないよう、「三条の教則」に基づいて「教導」し、地域社会の風俗を矯正して、「政治」に裨益せよ、というのである。

この教部省達を受けて、「禅宗管長」は、六年一月付で、以下の「告達」を同宗派の諸寺院へ出した。(53)

先般、神官・僧侶総而教導職たる旨、御達有之候ニ付而ハ其住職ハ勿論、徒弟といへとも、三条則心得違無之者ハ説教差免候事、

「禅宗」では、宗派の全僧侶を教導職とし、修行中の者にも、「三条の教則」を心得るならば、「説教」を許可したのである。この「告達」は、同年二月付で、権少教正の杉村剋彦から本末関係を介して、武蔵国多摩郡小川村（現・東京都小平市）にある小川寺へ伝えられたと見られる。(54)

小川村は、近世後期には「民戸」が二二〇軒あり、「野林多く、水田はなく、陸田のみ」だったという。(55)同村を管轄する神奈川県が管内の諸町村を編制して区制を施行する際に作成されたと見られ、五年五月二六日に、同県租税課（大属の福井又三郎）へ提出された「名主・組頭改称方伺」によれば、同村は、村高が六七二石四斗六升四合、戸数が二二〇戸、人口が一三二七人だった。(56)なお、同村は、維新後、韮山県の管轄となり、廃藩置県後の府県分合で、(57)神奈川県の管轄となっている。韮山県下では、「小川村組合」と呼ばれる「寄場」（組合村）の親村となっていた。(58)

小川寺は、山号は「医王山」、宗派は臨済宗、江戸・市ヶ谷の月桂寺の末寺で、開山は貞享三年（一六八六）一月に入寂した碩林、開基は小川村名主の小川九郎兵衛、寺領は除地が三町三畝、伽藍は客殿（一三間×七間、東向き）・表門・鐘楼（梵鐘は新しい鋳造）、本尊は薬師如来だったという。(59)社寺領上地の際に作成されたと見られる、明治四年七

月付の「壱ノ区」（後述）の「寺地取調帳」によれば、同寺は、除地が三町三畝あり、うち境内が五反、墓地が一反五畝で、二町三反八畝（過去六ヶ年平均の貢租は永一貫四二九文五分）が上地の対象となっている。[60]

小川寺へは、教導職の権訓導に補任されていた月桂寺住職の足利大空を介して、教部省・大教院・「禅宗管長」からの通達類がもたらされたと見られ、六年八月二四日付の教部省達で出された「教会大意」（大教院の達、三条教憲、誓約十条）[61]が、大教院の講堂の図面とともに、地元に伝存している。[62]

教部省は、神道東西両部および仏教各宗派の管長に対し、五年八月二〇日付で、神職および僧侶のうち、「見込」のある者を教導職の試補として毎年一月に届け出るよう、以下のように指示した。[63]

　自今、教導職七級以下補任可申立見込之人体ハ其部・其宗之内、夫々相当之等級ヲ以テ一旦試補申付置、毎一月取纏メ相届置キ、追テ篤ト試験之上、確実適任之輩ハ允当之本職ニ薦挙可申立、

「禅宗管長」は、小川寺住職の三浦玉田を教導職の一四級試補に推薦し、三浦は、六年□月三〇日（月は不明）、東京の大教院へ呼び出され、同試補に補任された。[64]伝存する大教院の講堂の図面は、この上京の折に三浦が入手したものだろう。

三浦は、上京の翌月、月桂寺住職の足利へ試補補任を届け出るとともに、檀家一同の連署を得て、その免職を以下のように願い出た。[65]

　　以書付奉願上候

神奈川県管轄武州第五十区多摩郡小川村小川寺住職三浦玉田外弐人奉申上候、右玉田義、先月三十日、大教院江被召出、教導職十四級試補御撰挙被仰付、本人は勿論、檀家之もの共□生自他之面目難有雀踊不過之、迅速出京奉職勉強可仕筈之処、壬申（明治五年）十一月中、自今、各宗寺院を以て凡て小教院と心得、檀家之ものを集めて勤学為致候

様可為専務候、各向後旦家之子弟ニ無職・無頼之徒無之様、篤く三条之憲を体認し、衆庶を教導して地方之風俗を賛け、政治裨益相成候様可相心得旨、教部御省より御告達之御趣意奉拝承、素より無智賤才ニは候得共、寺檀申合、子弟之もの共江習字勤学為相励、兼而被　仰渡之三章江基き、一月十五日説教開扉仕、毎月五・十五日定日と相極メ、檀中老若男女招集、勧善懲悪之一端ニもと、乍及叩妄教導焦心仕居、且は齢六十余歳老衰多病罷在、以微力奉職出京無覚束、心痛殊更折角凝丹誠説教専務に愚夫愚婦随喜も宜敷、棄去候義歎ヶ敷奉存候間、今般十四級試補御撰挙之儀、御免職被成下置候様歎願候、何卒出格之以　御仁恤前顕御洞察之上、御免除歎願御採用被成下度、寺檀一同連署奉願上候、以上

この免職願では、先ず三浦ら三名が、東京の大教院へ出頭し、教導職の一四級試補に補任された経緯を述べる。次に、前出の五年一一月二四日付の教部省達を引用して、早速、檀家と相談して、寺を「小教院」とする「教導」活動を開始したとする。その活動内容は、子弟の習字の指導と、当六年一月一五日から開始した、毎月五日と一五日を定日とする、老若男女の檀家へ「勧善懲悪」を説く「説教」である。その「説教」が聴衆を「随喜」させているにもかかわらず、三浦が東京の大教院へ聴講に出向き、本職への試験を受けるため、それを中断するのは惜しい。また、三浦は高齢の上、多病であり、東京での修学は耐え難い。以上の理由から、檀家一同も賛同して連署し、三浦の試補免職を歎願する。というのである。

そもそも、「教導」活動や「説教」の内容が、近世の手習塾同様の習字や、「勧善懲悪」などでは、政府の「国民」教化方針に則ったものにならないからこそ、「説教」テキストを公刊させ、教導職を対象とした大教院での講義が行われているのである。三浦とそれを支持する檀家たちは、教導職の活動を、政府の教化政策の型にはめようとする動きに、試補免職願の提出という、いわば隠然たるサボタージュの形で、不同意の意思を示していると言えよう。

教導職制度による「国民」教化政策が挫折した背景には、前述した浄土真宗などに見られる公然たる抵抗のみならず、ここに見られるような、政策の実現を阻む統治現場における動きの集積もあることに、留意する必要があるのではなかろうか。

四　戸籍制度と村落寺院

近世の寺院が担っていた国制上の重要な役割の一つに、前述したように、寺檀制度があった。新政府の首脳は、戊辰戦争を終結し全国への統治を確立する前後から、全国の「国民」を直接に把握する戸籍制度を構想していた[66]。実際には、廃藩置県に先立ち、明治四年（一八七一）四月四日付の太政官布告で、「戸籍法」を制定し[67]、戸籍の編製を五年二月一日以降に実施すると布達した[68]。

戸籍の編製は、大方、廃藩置県後の分合で成立した三府七二県の下で、本格的に始められたと見られるが、直轄府県や諸藩の中には、それ以前に早々と着手した向きもあった。ここでは、その一つである、韮山県の事例を見てみよう。

韮山県は、同年五月四日付の達で、管轄下の武蔵国多摩郡小川村名主の小川弥次郎と、同じく蔵敷村（現・東京都東大和市）名主の内野杢左衛門に対し、同月九日に東京の宇田川町（現・東京都渋谷区）の同県出張所へ出頭するよう指示した[69]。小川と内野が出頭したところ、武蔵国多摩・入間・比企・高麗の各郡内にある同県の管轄地で編制されていた一七の各「寄場」（組合村）から、彼らを含む三六名の名主たちが「白洲」へ召し出され、県官から「戸籍法」が読み聞かされた。そして、三六名の名主たちは、新たに編制された一七の各「戸籍区」の戸長として、請書に（肩書は名主で）請印させられた(70)。さらに、同日付で、戸長の任命辞令も交付された(71)。

小川と内野は、翌一〇日の朝、県官宅を訪問し、「戸籍法」を見せてもらい、その一部、戸長の職務に関する条項（第五・八・九・一〇・一一・二二・二四即）を筆写している(72)。

ついで、一一日、県の出張所に各戸長が再び呼び出され、それぞれを当該区の戸長に任命し、来月（六月）一日より送籍事務を取り扱わせる旨を記した「回章」（所属する各村で順達する触書）が下付された(73)。ちなみに、小川・蔵敷両村は、奈良橋、高木、高木奈良橋、宅部、後ヶ谷、廻り田、上知廻り田、小川新田、廻り田新田、榎戸新田、平兵衛新田の各村とともに、「二区」（他の史料では「一ノ区」などとも表記）に所属することとなっている(74)。

韮山県は、同月一六日付で、「壱区」の戸長となった小川と内野に対して、「区内村々役人并小前」の中から副区長として「可堪事務見込之者」二名を人選し、同月二二日までに封印した文書に該当者名を記して提出するよう指示している(75)。小川と内野は、二二日付で、小川新田（現・小平市）名主の小川弥一郎と高木奈良橋村（現・東大和市）名主の宮鍋庄兵衛を該当者として報告している(76)。韮山県は、同月二八日付で、報告された小川弥一郎と宮鍋に対し、東京の出張所へ六月二日に出頭するよう指示し(77)、六月二日付で、彼らを「壱ノ区」の副戸長に任命したことを達する、該区内の各村への「回章」を出している(78)。なお、同日付で、一七区すべての副戸長も任命されている(79)。

こうした一連の手続きを経て、戸籍区の編制と、そこでの戸籍事務を担う戸長と副戸長の任命が終了し、実際の戸籍事務が執行されていく。韮山県は、同年六月一〇日付で、「壱ノ区」戸長の小川と内野に対し、「当未年（明治四年）より、人民天然を以終り候者、又は非命ニ死候者、埋葬之処ニ於て其時々其由を記録し、名前書・員数共、来ル十一月中、戸長江取集メ可差出候」と達し、当四年分の死亡届を一一月中に取りまとめて提出するよう、その雛形を添付して指示した。そして、「右之趣、区内社寺江可相達」と付言し、死者の葬儀を行う区内の社寺へも、その趣旨を通達するよう指示し、また、雛形の但書で「祠官并百姓ニ而も神道・自葬祭之分は、右ニ照準シ可取調事」とした(80)。

この県達をうけて、「第壱ノ区」戸長の小川と内野は、同月二三日付で、区内にある一六の寺院へ「回章」を出し、死亡届の雛形を添付して、右の県達を伝え、「前件雛形之通、委詳御取調、名前書、来ル十月限リ聊無遅滞、戸長方江御差出有之度候、此回章寺院下江御承知之印之上、刻付を以迅速御順達、留り宛より早々御返却可被下候」と指示した(81)。

「第壱ノ区」の両戸長は、区内の寺院に対して、当四年分の死亡届を作成して、一〇月中に戸長へ提出するよう指示し、その旨を「承知」した請印を求めているのである。区内の各神社にも同様の措置がとられ、一〇名の神職に対して「回状」が出されている(82)。

これを要するに、韮山県は、武蔵国多摩・入間・比企・高麗の各郡内にある同県の管轄地で編制した一七の戸籍区において、各戸長が、死者の親族や関係者などに、死亡事実を直接に確認し、その届書を作成するのではなく、死者の葬儀を行った社寺に、それらの事務を実質的に委任して行わせようとしているのである。

太政官は、五年六月二八日付の布告で、「近来、自葬取行候者モ有之哉ニ相聞候処、向後不相成候条、葬儀ハ神官・僧侶ノ内へ可相頼候事」と達し(83)、自葬祭を禁止し、葬儀の執行を社寺に限定している。届書の作成はさておき、死亡事実の確認を、死者の葬儀を行った社寺に委任しようとする場合、自葬祭はその埒外となり、別途に死亡確認が必要となろう。右の太政官布告がそうしたケースの防止措置であるとすれば、発足当初の戸籍制度の運用に、社寺の関与が不可欠であったことの証左となろう。

廃藩置県以前の早期に実施された直轄府県における戸籍制度は、ここでの韮山県の場合、既存の組合村の編制を、そのまま戸籍区のそれへとスライドさせていることに見られるように、既存の村落秩序と、それを支える村役人のネット・ワークに依拠して施行されている。さらに、戸籍事務の基幹業務の一つである、死亡事実の確認と、その届書の作成も、死者の葬儀を行った社寺へ実質的に委任している。

近世の寺檀制度は、戸籍制度の施行によって、一見、完全に廃止されたかのようだが、右の実態をふまえれば、実際には新しい戸籍制度の運用において、その不可欠な一端を担っている場合もあったことがわかる。これもまた、明治初期に起動する国制改革において、村落寺院が如何なる歴史的位相にあったかを考える上での、一つの手がかりとなろう。

まとめにかえて

ここでは、近世以来の村落寺院が、維新後の国制改革によって、そのあり方にどのような変容を生じさせたか、という問題について、「神仏分離(判然)」政策と寺領上地については一般的な状況を確認するに止め、教導職制度による「国民」教化政策と戸籍制度の実施については、武蔵国多摩郡小川村と、そこの小川寺の事例により、その個別的な実態の探究を試みた。

後者では、教化政策の面で政策の実現を阻む動きに出ている村落寺院が、戸籍制度の運用では不可欠の役割を演じていることを確かめられた。一見、この相反する動きには、当該政策が地域社会にとって受容可能な内容や執行形態であったか、という点で共通の根があるように思われるが、如何だろうか。

註

（1）拙著『維新と開化』（日本近代の歴史 第一巻、吉川弘文館、二〇一六年一〇月）を参照。

（2）高埜利彦『近世日本の国家権力と宗教』（東京大学出版会、一九八九年五月）を参照。

（3）内閣官報局編『法令全書』第一巻（復刻版、原書房、一九七四年六月。以下、『全書』一と省略）、明治元年、一五～二〇頁を参照（以下、同書からの引用はすべて明治元年のものなので、頁数の年次表記を省略）。

なお、以下の人事記事は、金井之恭編『明治史料顕要職務補任録』（復刻版、柏書房、一九六七年一二月）を主に参照。

（4）前掲『全書』一、二六～三二頁を参照。

（5）阪本是丸『明治維新と国学者』（大明堂、一九九三年三月）、同『国家神道形成過程の研究』（岩波書店、一九九四年一月）を参照。

（6）前掲『全書』一、六三頁。

（7）同上、七七～七八頁。

（8）太政官は、慶応四年（一八六八）四月一〇日付で、「今日ニ至リ、社人共俄ニ威権ヲ得、陽ニ御趣意ト称シ、実ハ私憤ヲ霽シ候様之所業出来候テハ、御政道ノ妨ヲ生シ候而已ナラス、紛擾ヲ引起可申ハ必然ニ候」として「廃仏毀釈」の動きを問題視した上で、「仏像・仏具等取除候分タリトモ一々取計向伺出、御差図可受候」と、その処置を伺い出るよう命じ、「以来、心得違致シ粗暴ノ振舞等」があれば処罰すると達している（同上、八九～九〇頁）。

さらに、同年六月二二日付で、浄土真宗各派の五寺（東本願寺・西本願寺・興正寺・仏光寺・専修寺）に対し、「神仏判然」の「処分」は「排《(ママ)》仏毀釈」を目的にしたものではないとし、そのような「訛言」をもって「下民ヲ煽惑動揺」する「賊徒」は「叡慮ヲ奉戴セサルノミナラス、則宗門ノ法敵トモ謂ツヘシ」と断じ、「門末」への「教旨説諭」と「教育」を沙汰している（同上、二〇三～二〇四頁）。
（9）同上、一〇八頁。
（10）同上、一三七～一四八頁を参照。
（11）前掲『全書』二（一九七四年七月）、二四九～二六四頁を参照。
（12）前掲『全書』三（一九七四年八月）、一～三頁。
（13）前掲拙著『維新と開化』を参照。
（14）日本史籍協会編『岩倉具視関係文書』二（復刻版、東京大学出版会、一九八三年三月）、三三八～三六二頁。
（15）安藤宣保『寺社領私考―明治維新を中心として―』（愛知県郷土資料刊行会、一九七七年一〇月）、同『寺社領私考拾遺―明治維新を中心として―』（寺社領研究会、一九八〇年一〇月）を参照。
（16）前掲『全書』一、一六四～一六五頁。
（17）同上、一六九頁を参照。
（18）拙稿「府県の創設」（明治維新史学会編『講座　明治維新』第三巻　維新政権の創設、有志舎、二〇一一年一一月）、同「旗本領の処分―能登国土方領の事例を中心として―（一）・（二）」（『立正大学大学院文学研究科紀要』二八・二九、二〇一二年三月・二〇一三年三月）を参照。
（19）前掲『全書』一、二〇五～二〇六頁。
（20）同上、二〇五頁を参照。
（21）前掲拙著『維新と開化』を参照。
（22）同上。

(23) 前掲『全書』四（一九七四年九月）、太政官・五〜六頁（以下の引用はすべて太政官のものなので、頁数の官名表記を省略）。
なお、この太政官布告の発令経緯、および「上知」と上地の語の異同については、拙稿「地租改正の歴史的意義」（『立正大学文学部紀要』三一、二〇一五年三月）を参照。

(24) 前掲『全書』四、二九六〜三〇五頁を参照。

(25) 同上、三一七〜三二一頁を参照。

(26) 同上、三一六頁を参照。

(27) 日本史籍協会編『大隈重信関係文書』一（復刻版、東京大学出版会、一九八三年一一月）、四〇八〜四一三頁を参照。

(28) 前掲『全書』四、二八三〜二八四頁。

(29) M・ヴェーバー『宗教社会学』（創文社、一九七六年八月）を参照。

(30) 文部省文化局宗務課監修『明治以後宗教関係法令類纂』（第一法規出版、一九七八年三月。以下、『類纂』と省略）、四八頁を参照。

(31) 同上、四八〜五〇頁。

(32) 明治五年（一八七二）四月二八日付の教部省達で、①「敬神・愛国ノ旨ヲ体スヘキ事」、②「天理・人道ヲ明ニスヘキ事」、③「皇上ヲ奉戴シ、朝旨ヲ遵守セシムヘキ事」の三ヶ条の「教則」が定められている（同上、五二頁）。

(33) 拙著『立憲政体成立史の研究』（岩田書院、二〇〇四年三月）第三編第二・三章、同「教導職の民権論」（『東京大学史料編纂所紀要』一四、二〇〇四年三月）、同「教導職の政体論」（『金沢大学教育学部紀要』人文・社会科学編、五五、二〇〇六年二月）を参照。

（34）前掲拙著『立憲政体成立史の研究』第三編第二章を参照。
なお、明治五年（一八七二）六月九日付の教部省達で、「自今、各宗教導職管長一名ヲ置、一宗末派之取締向」を行い、「文明維新之上旨ヲ体認シ」て、管下の僧侶の育成・指導に当たるよう命じ、「此旨相心得、各管轄内諸寺院へ無洩様可相達候」よう、仏教各宗派へ指示している（前掲『類纂』、八三三頁）。

神職については、同年四月二七日付の同省達で全国を東西の両部に分け（同上、五二頁を参照）、それぞれに管長が置かれていた。東西両部にいずれの府県が属すかは、同年九月七日付の同省達で定められている（同上、五二～五三頁を参照）。

（35）小川原正道『大教院の研究　明治初期宗教行政の展開と挫折』（慶應義塾大学出版会、二〇〇四年八月）を参照。

（36）三宅守常編『三条教則衍義書資料集』（錦正社、二〇〇七年七月）、同『三条教則と教育勅語　宗教者の世俗倫理へのアプローチ』（弘文堂、二〇一五年六月）を参照。

（37）谷川穣『明治前期の教育・教化・仏教』（思文閣出版、二〇〇八年一月）を参照。

（38）安丸良夫『神々の明治維新』（岩波新書、一九七九年一一月）を参照。

（39）前掲『類纂』、六四頁。

（40）同上。

（41）同上、四二四頁。

（42）同上、六六～六七頁を参照。

（43）同上、八六六頁。

（44）同上、六七～六八頁を参照。

(45) 同上、六八頁を参照。
(46) 同上、八六六頁。
(47) 同上、四二一頁。
(48) 同上、七〇頁。
(49) 同上、四二四頁。
(50) 明治四年(一八七一)五月一四日付の太政官布告で、官幣大・中・小社、国幣大・中・小社、府・藩・県社、郷社の社格が定められた(同上、四〇八～四一八頁を参照)。勿論、神宮(いわゆる伊勢神宮)がそれらの上に位置することは自明だった。
(51) 同上、七〇～七一頁。
(52) 同上、五三～五四頁。
(53) 東大和市教育委員会編『里正日誌』第一二巻(同市、二〇一六年三月。以下、『日誌』一二と省略)、四〇八頁。
(54) 同上、四〇九頁を参照。
(55) 『新編武蔵風土記稿』第六巻(雄山閣出版、一九八一年三月)、二六四頁。
(56) 前掲『日誌』一二、二八五～二九三頁を参照。
なお、小川村の村高は、『天保郷帳』(以下、「郷帳」と省略)には六七二石四斗六升四合とあり(史籍研究会編『天保郷帳』一、汲古書院、一九八四年四月、二〇三頁を参照)、この「伺」と同じ数値である。しかし、『旧高旧領取調帳』(以下、「取調帳」と省略)には、江川太郎左衛門支配所の幕府領一給で、一三六六石九升三合とある(木村礎編『旧高旧領取調帳』関東編、近藤出版社、一九六九年九月、九八頁を参照)。「取調帳」には小川新田が見えず、「郷帳」には同新田の村高が六七六石一斗八升五合とあり(前掲書、一九九頁を参照)、これと「郷帳」の小川村の村高を合算すると、一三四八石六斗四升九合となり、「取調帳」の数値に近似する。「取調帳」は、両村の村高を合算し、小川村の村高としたことも考えられよう。

(57) 府県分合は、四〇万石の管轄高を目安に、散在する管轄地を国郡単位に統合すべく、廃藩置県後の明治四年年一一月一四〜二二日付で実施され、三府七二県が成立した(前掲拙稿「府県の創設」を参照)。

(58) 明治三年(一八七〇)三月に、近世以来の田無《たなし》村を親村とする寄場組合から武蔵国多摩郡(のち北多摩郡)小川《おがわ》・小川新田・榎戸《えのきと》新田・廻リ田《めぐりた》新田の四ヶ村が分離し、また蔵敷《ぞうしき》村を親村とする寄場組合から同郡蔵敷・奈良橋《ならはし》・高木《たかき》・宅部・後ヶ谷・廻リ田《まわ(ママ)りた》の六ヶ村が分離して、小川村を親村とする一〇ヶ村からなる、新たな寄場組合を編制することを、管轄する韮山県へ願い出て、許可されている(前掲『日誌』一一、二〇一五年三月、六五〜七〇頁を参照)。

(59) 前掲『新編武蔵風土記稿』第六巻、二六五頁を参照。

(60) 前掲『日誌』一二、一二三〜一二八頁を参照。

(61) 前掲『類纂』、六〇〜六一頁を参照。

(62) 前掲『日誌』一二、四〇九〜四一一頁を参照。

(63) 前掲『全書』五ノ二(一九七四年一一月)、教部省、一二八〇〜一二八二頁。

(64) 前掲『日誌』一二、四一〇〜四一一頁を参照。

(65) 同上、四一〇〜四一一頁。

(66) 前掲拙著『維新と開化』を参照。

(67) 前掲『全書』四、一一四〜一一三八頁を参照。

(68) 同上、一一四頁を参照。
(69) 前掲『日誌』一二、七四～七五頁を参照。
(70) 同上、七五～七九頁を参照。
(71) 同上、七五頁を参照。
(72) 同上、七九頁を参照。
(73) 同上、八〇頁を参照。
(74) 同上。
(75) 同上、八〇～八一頁を参照。
(76) 同上、八一頁を参照。
(77) 同上。
(78) 同上、八二頁を参照。
(79) 同上、八二～八五頁を参照。
(80) 同上、八六頁。
(81) 同上、八六～八八頁。
(82) 同上、八八頁を参照。
(83) 前掲『類纂』、八〇九頁。

第二部　地域社会

大坂干鰯屋と諸藩
―近江屋長兵衛を中心に―

白川部　達　夫

はじめに

大坂干鰯屋は各地から干鰯《ほしか》・〆粕を仕入れて、畿内周辺の農村や大坂湾岸諸都市の肥料商に販売して、大坂を代表する仲間に成長した。干鰯・〆粕の生産は、時には諸藩の専売で行われることもあったので、大坂干鰯屋と諸藩はこれを通じて深い関係をもつこともあった。

大坂干鰯屋の実態は、文書の散逸もあって、ほとんど知られていない。現在、比較的まとまったものとしては、祭魚洞文庫に収集された大阪干鰯商仲間記録と、干鰯屋の近江屋長兵衛とその分家近江屋市兵衛家文書などがある程度である(1)。近江屋長兵衛家は寛政期頃に、干鰯屋商売を営むようになった新興の干鰯屋だったが、松前産鯡粕の導入に積極的に取り組み、たちまち有力干鰯屋に成長した(2)。

本稿では、近江屋長兵衛家に残された文書を中心に、大坂干鰯屋と諸藩の関係を紹介したい。大坂干鰯屋としたのは、同文書には近江屋長兵衛以外のほかの干鰯屋と諸藩の関係をめぐる史料も含まれているためである。おそらく近江屋が情報として書き写したものであろう。直接、近江屋に関係しなくとも、興味深い内容を含むので、これを含めて紹介することにした。史料は断片的で、必ずしも全体像を示すものではないが、それでも大坂干鰯屋の動向を見る上では意味があると考えられる。

近江屋長兵衛家文書については、すでに金融面から中川すがね氏の研究があり、同家が紀州藩の御用を勤め、その融資にかかわっていたことなどが明らかにされている(3)。そこでここでは、主として干鰯・〆粕などにかかわるものに限定して、その状況を紹介したい。

一　諸藩と干鰯屋

諸藩では、一九世紀になると国産政策とのかかわりで、干鰯・〆粕の専売に乗り出すことが多く見られた。このさい、干鰯問屋を通さずに、直売買を計画することもあり、江戸や大坂の干鰯問屋の既存の利害と対立した。この点については、江戸干鰯問屋との問題が紹介されているが(4)、近江屋長兵衛家文書には、そこに含まれず、まだ知られていないものもあるので、その点から紹介しておくことにする。

1　奥州泉藩の国産干鰯販売仕法

奥州泉藩では、国産の干鰯販売仕法を計画し、綛屋太市というものを仲介とした。綛屋は、奥州に下り、現地を視察して国産仕法を立てることになり、亥三月に「心得書」を配布している(5)。「心得書」には年紀が欠けているが、本文中に「本多越中守領分」とある。泉藩本多氏で越中守を称したのは、延享三年(一七四六)より宝暦四年(一七五四)まで藩主だった忠如と、天保七年(一八三六)から万延元年(一八六〇)まで藩主を勤めた忠徳だけである(6)。忠如藩主時代に亥年はなく、近江屋長兵衛家が干鰯屋になったのは寛政期前後とされているので、仕法はおそらく本多忠徳代のことと考えられる。綛屋太市という名前は、この時期の大坂干鰯屋にも、松前問屋にも見いだせない。しかし同人の名前で大坂に「心得書」が配布され、近江屋もその写しを所持していたことから、まず大坂の商人と考えてよいであろう。「心得書」の内容は次のようなものである。

本多氏領分では産物は、これまで各地から買い付けられ、大坂では関東物の一部として売られていた。そこで今後、国産物として領民の利益にもなるので、大坂に直積みして品物に国号も付けるようにしたい。綛屋が江戸へ行き役人と相談して、現地を見たところ干鰯はたくさん生産され、一年に一万両位になる。また大豆・小豆・藍・菜種等もあり一万両も出荷できそうである。今回は最初なので品物が着き次第、三、四分も代金を支払い、後日精算すれば地元も安心して品物を出荷するだろう。江戸問屋などについては懸念はない。為替取り組みも手厚く取扱うように願う。また国産とすると重いことになるので、数年は納屋物として扱いたい。しかし買い付けにきても荷物がないということはなく、そういう事態になった場合は、泉藩が責任をもって経費を支払ってくれる約束になっている。この計画に意見があれば教えてほしい。

泉藩は磐城平藩に接して設置された藩で、泉の近くには小名浜湊があったので、産物の積み込みには便利であった。鰯の北上するルートにもあたっているので、干鰯も生産され、こうした計画が立てられたのであろう。しかし綛屋の「心得書」は、都合のよいものであったと思われる。まず江戸問屋が協力するという前提が疑わしい。江戸の干鰯問屋はそれまで入っていた干鰯が、江戸市場を経由しないで、大坂直積みされることには、藩の国産品であっても常に抵抗していた。為替取り組みも協力してもらえるといっても、江戸の両替商も干鰯問屋の抵抗のなかで、実際どういう行動をとるかわからない。また藩が自らの責任で大坂に産物を出すのならともかく、大坂から買い付けに行ってほしいというのも、はたしてリスクをおかしてまで、応じるものがいるか不明といわねばならない。したがって、この一件は計画倒れに終わった可能性が高いが、藩の干鰯国産計画の一つとして紹介しておきたい。

2　紀州藩浜屋敷の干鰯直仕入れ計画

天保期に入ると、各藩で干鰯直買計画が行われ、江戸の干鰯問屋が故障を申し立てることが多くなった。その概要は原直史が網羅しているが、ここで紹介するものは、その集成に漏れたものである。

紀州藩では、天保二年(一八三一)から房総半島で干鰯・〆粕を直買して、領内で販売しようとしていた。これについて江戸の干鰯問屋は自分たちの仕入れ場であることを主張して、計画を撤回させていた。この計画は形を替えて天保六年にも問題化していることが新たにわかった。天保六年二月に、領分出稼十組干鰯魚〆粕魚油問屋と称した江戸の干鰯問屋橋本屋小四郎・久住五左衛門・湯浅屋与右衛門・栖原久次郎・小川市兵衛らが連名して紀州藩勘定所に訴えた訴状で、その事情が明らかになる(7)。

訴状では、まず江戸干鰯問屋が武蔵・相模・安房・上総・下総・常陸・陸奥を仕入浦としていた経緯を説明し、天保二年四月に尾張藩が魚肥を直買し、浦賀問屋に引受けさせ「御国船」で直積みしようと計画し、さらに同年五月水戸藩が国産の干鰯・〆粕・魚油を江戸で直払いしようとしたことに差し障りを訴えて阻止したと述べた(8)。尾張藩の直積みについては知られていたが、水戸藩については、これまで知られていないものである。

訴状では、諸藩の産地での直買や江戸干鰯問屋を通さないで直送することは、商売に差し障りがあるので、いずれも幕府に訴え出て止めてきた。とくに文化一一年(一八一四)に菱垣廻船積み問屋仲間の株が認められ冥加金を上納していると、その正当性を強調した。また増上寺領の目黒村茂十郎や武州神戸村名主佐久太の直買一件にふれて、町奉行から直買は心得違いの旨が命じられたとしている。目黒村の一件は、よく知られているが、神戸村一件はまだ内容もこれ以上わからない。神戸村は武蔵国では数カ所あり、場所も不明である。

その上で、天保二年、藩が安房・上総で干鰯を直買し、紀州へ直送する計画が起き、江戸干鰯屋仲間が差し障りを申し立て、仲間が干鰯二二六三俵を代金三〇五両一分で用意し、天保四年一二月に代金一五五両一分を下げられたとする。

ところが今回、芝田町四丁目の「豊田様蔵屋敷」へ、上総国小浜の八郎右衛門船によって同国岩和田浦今井平三郎の名前で干鰯一二二俵が水揚げされたことが伝わり、問い合わせると、紀州藩浜町役所の指図だとわかった。そこで役所に伺うと、この干鰯は貸し付け代金の引き当てで、追々追加が来て、江戸で入札するなり、大坂へ送るなりすることになっていると説明があった。江戸干鰯問屋は、今井平三郎には問屋から貸付金が滞っており、その荷物をかかわりのあるものへ引き渡してほしい。今後、浜町役所で、干鰯・〆粕・魚油を取扱うことは止めてほしいと願っている。

紀州藩は、天保二年に直買、領内への直送りを計画したが、江戸干鰯問屋が反対し、干鰯問屋から干鰯の供給を受ける形にした。この史料では、代金支払いは天保四年にほぼ半分支払っただけで、天保六年段階では未済であった。江戸干鰯問屋は、それでも我慢していたようである。原直史の集成では、天保四年に紀州藩名目の御用網を設定する計画が起きたりしており、この時期、執拗に直買・直送を行おうとしていたことがわかる。天保六年のこの一件もそうした事例の一つであった。

3　阿波藩の砂糖方と肥料

阿波藩では、国産の砂糖方の改革が検討され、小寺恵左衛門が砂糖方にともなう肥料調達の改革を上申している。(9)

阿波藩では、一八世紀末に阿波三盆糖の技術が確立し、板野・阿波郡の阿讃山地の斜面を中心に生産された。嘉永年間(一八五一〜五四)に国産品に指定されたというから、改革は幕末期のことであろう。(10)

口上書では、国産砂糖の大坂表の取締りが仰せ出されたが、それについて、砂糖方の肥物については、従来の板東貞兵衛・近藤利兵衛の手許を離れて、砂糖方一手で取扱いたいとしている。

阿波藩では、魚肥の輸入は寛政一一年(一七九九)、徳島と撫養に干鰯問屋頭が各一名、そのもとにそれぞれ八軒の平問屋が任命され、それ以外は、干鰯仲買として統制が行われた。ここで出てくる板東が徳島、近藤が撫養の問屋頭であった。干鰯などが入荷すると、問屋が売買を仲介し、六歩の口銭を荷主からとった。口銭は、二分が藩の収入となり、二分が平問屋口銭、一分が問屋頭筆墨料、一分は買い人戻り口銭とされた。また肥料小売商が他国から直売買した場合、三分の口銭を問屋頭に出して、改め印を受けて小売りした。文久元年(一八六一)、一年間の藩の二分掛り収益は、銀二六八貫匁余とされており、逆算すると、この年、阿波に輸入された干鰯・〆粕の総額は銀一万三四四二貫匁余となった。(11)

これについて口上書では、砂糖方の一手取扱いを主張したのである。その理由は、干鰯問屋頭経由では、紛らわしい土などの混ぜ物が多く、百姓たちから不評なことがあげられている。また両問屋頭は大坂の干鰯屋神崎屋仁兵衛と大きな取引を行っていたが、それが問題視されている。神崎屋仁兵衛は、大坂の干鰯屋仲間では、古組に属して問屋業務を行った干鰯屋を代表する存在で、明治維新後、金沢仁兵衛としてさまざまな干鰯問屋の総代として活躍した人物である。(12)小寺の出した追加の口上書の付け紙では、昨年肥物の買い占めを行って、公辺から取り調べを受けたが、阿波の雑賀屋佐七の荷物だと取り繕って、逃れた人物だと悪くいわれている。雑賀屋は徳島の肥料商として名前が見られる。(13)また近年、撫養で仲買のなかで山西庄五郎というものが急成長したが、これも色々細工をして利益をあげたのだと主張している。山西庄五郎は、廻船問屋で天保期に独立して、塩大問屋や干鰯問屋などを勤めた。塩を江戸などに運び、帰り荷に干鰯を買う買い積み船経営で急成長したといわれる。砂糖生産地帯に肥料を販売した記録がある。(14)

肥料商について総じて、厳しい批判をしているが、これは小寺が肥料の砂糖方一手取扱いを目指しているからで、砂糖方一手取扱いが実現したからといって、はたして状況が改善されるかどうか疑問がある。まがいものの土を混ぜるという批判は大坂でも見られた。その多くは干鰯の砂付きの問題で、産地の生産行程で生じる部分が多かった。砂糖方一手取扱いにしても、すぐには変わるとは思えないのである。それはともかく、小寺の計画はつぎのようであった。

まず徳島に「砂糖方御改御会所」を設置する。会所と会所肥取扱場所、土蔵を設ける。これに付けられた付箋では大坂に勤務していた時に、加島屋久右衛門の分家加島屋幸助が松前蔵元役になって産物売り捌きを掛け合ったことがあり、その手代と松前物を阿波に直積みすることを取り決めた。これについて近江屋半左衛門・炭屋彦五郎から阿波藩の要用ならばいくらでも為替を用立てるという申し出を受けているとする。加島屋久右衛門は大坂の両替商の最上位に位置する商人であった。また炭屋彦五郎もこれに並ぶクラスの両替商であった。(15) 近江屋半左衛門もこれに次ぐ大両替商であった。(16) 南部藩が天保三年（一八三二）に国産品の干鰯を大坂で売ろうとした時、干鰯屋古組の触れで同人宅で入札を受けるとしているので、靫市場とも関係のあった人物と考えられる。(17)

小寺はこうした金融的裏付けをえられていると主張しているのである。会所での取引は、口銭は藍の肥料にならって六分とし、藩は二分八厘をとり、一分二厘を「買人之」、一分を世話人口銭とするとしている。「買人之」とは藍方肥の口銭では一分を買人へ戻すとされるので、同じものであろう。そこで国産砂糖は七万樽程度が出荷され、一樽二両ほどで、一四万両の売り上げとなるとする。この六割が肥料代で八万四〇〇〇両ほどになり、ここから口銭二分八匣をとると銀一四一貫一二〇匁の上納になるという。

金銀の比率を計算すると一両銀六七・二匁になる。大坂の為替では、安政元年（一八五四）に金一両に銀六七・一二匁となり、安政二年は若干下がるが、翌三年からは銀七〇・一四匁となり、以後、明治維新まで銀安が激しくなっていった[18]。そうした動きを背景とすると、この史料は、安政元年前後に書かれたのではないかと考えられる。

以上、干鰯にかかわる阿波藩の砂糖方改革の意見書を紹介したが、この結果がどうなったかはわからない。近江屋長兵衛とその分家の市兵衛家は天保期頃まで、阿波の板野郡を中心に盛んに魚肥を販売していた[19]。このため阿波藩の砂糖方の改革にも関心があったのであろう。ただし天保後半には、両近江屋の阿波取引は不調となり、天保九年に亡くなった近江屋市兵衛は、その死に臨んで阿波の魚肥取引から撤退を指示している。

4　大坂干鰯屋仲間と国産干鰯

磐城泉藩のように、大坂市場で国産品の干鰯・〆粕を販売しようとする計画は、一九世紀に入ると多く見られるようになった。その全貌はわからないが、靫市場による干鰯屋にとって、それは重要な問題となった。表1は、残された大阪干鰯商仲間記録から、その記事を拾い上げたものである[20]。

天保二年（一八三一）、宇和島藩伊達氏の干鰯国産品については、藩は最初、岡崎町の加島屋新右衛門を支配人として販売することを計画し、大坂町奉行所に届けた。町奉行所では三町塩魚年行司にたいして、差し障りの有無を問い合わせた。奉行所の言い分では、干鰯屋仲間は無株なので、「頓着」しないとのことであった。これにたいして干鰯屋仲間は、宇和島については仕入れ銀を投下して取引しているものがおり、今後、干鰯が全面的に国産品とされると、その分はどうなるか、靫市場に出る市売でなくなれば、市場の衰退になると懸念を述べようとした。しかし三町塩魚

表1　大坂での諸藩の国産干鰯販売

初出年月日	領主名	在地	支配・蔵元その他	売り捌き人	種類・数量	備考	出典
天保2年2月13日	伊達伊予守	伊予宇和島	岡崎町加島屋新右衛門支配→同町河内屋忠兵衛売支配				31天保2年「干鰯触書控」、9文政4年「会談帳」
天保2年3月	松平備中守	上総大多喜		近江屋長兵衛			31天保3年「干鰯触書控」、9文政4年「会談帳」
天保3年8月	南部	陸奥・南部	加島屋市兵衛	加島屋多七	〆粕五〇〇俵		32天保3年「干鰯組触書控」、9文政4年「会談帳」
天保9年2月	水戸	常陸・水戸	信濃橋佐野屋徳兵衛→仁和寺屋喜兵衛取次	近江屋長兵衛　神崎屋仁兵衛	〆粕一七〇俵・干鰯一五三五俵		37天保8年より「干鰯触書控」
天保10年	松前	蝦夷地松前	加島屋幸七支配		ささめ一九〇本、鯡粕七六〇本、羽鯡三〇〇本、外割四〇本、白子七九本		37天保8年より「干鰯触書控」
文久2年2月29日	松平周防守	下総国	谷町二丁目藤屋三右衛門			干鰯屋仲間、仲間の手で市売することを主張／大坂大番頭	64文久2年「願書控」
文久3年正月27日	松平源七郎	三河長沢	河州喜志村伝兵衛	高津町福島屋七左衛門			64文久2年「願書控」

出典：祭魚洞文庫・大阪干鰯商仲間記録（国文学研究資料館所管）

年行司は、食用でないので差し障りはないという届けを出している。年行司は干鰯屋がなっていたが、塩魚商売は食用の鰯が対象だったので、その限りでは反対は唱えられなかったのである。その後、販売するように手続きが進んだようで、加島屋新右衛門から同町の河内屋忠兵衛に売支配の変更が届けられている。

これを受けて、干鰯屋仲間の両組年行司は、仲間にたいして品物が大坂について売支配を河内屋から頼んできたら、申し出るようにと触れている。これは仲間は購入を拒否するという意味であった。これについて「支配方衆中」から、せっかく着荷したものを市売を差し止めては、仲間の利益にもならないから、「産物」であっても売らせてはどうかという調停もあった。「産物」とは専売品のことであろう。しかし両組はやはり拒否して、再触れを出した。市売に掛けられれば、干鰯屋仲間は全体としては打撃を受けないが、個別に宇和島に仕入れ銀を投下して干鰯を集荷している問屋は難渋することが配慮されたのである。

その後のことは不明であるが、近江屋長兵衛は天保一四年に宇和島藩から勝手方世話と蔵元を依頼され、これを受けて、扶持方三口を贈られることになっている[21]。この点を見ると、どこかで干鰯屋と宇和島藩は折り合ったのではないかと考えられる。

天保二年の松平氏大多喜藩の国産販売は江戸の干鰯問屋でも問題になっていたものであるが、近江屋長兵衛のところでふれることにする。

天保三年二月、南部藩は年貢として徴収した国産干鰯を江戸で販売しようとしたが、江戸の干鰯問屋は、仲間に売るべきと直売について差し障りを申し立て、南部藩はこれにしたがった。同様同年八月に大坂でも販売を計画した。大坂では、加島屋市兵衛が受けて、これを加島屋多七に依頼した。加島屋多七は干鰯屋仲間古組の干鰯屋なので、市兵衛はそれを配慮して、売り捌きを頼んだのであろう[22]。両組年行司はつぎのような触れを廻している[23]。

口演

此度南部御屋敷え、国産之〆粕五百俵計参着致し候ニ付、当仲間衆中え売渡し度旨、被願出候、諸家様産物之儀ハ先例も有之候ても、此度は粗試之事故、仮法を以取計候間、御望之衆中、今日中粕品見分ニ御出可被成候、尤直入之儀は明廿一日九ツ時迄ニ、近江屋半左衛門宅え入札御持寄可被成候、以上

取引仕法如左

〆粕五百拾俵

入札俵数勝手次第、但し五拾俵以下は無用、高直落シ突合先ひらき之事

一、風袋引　十六貫以上壱貫弐百
　　　　　　十六貫以下八百

一、部引　銀百目ニ付、三匁五分

一、〆粕引取ちん　壱俵ニ付、弐分ツ、引

一、荷物蔵出し当月廿五日限

一、代銀当月晦日納
　　但し金手形取引

辰八月

両組
年行司

組合御衆中

諸家の干鰯販売については、先例もあるが、この度は試しなので、としている。南部藩の国産干鰯販売は、初めてと認識されているようである。販売は入札で、希望のものは近江屋半左衛門宅へ入札を届けるようにと触れている。取引方法は、入札は五〇俵以上の単位、風袋引、分引、〆粕引取賃が定められ、蔵出し、代銀の支払い期月と金手形での支払いなどが指定されている。諸藩の干鰯・〆粕が販売される時は、前例がないと仮として、こうした取引条件が指示された。

水戸藩は天保二年以来、江戸で直売を計画したが止められた。その後、天保九年に大坂で直売を行おうとしたことがわかる。藩は、最初、信濃橋東詰佐野屋徳兵衛というものに売り方を引受けさせ、徳兵衛は永代浜に蔵を借りて、干鰯屋に直売しようとした。これにたいし、干鰯屋仲間は触れを出したため、干鰯屋で買うものがいなかった。このため兵庫や西国へ売り出すことも計画されたが、天保九年二月に干鰯屋本組に所属する仁和寺屋喜兵衛を取次にして、(24)淀屋橋北詰の水戸藩屋敷で入札することになった。その後、三月になって近江屋長兵衛と神崎屋仁兵衛が売捌支配となり、市売となった。ただし、実際に市に出して競りを行ったのではなく、入札であったようである。

四月には、近江屋と神崎屋から両組構成員について、振舞い料として南鐐弐朱銀を一枚宛配布した。これについて近江屋と神崎屋は、自分たちは初めは売り捌き支配となる積もりはなかったが、水戸藩が干鰯・〆粕を兵庫や西国へ売るという話もあり、せっかく大坂に入津したものを外に廻すのは、靫市場にとっても利益にならないので引受けた。しかし藩側から出銀がないので、先例の出銀に相違しているが自分たちが、かわって銀四〇枚を出すと説明し、両組年行司もやむなく了承した旨が触れられた。銀四〇枚は銀一貫七二〇匁にあたる。相当額の振舞い料が出されるのが習慣であったことがわかる。

天保一〇年には、松前藩が国産品を売り捌くことになり、加島屋幸七が支配人となったが、両組年行司は、以後は直商内することを禁止した触れを仲間に出している。加島屋幸七は干鰯屋仲間には見えない名前で、仲間外商人だったと考えられる。

文久期の二件は両方とも旗本領の売買である。松平周防守は大坂大番頭として勤務中だったと説明されている。松平源七郎は詳細は不明である。長沢松平氏は、慶応二年（一八六六）に扶持米三〇〇俵を知行に改められたというので、文久三年（一八六三）にはまだ地方はなかった。三河長沢の国産品を売るといっているが、長沢村は山中の村であるので、どういう関連かわからない。

二　近江屋長兵衛と諸藩

諸藩の国産干鰯が多くなる文政末から天保期は、近江屋長兵衛家は年行司などを勤め、幅広い活動を行っていたので、諸藩とのかかわりも多かった。ことに紀州藩とは、同藩の幸橋役所と関係が深く、天保二年（一八三一）から天保六年までは病気を理由にして、妹継ぎに家を任せ、自分は長右衛門と称して紀州藩の貸し付け業務を行った。こうした金融活動については、中川すがね氏の検討に詳しいので、ここでは省略する。

中川氏によれば紀州藩以外では、延岡藩との取引が一番大きかったが、大名貸しが中心であったとされる。しかし事情は不明ながら、つぎのようなものもあり、国産品の売買にもかかわっていたようである。[25]

覚

一、銀三貫拾四匁弐分五厘

右は、延岡様御産物売払代銀慥請取申候、以上

文政十亥年正月六日

堺屋七左衛門㊞

近江屋長兵衛殿

延岡藩でも、鰯漁は盛んであったので、近江屋が国産品売り捌きを行ったとすれば、干鰯・〆粕であった可能性はあろう。残された記録が断片的ではっきりしないが、文政九年(一八二六)正月の「覚」では、近江屋は延岡御屋敷取次として出てくる。(26)

近江屋は紀州藩の幸橋役所から延岡藩へ相当額の融資を引き出していた。近江屋が出した卯五月の「覚」では、同藩は幸橋役所から元利含めて銀一六五貫五〇〇匁、近江屋の商売手許銀から銀八三貫匁という多額の借金をしていたことがわかる。(27) また両替商的な役割もはたしたようで、文政九年には延岡で使用する銭二〇〇〇貫文を調達して渡している。(28)

1　大多喜藩の国産干鰯販売

大多喜藩では、天保二年(一八三一)三月に大坂へ国産干鰯を売ることになり、近江屋長兵衛が売り捌き支配となった。古組年行司から本組年番へ伝達された口演はつぎのようである。(29)

口演

一、上総国松平備中守様大多喜御産物干鰯、近江屋長兵衛殿売捌支配被致、産物荷ニて市売仕度旨、被願出候間、此段御承知被下、已来御売買可被下候、已上

天保二年

卯三月　　　　　　　古組
　　　　　　　　　　　年行司
本組
　御年番衆中
　　右書付三月九日近半（近江屋半左衛門）ヘ遣ス

近江屋長兵衛は売り捌き支配にあたって両組に定例銀五〇枚を提出し、四月三日に振舞いの後、さらに心配して格別に両年番を対象に五月九日に生玉社内で終日振舞った。大多喜藩では、落札者に干鰯手形を発行して、干鰯を販売したようで、近江屋長兵衛家文書にはつぎの切手が残っている。[30]

　　上総国伊南浜産物
一、干鰯弐百俵　但八斗入
　　右可相渡也
　天保二卯年　大多喜蔵印
国七

上総国伊南産の干鰯一俵八斗入りのものを二〇〇俵宛に分けて入札したようである。大多喜蔵の印鑑があり、落札したものにこれを渡して、代銀を受け取り、手形を持参すれば現物を受け取ることができるようになっているのであろう。「国七」とあるのは番号で、近江屋には天保二年の分一〜一二、一九、二一、二五〜三〇、天保四年の栄一三七という番号の手形が残っている。手形が何故近江屋長兵衛方に残ったかわからないが、天保二年は二〇枚なので、近江屋が買ったとすれば、四〇〇〇俵を買い付けたことになる。天保四年も前年からの通番だったかも知れないが、同番まですべて売ったなら、二万七四〇〇俵になるから相当数の販売が行われたといえる。はたして大多喜藩がそれだけの干鰯を調達できたか疑問が残る数値である。

江戸側の記録によると、天保三年四月に、このことは問題化していた。大多喜藩は、領内の浜方から干鰯を買い集め国産品として浦賀を経由して、大坂に直売していたが、江戸の干鰯問屋は仕入れ金を投下しているので、浜方に藩に売ることを抗議し、今後、仕入れ為替を差し止めると申し入れた。浜方網主は評議して藩に買い上げ差し止めを願い出た。天保四年にも藩側から買い付けが命じられたが、これを断ったとされる。しかし天保四年には、干鰯手形が残っており、番号から相当数の発行があった可能性がある。近江屋は、天保三年にさらに大多喜藩の干鰯売り捌き問屋を引受けているが、これについてつぎのような文書が出ている。(31)

請負一札

一、此度松平備中守御月賄銀御入用之内、御融通を以、伝法屋佐七郎より銀弐拾五貫目、御用場え御借入ニ相成、為其引当御産物干鰯弐千俵、御書入ニ相成、右ニ付、干鰯之義其許売捌問屋被成候ニ付、荷預り書相頼、御差出被下候ニ相違無御座候、尤登り荷物は不残御売払ニ相成、全御融通ニ相成候趣、佐七郎ニも能承知仕居候間、右荷預り書を以、故障決て為申間鋪候、此段留主居山本武右衛門殿、倶ニ相頼被居候間、我等請負ニ相立候上ハ、諸事手許ニて相片付、如何様之儀有之候共、荷預一件ニ付、其許え少しも御難儀相掛ケ申間鋪候、為後日之為受負一札、仍て如件

天保三年

辰七月　　　　伝法屋弥助㊞

近江屋　継

代判　一兵衛殿

これでは伝法屋佐七郎が、大多喜藩の月賄銀二五貫匁を融通し、藩は国産干鰯二〇〇〇俵を担保とした。そこで伝法屋は藩の干鰯売捌問屋で荷物を預かっている近江屋に荷預り書の発行を頼んだ。それが担保になるからで、伝法屋は大多喜藩が登り荷物を残らず売り捌いて返済に充てると約束しているので、近江屋には迷惑をかけないと請け負っている。請負がどんな意味かは不明である。実際は近江屋が代銀を出して、近江屋から貸した形をとっているのかも知れないが、伝法屋は請負一札を出して、荷預り書を近江屋から出して貰った。それはともかく、天保三年は江戸干鰯問屋も問題視して、仕入れ金を出している浜方網主を規制していたが、藩では大坂に少なくとも二〇〇〇俵の干鰯を送る予定があったことになる。

2　南部藩の国産品販売

南部藩は、天保三年（一八三二）の国産干鰯販売以後も、販売を行っていたのか、近江屋長兵衛とも関係がつづいていた。嘉永元年（一八四八）には、

弐人扶持、屋鋪用向深切弁給被致満足候、依之右之通、年々扶持方料被相贈候也

嘉永元申年十二月十日

南部甲斐守内

小本助次郎㊞

中原甚五兵衛㊞

近江屋

長兵衛殿

と屋敷の用向きを親切に努めたので、弐人扶持が近江屋に与えられることになっている。[32]そして翌嘉永二年にも南部藩は国産品の大坂での売り捌きを計画したようで、嘉永二年四月の「内談書草稿」が残っている。[33]

この計画では、まず積銀を一口銀三貫匁として募り、月八朱を付けて国産品販売で支払うとして出資者を募ることにした。藩主が一二口出仕するので、一口でも三口でも出資をしてほしいとする。国産品は、大豆・魚粕・昆布・心太草・鉄・小豆・太布・小麦・毛草の類・ふのり・若め・和薬之類などで、当地でできるものは何でも希望があれば調達するとしている。来春より開始し、野辺地湊から大坂へ送るというので、南部藩であることがわかる。調達銀の預りは高地屋栄次郎とし、大坂の出資者から二人立てる。積み登せは積み雇船に七分三の割合で積み、人を付けて送る。着船した上で販売し、利益を計算して、五年間は預けて惣差引をする。登り品の売買代金は銀一〇〇匁について八分の口銭を出す。今年は最初なので、一口に祝儀として金五〇〇疋を出す。というものであった。この計画は実現したかどうかわからないが、近江屋も何らかの関与をしていたと考えられる。

三　近江屋長兵衛と相良藩仕法

近江屋長兵衛は、文政末年から天保期にかけて遠州相良藩田沼家と深い関係をもった。田沼家は、意次の時に相良で五万七〇〇〇石の大名になったが、意次失脚後、奥州下村へ一万石で転封されていた。しかし田沼意正の時に幕政に復帰して、文政六年(一八二三)には相良へ戻された。以後、田沼家は相良で明治維新を迎えることになった。[34]

文政六年に相良に戻った田沼家は、財政難を打開するために、文政七年に江戸より出役を派遣して改革を目指したが、地元の反発を受けて失敗した。これにともない文政一〇年頃から郡奉行や勝手掛かりの陣容を整えて、財政再建が試みられた。この過程で、大坂とのかかわりも深くなっていったようである。文政一二年五月には領内村々の惣代名主が、大坂住吉屋善助、堀屋定次郎外惣代住吉屋為助にたいし、年貢米一万俵を渡すかわりに、月賄い金の支出を頼んだ。指図次第に江戸表問屋に米を送るといっているので、年貢米は江戸に回送して売る予定であったと見られるが、その後の事情ははっきりしない。

近江屋長兵衛との関係は、大坂の丸屋宇兵衛が相良藩の賄いを見ることになり、それが破綻して、近江屋を頼ったことが契機となっている。天保五年(一八三四)に丸屋から近江屋へ出された文書では、丸屋は文政一三年に相良藩に銀七〇貫匁を用立てていた[35]。多くは幸橋役所から借り入れたものであったようで、その処理をめぐって近江屋が交代することになったと考えられる。文政一三年閏三月に大坂相良藩蔵屋敷の児玉丈左衛門の出した一札では、「元来去丑冬丸屋卯兵衛罷下り取計、趣意違之訳合出來、当春以来御互ニ心配仕候間」と述べているので、文政一二年冬に丸屋が相良や江戸に下り話をまとめたものだとわかる[36]。丸屋の調達銀を書き上げた史料には「丸屋名当テニ御座候由、近長へ譲り一札相渡し候事」とあり、近江屋は丸屋から債権を譲られたのであった[37]。

丸屋宇兵衛は干鰯屋仲間には名前が見えないが、計画当初から年貢米とともに干鰯の販売が組み込まれていたようで、文政一三年閏三月に近江屋の手代が江戸・相良に下向した時の藩側の説明に「干鰯御蔵詰出候由ニ御座候故」とある[38]。幸橋役所や干鰯販売計画もあって、近江屋は丸屋とかかわりをもったようである。文政一二年一二月、近江屋は江戸の田沼屋敷に金二〇〇両を送付した[39]。

　　受取差下申金子之事

一、金弐百両也　　　但し、御封印之侭

　　　　　　　　　　道中十日限

賃先払

江戸大名小路
田沼玄蕃頭様御屋敷
児玉丈左衛門様
北村卯兵衛様
え

右之通、慥ニ受取無相違相届可申候、万一道中以下紛失相滞之儀御座候ハヽ、私共為組中急度相弁埒明可申候、
為後日受取証文、依て如件

文政十二己丑年十二月二日

江戸屋
九左衛門㊞
組中印

近江屋長兵衛殿

この段階では、近江屋はまだ相良藩の御用を引受けていないので、丸屋の依頼に応えたものであろうか。いずれにしろ近江屋は、丸屋の計画に何らかの形で早い段階からかかわっていたのである。これにつづいて文政一三年二月二日、近江屋は再び二〇五両を、江戸屋を通して江戸の田沼家勝手方篠原定之進宛に送っている(40)。

丸屋の計画が破綻すると、相良藩は近江屋に江戸へ下って御用に応じるよう説得した。近江屋は最初慎重な態度をとっていたが、柳生家家老藤田宗右衛門が仲介したこともあり、結局、文政一三年閏三月に下代を派遣して融資に応じることになった(41)。藤田との接点についてはわからない。

仕法の全体像を明確に示す史料はないが、近江屋文書には、相良藩領の文政一二年の収支を示す史料や、文政一〇～一一年の年貢収納の帳簿が残っており、蔵米処理と産物である干鰯の販売を軸としたものだったことはうかがえる(42)。ここでは文政一二年の「御収納米直段凡積仕訳帳」により表2を作成した。これによれば同藩の年貢収入は年貢米が四二〇三石三斗七升六合六才で、金三五〇二両余、年貢金が五一三両余、合計四〇一六両であった。これにたいして江戸屋敷への仕送り二九五八両三分を始めとして、御膳米・御糯米・扶持米、先納金の返済、陣屋入用など、支出は四一〇三両三分余となり、金八七両三分余の赤字となっている。

表2　文政12年度相良藩田沼氏の収支

収支	項目	米(石)	代金(両)	代永(文)
収入	年貢米	4203.3766	3502	725.35
	年貢金		513	496.28
小計			4016	221.63
支出	御膳米	20	16.5	166.67
	御糯米	8	6.5	166.67
	御扶持米	40	33.25	133.33
	当先納		433.5	
	去暮陣屋入用		50	
	江戸下金		2958.75	
	長兵衛方先納		205	
	一カ年利子見込		300	
	陣屋入用		100	
小計			4103.75	216.67

出典：近江屋長兵衛家文書804番、「御収納米直段凡積仕訳帳」

年貢米については、文政一三年三月には近江屋は、富田屋仁左衛門・同佐兵衛へ年貢米一万俵の引受けの内、五〇〇〇俵を引き当てに借り入れを行っている(43)。

これには相良藩の大坂蔵屋敷の役人藤岡庫治郎が奥印をしている。また富田屋佐兵衛から近江屋にたいして、相良領の村々が出す年貢米量を記載した「米預り帳面」の預りが出された(44)。これを見ると、最初に年貢米一万俵をかたに賄いを引受けた住吉屋善助などは、翌年には手を引いたようである。

干鰯については、四月になって藤岡庫次郎から近江屋に宛て、

　　覚

此度領分より産物之内、干鰯貴様方え送り状之処、当屋敷

蔵借渡候ニ付、取扱之儀は御勝手次第御取計、万事宜御頼申候、為念如此御座候、以上

寅

四月十五日

藤岡庫次郎㊞

近江屋

長兵衛殿

という「覚」が出され、近江屋に干鰯販売にあたって相良藩蔵屋敷を貸すことが認められた(45)。六月には近江屋は、相良の御用商人にたいしてつぎのような「覚」を出した(46)。

覚

一、金弐百両也

右は、大坂行干鰯仕入金並ニ、当所渡運賃金共ニ、御手前様方より御取替ニて、干鰯御積送り被成、大坂表着船之上、改請候て夫々取計申候間、早速右干鰯代金差下シ可申筈之処、当御屋敷様より、来ル七月限御約定之御下ケ金有之ニ付、御屋敷様と御引合之上、御為替ニ相成候故、右之替り金当秋御収納之節、当役所様より右元金利足共、無相違御下ケ金ニ相成候義、各々御承知之上は、急度仁三郎承知致し罷在候、御立合之上、無相違御下ケ可被為成様御引合、相違無御座候、仍て為後日証印一札、仍て如件

文政十三寅年

六月日

近長兵衛

仁三郎
代印
由兵衛

醤油屋　仙蔵殿
加茂屋　平三郎殿
八木屋　平七殿
酒屋　長兵衛殿
なへ屋　五兵衛殿
□屋　次郎右衛門殿
太田屋　平七殿

相良では、藩に任命された御用達商人が出資して、干鰯を買い集め大坂に送った。近江屋はその代金を支払うはずであった。しかし相良藩では、七月に大坂に送る金があったので、近江屋が相良に送る金と為替を相殺して、相良の支払いは秋に利子を付けて、年貢米から御用達商人に支払うことにしたという。為替という名目で藩財政のやり繰りに利用されたのである。こうした手法は同年七月にも使われており、ここでは干鰯代金の内、金一〇〇両が振り替えられている。こちらでは藩の役人が、その責任で御用達商人へ申し聞かせ、問題が生じたら藩が大坂に確保してある江戸屋敷の普請材木を売り払って返済すると近江屋に一札を入れている[47]。

また干鰯代銀を近江屋から渡すこともあり、つぎのような請取が出されている[48]。

覚

一、銀弐百弐拾八匁四分也、

右は、干鰯代銀残り慥ニ受取申候、以上

相良蔵屋敷

児玉丈左衛門㊞

(文政十三年)
寅九月十四日

近江屋長兵衛殿

ここでは干鰯代金の残りとして、銀二二八匁余を近江屋が支払い、藩の蔵屋敷の役人が請取を出している。その後の近江屋と相良藩の関係は明確ではないが、相良藩は幸橋の紀州藩貸し付けや芝増上寺の名目金などを借用していた。また天保九年にも近江屋は相良藩に二〇〇両を用立てており、関係はこの頃まで、つづいたことがわかる。(49)

まとめ

以上、いずれも断片的史料で、まとまったものではないが、大坂干鰯屋と諸藩の国産干鰯販売との関係がわかる事例を紹介した。各藩の販売はこれだけではなかったであろうが、干鰯屋の史料がほとんど散逸している現状では、それなりに貴重な情報となっているといえる。

文政末年から天保初年にかけて、各藩の国産干鰯直売買の計画が多くなされた。各藩は大坂に直送して、町奉行所に販売を届けた。町奉行は、三町塩魚年行司にその差し障りを尋ね、年行司から干鰯屋仲間に問い合わせが出された。これにたいして干鰯屋仲間は、仲間の干鰯屋を売り支配として、永代浜で売ることを求めた。この手続きを踏まないで、仲間外商人を売り支配として自由に販売を行おうとすると、干鰯屋仲間の年行司が触れを廻して、仲間商人が買うことを止めた。また江戸干鰯問屋と同じで、西国の仕入れ銀を投下して集荷している地域では専売に抵抗した。このため各藩は大坂ではまとまった販売ができなかった。大坂では、干鰯屋仲間が問屋と仲買を兼ねており、仲買は直接消費者である農民や在村肥料商と結びついていたので、干鰯屋仲間を経由しないで、消費地に販売することはむずかしかった。その点では、干鰯屋の市場支配は一定の有効性があったといえる。

一方、水戸藩や大多喜藩のように、江戸の干鰯問屋の反対にもかかわらず、大坂回送にまでいたった例が注目される。江戸側の史料では、止められたのではという印象が強かったが、両藩では係争をかかえながらも、大坂で干鰯販売を実現したことが明らかになった。今後、江戸側で知られている事例も付き合わせて見る必要があろう。

近江屋長兵衛はこうしたなかで、水戸藩や大多喜藩・南部藩・相良藩の国産干鰯販売にかかわっていた。相良藩では、藩財政改革の一環として、年貢米と御用商人を通じた国産干鰯の販売を大坂で行い、両者を結びつけて財政運用を行った。また近江屋を通じて紀州藩や増上寺からの融資を引き出していたのであった。

註

（1）大阪干鰯商仲間記録（国文学研究資料館所管、祭魚洞文庫）、近江屋長兵衛には近江屋田中家文書（大阪市史編纂所所管）、近江屋市兵衛文書（東洋大学井上円了記念博物館所管、大阪大学経済史経営史資料室所管）などがある。

（2）拙稿「大阪干鰯屋仲間と近江屋長兵衛」（『東洋大学人間科学総合研究所紀要』一五号（東洋大学人間科学総合研究所、二〇一三年）。

（3）中川すがね『大坂両替商の金融と社会』（清文堂出版、二〇〇三年）八章二節「干鰯仲買近江屋長兵衛の経営」。なお白川部の研究としては「大阪干鰯屋仲間と近江屋長兵衛」(前掲)のほかに、「大坂干鰯屋近江屋長兵衛と地域市場」(『東洋大学文学部紀要』六六　史学科篇三八、二〇一三年)がある。

(4) 原直史『日本近世の地域と流通』(山川出版社、一九九六年)表三七・三八。以下、江戸干鰯問屋の対応については、とくに断らない限り、本表によった。

(5) 近江屋田中家文書(大阪市史編纂室所管)八五一番。以下、近江屋長兵衛家文書何番と称する。

(6) 藤野保他編『藩史大辞典』一巻(雄山閣出版、二〇〇二年)二二五〜二二六頁、亥年は天保一〇年、嘉永四年が該当する。泉藩の産物が初めて大坂に紹介されるという内容などから判断して幕末ではなく、天保一〇年ではないかと考えられる。

(7) 原『日本近世の地域と流通』(前掲)、表二七。橋本屋・久住・湯浅屋・栖原は銚子場組、小川市兵衛は元場組に属していたが、いずれも紀州出身と主張している。

(8) 近江屋長兵衛家文書、七七二番。

(9) 近江屋長兵衛家文書、七九九番。

(10) 三好昭一郎他『阿波の歴史』(講談社、一九七五年)二〇二〜二〇七頁。

(11) 拙稿「阿波藍商と肥料市場(一)」(『東洋大学文学部紀要』六四　史学科篇三六、二〇一一年)。

(12) 例えば、明治二〇年代には、肥物商組合の総取締を神崎屋金沢仁兵衛が勤めている(『大阪靫肥料市場沿革史』、大阪府肥料卸商業組合、一九四一年)。

(13) 拙稿「阿波藍商と肥料市場(一)」(前掲)。

(14) 上村雅洋『近世日本海運史の研究』(吉川弘文館、一九九四年)、森本幾子「幕末期の中央市場と廻船経営」(『ヒストリア』一七七、大坂歴史学会、二〇〇一年）、同「幕末期阿波国における地域市場の構造」（『ヒストリア』一八八、大坂歴史学会、二〇〇四年）。

(15) 石井寛治『経済発展と両替商金融』（有斐閣、二〇〇七年）六四～六五頁の図一－一。

(16) 中川すがね『大坂両替商の金融と社会』（前掲）一〇五頁。

(17) 大阪干鰯商仲間記録、三二番、天保三年「干鰯組触書控」。

(18) 岩橋勝作成「近世米価・貨幣相場一覧」（『日本歴史大事典』索引・資料、小学館、二〇〇一年）。

(19) 拙稿「大坂干鰯屋近江屋長兵衛と地域市場」（前掲）、同「大坂干鰯屋近江屋市兵衛の経営（一）」（『東洋大学文学部紀要』六七　史学科篇三九、二〇一四年）。

(20) 大阪干鰯商仲間記録（前掲）。以下、表1中に出典を記したので、引用史料以外は出典を記載することは省略した。

(21) 近江屋長兵衛家文書、八九九番。

(22) 大阪干鰯商仲間記録（前掲）、二七番、文政六年六月「組合触印形帳」。

(23) 大阪干鰯商仲間記録（前掲）、三二番、天保三年正月「干鰯組触書控」。

(24) 大阪干鰯商仲間記録（前掲）、三九番、天保一二年二月「申合印形帳」。

(25) 近江屋長兵衛家文書、七六〇番。

(26) 近江屋長兵衛家文書、四九六番。

(27) 近江屋長兵衛家文書、八〇七番。

(28) 近江屋長兵衛家文書、八四五番。

(29) 大阪干鰯商仲間記録（前掲）、三一番、天保二年「干鰯触書控」

(30) 近江屋長兵衛家文書、九二六番。
(31) 近江屋長兵衛家文書、一一六番。
(32) 近江屋長兵衛家文書、八〇九番。
(33) 近江屋長兵衛家文書、七七一番。
(34) 相良町編『相良町史』通史編 上巻(相良町、一九九三年)、八五五〜八八三頁。
(35) 近江屋長兵衛家文書、八三七番。
(36) 近江屋長兵衛家文書、八一八番。
(37) 近江屋長兵衛家文書、八一七番。
(38) 近江屋長兵衛家文書、九四〇番。
(39) 近江屋長兵衛家文書、八三一番。
(40) 近江屋長兵衛家文書、八四二番。
(41) 近江屋長兵衛家文書、九四〇番。
(42) 近江屋長兵衛家文書、八〇四、八二六、八二七番。
(43) 近江屋長兵衛家文書、八〇五番。
(44) 近江屋長兵衛家文書、八一六番。
(45) 近江屋長兵衛家文書、八三四―二番。
(46) 近江屋長兵衛家文書、八一三番。
(47) 近江屋長兵衛家文書、八二八番。

（48）　近江屋長兵衛家文書、八〇六番。

（49）　近江屋長兵衛家文書、八二二番。

〔付記〕　本論文は二〇一七～二〇一九年度文部科学省科学研究費補助金「近世後期の市場変動と肥料商」（課題番号一七K〇三一〇八）の成果の一部である。論文作成にあたっては、大阪市史編纂所、国文学研究資料館、牧之原市史料館などの関係諸機関の皆様の御協力をえた。記して深謝の意を表す次第です。

近世領主家の地誌編纂と地域社会
―「私領」領主都城島津家の『庄内地理志』編纂とその意味―

山下　真一

はじめに

近世の地誌編纂事業については、幕藩領主たちが、自らが治める地域を把握するために実施するもので、極めて「政治的」なものとされる(1)。その編纂された地誌の内容についてみると、対象となる地域の歴史や由緒、領主や役人等の変遷のほか、地域の名所・旧跡、土産・風土等あらゆるものが記録されている。こうした地誌に記録された地域についての詳細な記述は、それを手にし、目にした人々に多くの情報をもたらすことになる。幕藩領主によって編纂された地誌は、必ずしも刊行・公開を意図したものではなかった。しかし、その編纂過程には多くの人の関与・協力があり、それらを通して得られた情報が、編纂に関わった人々、すなわち領主と領民に共有されることになったのではないかと思われる。したがって、地域についての詳細な記録である地誌の編纂過程をみていくことで、地誌そのものや領地に対する領主の意識、地域住民の意識を探ることにつながるのではないだろうか。

さて、近世日本の地誌編纂事業については、一八世紀後半〜一九世紀に幕藩領主による地誌編纂事業が行われるようになり、その影響を受けて、地域社会でも活発化したと言われている(2)。鹿児島藩でも、こうした動向の影響を受けて、同じ時期に『薩藩名勝志』『三国名勝図会』といった地誌の編纂が開始された。

白井哲哉氏によれば、近世日本の地誌編纂について、「近世領主制原理の制約下にあって、その実現には多大な困難を伴った」とされ、近世には、全国的規模での地誌編纂は完結せず、明治維新政府の『皇国地誌』でようやく実現したという(3)。つまり、江戸時代に幕府が地誌編纂事業を企画し各藩へ内命を下したものの、それは貫徹することはなかった。このように江戸時代において地誌編纂事業は、全国的には困難な状況にあった中で、鹿児島藩及びその家臣である都城島津家ではそれを実現したのである。

近世大名島津家の家臣で、都城地域(現在の宮崎県都城市の大部分と宮崎県北諸県郡三股町の一部)を領主として治めた都城島津家は、近世後期に全一一三巻からなる『庄内地理志』という地誌を編纂した。これに関わる従来の研究では、藩の地誌編纂事業との関係や作成者、並びに書誌的情報、都城島津家で行われた『庄内地理志』編纂がなぜ実施されたかについて検討され、多くのことが明らかとなっている(4)。ただ、領主の政治的行為である地誌編纂事業が成立するには、家臣・領民の受容・協力が必要であることや、他の藩では実現できなかった地誌編纂が、大名ではない「私領」領主(5)によってなぜ実現できたのか、といったことについて明らかにしていく必要があろう。

そこで本稿では、『庄内地理志』の編纂が、地域の人々や地域社会に与えた意味について明らかにすることを課題としたい。地誌の編纂には家臣や領民の協力が不可欠であるが、では、なぜそれが可能となったのか、その調査過程についてもあわせて検討していきたい。

一　江戸幕府と鹿児島藩による地誌編纂事業

ここではまず、『庄内地理志』編纂に影響を与えた幕府と藩の地誌編纂事業について、先行研究をもとに概観しておきたい(6)。地誌とは、一定地域の地理・文物・風俗を記した書物の総称で、地理書・歴史書から、名所記・紀行文、さらに寺社縁起の類まで広く包括したものである。その中で近世の地誌は、主に近世から近代初頭にかけて編纂・刊行されたもので、ある領域の地理及び歴史に関する書物とされる。

太宰春台は地誌を「天下ヲ治メル道具」（太宰春台『経済録』）であるとしており、その編纂は領主支配を象徴化する政治的行為であったといえよう。つまり、地誌作成は領主らによる地域掌握の手段であり、領土支配の象徴であったのである。

江戸時代における地誌の編纂は表1に示したように大きく三期に分けられる。すなわち寛文期の第一期、享保期の第二期、そして化政期を中心とした第三期である。このうち第三期が最も活発に作られており、一九世紀前半は地誌の時代といわれている。この時期に作成された主な地誌として、『新編会津風土記』（会津藩）、『水府志料』（水戸藩）、『尾張志』（尾張藩）、『続紀伊風土記』（紀州藩）、『芸藩通志』（広島藩）、『新編武蔵国風土記稿』（幕領）等がある。

江戸幕府による地誌編纂については白井哲哉氏による先行研究があるので(7)、ここでは各期における鹿児島藩の地誌編纂について、表1をもとに概観しておきたい。

鹿児島藩において第一期は特に地誌編纂の動きはなく、第二期に全国的な飢饉から元文二年（一七三七）に薩摩・大隅両国の産物帳が、また、宝暦六年（一七五六）には幕府国目付の求めに応じて『地誌要略』が作成されている。

第三期は、全国的規模で地誌編纂体制が整った時期で、幕府では享和三年（一八〇三）に地誌調所を設置するなど、官民で多くの地誌が編纂されている。鹿児島藩においても、この時期には地誌の編纂が活発であった。それは安永八年（一七七九）に飢饉となったことから、その把握のために島津重豪により地勢調査として、天明～寛政年間（一七八一

表1　幕府と鹿児島藩による地誌編纂事業

期	年代	幕府の地誌編纂事業	鹿児島藩の地誌編纂事業
一期	寛文期（一六六一〜七三）	・徳川家綱の寛文印知。領地と郡村名の確定のため、幕府が地誌編纂を企図。 ・会津藩主保科正之、山崎闇斎執筆の『会津風土記』完成。 ・幕府による地誌編纂は行われず。	特になし
二期	享保期（一七一六〜三六）	・徳川吉宗が地誌編纂に興味を示す。中国や日本の地誌を収集。 ・西日本が災害により大飢饉↓人口調査・産物調査・薬草調査実施。 ・丹羽正伯『諸国産物帳』。 ・江戸幕府による官撰地誌、並河誠所『日本輿地通志畿内部』（『御畿内志』）。	・元文二年（一七三七）に薩摩・大隅両国の産物帳作成。 ・宝暦六年（一七五六）幕府国目付の求めに応じ『地誌要略』作成。
三期	化政期（一八〇四〜三〇）	・全国的規模で地誌編纂体制が整った時期。 ・松平定信が地誌に興味。 ・古川古松軒が『東遊雑記』『西遊雑記』編纂。 ・享和三年（一八〇三）幕府に地誌調所設置。文化六年（一八〇九）『徳川実紀』の編纂開始。 ・『新編武蔵風土記稿』『新編相模風土記稿』等の編纂。 ・編集方針…仮名書き、村別記載、現地の悉皆調査、古文書・金石文などの影写記載。 ・全国規模の統一的地誌はできず。	・安永八年（一七七九）飢饉。島津重豪により地勢調査として天明〜寛政（一七八一〜一八〇一）『名勝志』編纂事業↓記録奉行本田親孚により文化三年（一八〇六）『薩藩名勝志』全一九巻完成。 ・重豪の命により白尾国柱『麑藩名勝考』（寛政七年＝一七九五）。 ・文政期、本格的に地誌編纂事業。『薩藩名勝志』の再編集＝深刻な農村荒廃、藩の実態把握のため↓文政七年「名勝志再撰方御座」の設置↓天保一四年（一八四三）『三国名勝図会』六〇巻二〇冊の完成。橋口兼古・五代秀尭・五代友古・橋口兼柄。

（出典）白井哲哉『日本近世地誌編纂史研究』（思文閣出版、二〇〇四年）、原口　泉「近世地誌における庄内地理志の位置」（『都城市史　史料編　近世1』、二〇〇一年）、重永卓爾「『庄(荘)内地理志』の成立年代と編集に携わった人々」（『都城市史　史料編　近世1』、二〇〇一年）、拙稿「『庄内地理志』の編さん」（『都城市史　通史編　中世・近世』、二〇〇五年、一二六九〜九三頁）をもとに作成。

～一八〇二）に『名勝志』の編纂事業が行われ、文化三年（一八〇六）に『薩藩名勝志』全一九巻として完成している。また、重豪の命により、寛政七年（一七九五）に白尾国柱によって『麑藩名勝考』が編纂され、文政期（一八一八～三一）になると、さらに本格的に地誌の編纂が行われた。それは先に編纂した『薩藩名勝志』の再編集であり、深刻な農村荒廃、藩の実態把握のためであった。重豪は文政七年、藩に「名勝志再撰方御座」を設置し、藩内の領主らに命じて調査を実施させた上で、天保一四年（一八四三）に『三国名勝図会』六〇巻二〇冊として完成している。このように鹿児島藩では第二期に地誌の編纂が行われるようになり、第三期において活発化して、藩をあげての大事業となったことがわかる。

ところで、幕府による地誌編纂事業の中で『新編武蔵風土記稿』編纂事業について、『庄内地理志』編纂過程との比較の上で先行研究をもとに概観しておきたい(8)。

『新編武蔵風土記稿』は文化七年冬に編纂に着手され、提出された草稿に頭取たちが修正や校正を行い、文政一二年に原稿完成、天保元年に浄書が終了、将軍へ献上された。

その編纂者についてみると、地誌調所の所員とそこから委託された八王子千人同心のスタッフであった。八王子千人同心とは、戦国時代末期に武蔵国多摩郡八王子周辺に土着した甲斐武田氏の旧臣を母体とし、徳川家康の関東入国に際して編成された郷士集団のことで、地元に密着した武士であった。地誌調所は、享和三年（一八〇三）に江戸湯島昌平黌（昌平坂学問所）の学寮区域（現東京医科歯科大学構内）に設置され、幕末まで続いた組織である。ここは、日本全国の地誌や絵図等、地理関係書類書籍の収集、目録作成を行う部署で、各大名へ地誌編纂の内命等を行った。また、江戸幕府直轄領の多い関東での地誌編纂も実施している。この地誌調所における『新編武蔵風土記稿』の編纂担当者は、老中松平信明と若年寄堀田正敦を筆頭に、大学頭の林述斎・筑紫孝門、頭取の間宮士信・松崎純庸・三島政行らで、彼らは当代の知識人であったという。

その編纂方針をみると、当初は郡単位としていたが、のちに村・町ごとに項目を記載することに変更されている。また、仮名書き、村別記載、現地の悉皆調査、古文書・金石文などを影写記載することとし、さらに村ごとに神祠・仏堂・名所・陣跡・山川・原野・城址ほかを網羅し、絵図など図版を入れることになっている。

このときの地誌調所の業務と編纂活動をみると、現地調査が文化一一年～文政七年(一八二四)と、その後、追加調査を経て文政一二年に完了した。調査担当者は、一週間程度かけて多くの村々を調査し、現地では旅籠や名主の家などに宿泊、さらに近隣の村からも村役人を集めて調査を行い、村役人や古老からの聞き取りも行っている。

二　『庄内地理志』編纂の前提

『新編武蔵風土記稿』の事例でも見たように、地誌編纂事業が実施されるには、それを実施する政治的・社会的動向、そして担当する部署の設置と担当職員の存在が前提として必要であろう。そこで、ここでは『庄内地理志』編纂が実施される前提について、概観しておきたい(9)。

鹿児島藩における記録所の問題については、すでに五味克夫氏や林匡氏によって検討されている(10)。それらによると、島津家久の代に幕府による『寛永諸家系図伝』編纂のために御文書奉行が設置され、そこが『新編島津氏世録正統系図』も作成した。この御文書奉行が記録奉行・記録所へと発展していくが、当初の主な役割は島津本家の文書の記録保存と家臣団の由緒調であった。それが、近世中期以降、地誌編纂の動きと連動し、藩の文書の整理・保存、史料の調査を実施するようになっていったのである。

都城島津家にも記録方と称する機関があり、これも藩と同じような流れで設置され、その機能を変遷させていった。都城領主島津久理《ひさみち》が元禄五年（一六九二）に系譜の作成を企画するが、それに伴い元禄一〇年頃に記録奉行が設置されている。やがて、藩による地誌編纂事業が盛んになるのに伴って、記録方は正式な機関となっていった。この記録方の機能は、文書の管理、史料の調査・収集、系譜・地誌の編纂等であった(11)。

次に『庄内地理志』について簡単に紹介しておこう。『庄内地理志』とは、都城島津家が独自に編纂した地誌で、一一二巻と拾遺一巻の全一一三巻からなっていたが、現存するのは一〇三巻である(12)。都城の風土、名所・旧跡、土産、由来、政治機構、当時残る古文書・古記録、系図、社寺縁起、棟札、石塔等が収録されており、現代の視点で見ると、都城の百科全書ともいうべきものといえよう。

『庄内地理志』の編纂事業は島津久倫《ひさとも》の代に開始され、その子久統《ひさのり》の代に、およそ三〇年の歳月を要してまとまったようである(13)。この二人の主な業績をまとめたものが表2である。父の島津久倫は家臣を多く江戸や京都へ遊学させており、また後の学校となる稽古所（後の学問所・明道館）や武道所である講武館を設置している。このほか、「観音瀬の開削」と呼ばれる河川流通の整備を目的とした大規模な河川改修事業や、かつて実施されていた領主による諏訪神社祭礼及び直参の再興も実施している(14)。子の久統も藩の儒学者白尾国柱と親交があるなど学問との縁が深く、また家臣を京都や頼山陽に学ばせるなど、両者とも家臣に学問、特に儒学を奨励し、人材育成に努めた人物であったといえよう(15)。

表2　島津久倫・久統の主な事績

	島津久倫	島津久統
生年月日	宝暦九年（一七五九）六月二六日	安永一〇年（一七八一）二月一四日
家督相続年	宝暦一二年（一七六二）	文政二年（一八一九）
死去年月	文政四年（一八二一）八月二日	天保五年（一八三四）七月九日
事績	①安永七年（一七七八）稽古所（後の学問所・明道館）、同九年、講武館設置 ②家臣を積極的に遊学させる ③大淀川河川改修事業の実施	①白尾国柱と親交 ②家臣志摩清右衛門、京都留学、漢学を学ばせる ③大河原世則を頼山陽に学ばせる

（出典）「都城島津家歴代史」（都城市所蔵「都城島津家史料」）

三　『庄内地理志』の編纂過程

ここでは、『庄内地理志』がどのように編纂されていったのかについて、具体的に見ていくことにしよう。なお、編纂当初からの状況については「日々史」という編纂日誌が残されており、それをもとに検討していくことにしたい[16]。これは、表紙に「寛政十年九月」の年号が付されており、「庄内旧伝編集方」によって作成された寛政一〇年（一七九八）九月三日[17]〜一一月一八日の記録である。

〔史料1〕

御記録奉行　北郷良之進

右同　　重信弥市郎
右同稽古　神田橋新左衛門
　　　　　河合正八郎

右は今度庄内旧伝偏（編）集被　仰出、右人々え古今伝来旧伝之儀偏集被仰付候に付、十五帖敷え座相立致筆立候様可
被申渡候、此段申渡候、以上

午九月三日　　北郷新太郎
　　　　　　取次北郷彦右衛門

右之被仰渡候間、筆取壱人被仰付度北郷彦右衛門を以申出、荒川佐長へ被仰付候、

この冒頭部分によると、寛政一〇年九月三日、島津久倫は「庄内旧伝偏集」を企画し、それを実施する部署を設置した。この部署の名称は「日々史」の表紙から「庄内旧伝偏集方」である。その担当役人は、御記録奉行に北郷良之進と重信弥市郎、同稽古に神田橋新左衛門と河合正八郎、そして実質の調査担当者である筆取に荒川佐長（儀方）が任命されていることがわかる。この「庄内旧伝」が『庄内地理志』編纂につながったものと思われるが、それは、『庄内地理志』の実質的担当者が荒川儀方であったこと、[18]『庄内地理志』の凡例に「凡そ旧伝編集のこと、詳らかに部冊の郷村に配当す」とあることからも窺うことができよう。

ただ、旧伝編集方の設置は、『庄内地理志』だけの編纂を目的にしたものではなかった。「日々史」にその契機について窺うことができる記述がある。

〔史料2〕[19]

九月十八日　薄晴　　　　北郷良之進

重信弥市郎
神田橋新左衛門

（中略）

一旧伝取調方筆取荒川佐長出勉也、
一鹿児島え差上候都城古戦場絵図書調方、今日より弥市郎致筆立、正七ツ時拾五帖敷致退座候、

「日々史」は、まず日付と天気及び出勤者が記される。そして、一つ書きでその日の業務内容等が記録されている。ここに「鹿児島え差上候都城古戦場絵図書調方、今日より弥市郎致筆立」とあることから、鹿児島（藩）へ提出するための「都城古戦場絵図」の作成が九月一八日から重信弥市郎によって始められていることがわかる。つまり、都城島津家で藩の命令に応じて調査が開始され、その集積が『庄内地理志』編纂へとつながっていったものと思われる。

そこで、庄内旧伝編集方が実施した調査について具体的に見ていくことにしたい。「日々史」は庄内旧伝編集方設置から現地調査の様子が詳細に記録されている。これによれば、九月一一日の項に「今日より十五畳敷え偏集座相立、荒河佐長罷出候事[20]」とあり、この日に「編集座」が設置され、編纂業務が開始されたことがわかる。九月一五日には「筑後様御事御広間え被遊　御出座候て、御目見被遊　御覧候に付、御記録座編集方取調無之[21]」と、領主久倫が庄内旧伝編集方を視察していることから、その任務は領主にとって重要な位置付けがなされていたことがわかる。

また先に見たように、九月一八日には、鹿児島へ提出する古戦場絵図の作成が開始されているが、九月二八日からは現地調査が実施されている。

〔史料3[22]〕

九月廿八日　　曇

御記録奉行　重信弥市郎

考史　荒川佐長

一麑府御記録奉行所より庄内古戦場、里数・方角之儀御糺方被仰渡趣有之、且又都城旧伝偏集方、此御方より被仰出、御記録方え偏集被仰付、彼是之取調へ方として、今日四ツ時致出立候、尤佐長事、為筆取附廻候様被仰付候、

一放火場紫尾田・徳益え直に差越致見分候、庄や召列候、

一紫尾田　都城麓より北に当り拾七八町廿町程有之候、

紫尾田之下大川筋隈を流、本絵図に少々相違、

徳益　右紫尾田より北山谷つづき、右両所人家古来当分之候由庄や申候、

横市

一新宮陣跡為一見新宮門名頭勘太当年にて六十五歳所え立寄、曖恒松吉左衛門幷横目致出会、小城之内新宮六社権現より古城一見、麁絵図壱通り相認候処、夕暮に相成候、

一天下天神之見守蒲生平右衛門系図之儀ハ、同家之安永居住蒲生平左衛門所持之由、所役より申出候、

安永

一横市在宿より夜入安永泊宿西俣八百助宅へ相着候、曖役亀沢諸左衛門出会、尤出会尤（ママ）蒲生平左衛門古戦場案内、且古来之伝記幷系図一件之儀に付御用申渡候処罷出候、

一所中系図幷古キ書記見合之儀、曖役幷平左衛門え申附候、

まず、九月二八日に、御記録奉行重信弥市郎と、ここでは「考史」という肩書である荒川佐長の二人が出勤していることがわかる。それは、鹿児島御記録奉行所から庄内古戦場の里数・方角について調査するように命令があったこと、また「此御方」すなわち領主久倫からも御記録方へ「都城旧伝編集方」に関わって様々な調査が命じられたこと

に対応するためであった。ここからも、藩の命令による業務と都城島津家独自の業務を合わせて実施していることが窺えよう。そして「四ツ時」（午前一〇時）に重信弥市郎が調査に向けて出発するが、荒川佐長を「筆取」として随行するよう命じられている。

この日は多くの調査をこなしており、まず記録方の役所から約二・五㎞のところ位置する「紫尾田《しびた》」（都城市志比田町）の調査を行っているが、そこの庄屋を案内役として伴っている。ここでは、庄屋に説明を求め、現地の川の様子など地形の調査を絵図と対照しながら行っている。その後、横市（都城市横市町）へ向かい、「新宮陣跡」を見るために今年で六五歳になる新宮門名頭《みょうず》の勘太宅へ立ち寄り、そこで噯《あつかい》の恒松吉左衛門及び横目と会っている。そして新宮六社権現から古城を一見した上で、粗絵図をひと通り描き上げたところで夕暮れになったという。ここではさらに「天下天神之見守」である蒲生平右衛門の系図を、安永（都城市庄内町）に居住する同家の蒲生平左衛門が所持しているとの情報を所役（在地の役人）から得ている。

その後、夜になって安永の宿泊所である西俣八百助宅へ到着し、そこで安永の噯役である亀沢諸左衛門と会っている。また蒲生平左衛門が古戦場の案内と古来の伝記や系図のことで来宿し、所中の系図や古い書付を提出するよう噯役と平左衛門に命じているのである。

ここでは地域の役人や、六五歳になる百姓の責任者を集め、古老からの聞き取りを行い、また、地域に残る絵図や系図、古文書・古記録等の提出も求めるなど非常に細かい調査を実施していることがわかる。翌二九日も作成した粗絵図の精査のため再び横市へ向かい、実地調査を行っている。ここでも所役人を伴い彼らに説明を求めながら、測量も含めた調査を行い、絵図二枚を完成させている。このほか、新宮六社権現の祭礼日や、古来の祭りのあり方を調査し、横市衆中（横市の郷士）から系図を差し出させている。その後、安永宿に戻り、そこでさらに地元に残存している系図を提出させ、閲覧・調査を実施している[23]。このように現地調査にあたっては、その地域の人々を動員し、協力を求めながら行っていることがわかる。

現地を調査するときには、事前に記録奉行の重信弥市郎名義で、調査先である各郷の噯宛に公文書で依頼している。その文書の写しが一〇月一日付の記録に掲載されている。

〔史料4〕[24]

此節諸所古戦場為見分近日廻勉致候、且又古来諸所へ相伝り居候旧記等之儀糺方被仰渡、見合に相成筈候間、所中相糺、古キ系図又ハ諸覚書等持合之人有之候ハヽ、取揃置差入候節旅宿え可被差出候、差入日限之儀は追て可申越候間、其内相糺可被置候、此段前ひろ申越置候、以上

午九月廿九日　　重信弥市郎

山田　志和池　野々三谷　金田　高木

梶山　寺柱　北田部　安久　梅北

右諸所噯中

この九月二九日付の依頼文によれば、古戦場跡の調査のため現地を訪れるにあたって、諸所に伝来する旧記についても検討するように領主の命令を受けた。そこで、見分を行うので、それぞれが管轄する場所を調査し、旧記等を持つ者がいれば、取り揃えて旅宿へ提出するよう求めている。また、現地入りの日時については追って連絡するとしている。実際、山田（都城市山田町）には調査入りの前日に改めて山田噯宛の文書が出されている[25]。また一〇月四日には、山田城を見分し御仮屋へ立ち寄った後に、弥市郎と佐長が二手に分かれて調査している。弥市郎は案内を伴い東霧嶋《つま》御陣跡、佐長は遠目塚を通って渋谷九助石塔等を見分している。そして志和池の薄谷《すすきたに》（都城市丸谷町）という地域の勘

十宅へ到着、曖役の永山五左衛門と横目岸良休右衛門と会見している。ここで、旧跡の案内として前田作右衛門に依頼する旨の一〇月五日付の「御記録方　重信弥市郎」差出の書付(依頼文書)を曖役へ渡している。[26] このように、在地の史料提出や案内者の依頼は、各郷の曖へ公文等で事前に通知していることがわかるだろう。

調査先への公文書での依頼は数多く見られ、一〇月一〇日にも重信弥市郎から梶山浦曖中宛の文書で、当日に古戦場見分として訪れること、古文書や系図等を収集して旅宿へ提出するよう求めている。さらにこの中で「尤昔之物咄之類、兼て為存人も有之候ハヽ、召烈可被差越候」と、昔のことを知る人物の選任と出席も求めているのである。[27]

調査では、史料3でみたように、地域の古老や名頭等の農民、庄屋や横目、曖といった役人(武士)の協力が必要であった。また一〇月一日には次のような記述がある。

〔史料5〕[28]

拾月朔日　晴

(中略)

一小松ヶ尾合戦之時、大野田之辺道筋相違之場所見分致居候折節、年齢七拾歳計之老人樵候と相見得、傍に薪を卸し、いぶりし気味体にて聞居候故相尋候処、老人答て、昔小松ヶ尾合戦に戦死仕たる笠野七郎と申者之子孫笠野伴右衛門と申者にて御座候が、彼承り居候ハヽ、往古源次郎一乱之節之道筋にて無之、川之渡りも相替候由にて、今之道筋より三四町も東に出水有之候が、其節の太刀洗にて候ハヽ、申伝候、(中略)夫より老人案内にて坂之上に上り候処、小松ヶ尾合戦之砌首塚とて申伝候、藪之内相成居候首塚にハ相違有間敷と見得候、爰にて戦場間数方角相考候、是より小松ヶ尾之方当分之道筋より一町計東之方に小松壱本有之、是則古道之目印と仕候由申候、是より笠野ハ罷帰候、(後略)

ここでは、合戦場跡の調査にあたり、道筋の相違があったためその近くにいた老人に色々と質問している。そして、その老人の案内で調査を続けて多くの成果を得ている。他にもこうした記述は多く見られ、一〇月三日には「山田旧跡為案内津曲貞右衛門古江迄差越候(29)」、一〇月八日には「大谷原より小谷頭之首塚并遠目塚、上井仲五致見分候、於此所野々三谷噯細山田平蔵并旧跡為案内児玉助右衛門致出会候(30)」とあるなど、調査先においてそれぞれ地元の人を案内役として立てている。

さらに調査時において特徴的なのは、伝来する絵図と現地との照合や、新たな絵図の作成を行っていることである。一〇月一日の乙房丸《おとぼうまる》（都城市乙房町）では、馬籠《まごめ》の古陣跡の絵図を調査しながら作成しており(31)、翌日に調査結果を絵図中に書き記している(32)。さらにこの日には、慶長四〜五年（一五九九〜一六〇〇）に起こった「源次郎一乱」（伊集院忠真《ただざね》の反乱＝庄内の乱）時の北郷忠能《ほんごうただよし》の備えの場所について絵図との照合を行い、「惣絵図ハ道より西に印シ付有之候へとも、相違有之と見得候に付、此節御備場所道より東に書記し置也」と、絵図の誤りを修正している。この日は他にも絵図との照合で異なっている場所があり、古老からの聞き取りを行い、夕方には地元に残る山田城の絵図を提出させている(33)。翌日には、都城島津家が南北朝時代に居を構えたとされる薩摩迫（都城市山田町）の調査を実施、ここでも絵図に間数や方角等の詳細な情報を記入している(34)。一〇月六日には前日に調査した「鳥越之陣并丸谷・岩満居屋敷之図、致草図置候事(35)」と絵図の草案を、その翌日の七日には雨で調査できないために旅宿でこれまで作成した諸所の図面の校正と方角・里数を「相考、図面に書入」れている(36)。

調査の成果として作成した絵図の内「薩摩迫御殿旧跡之図・横市新宮古陣跡之図・大根田蒲生武範古屋敷之図・馬籠古陣跡之図」は一〇月四日に「今日幸便に付、北郷良之進殿、神田橋新左衛門殿方え相遣」と、現地から編集方の役所へ送付している(37)。

調査者は役所へ帰らず、連日現地に宿泊しながら調査を進めていた。その宿泊先は、武士身分・百姓身分を問わずに現地の家々を旅宿としていたのである。例えば、九月二八日には安永の郷士西俣八百助宅に宿泊し、(38)一〇月一日には「立野門在郷休蔵」つまり百姓宅に宿泊している。(39)このように、調査は身分を問わずに地元の人を巻き込んで実施されていたことがわかるだろう。

このほか、特筆すべきことが一〇月一二日項(40)にみられる。

〔史料6〕

拾月十二日　晴

（前略）

一廻勉先於諸処、諸系図幷諸書付等編集方に付、見合に可相成書ハ御書入相成候、家名記置、嗳役又は当人え証文書認渡置候、御用相済候て、召返シ候節ハ証文取揚候て点を記置事、（中略）

此節古戦場為見分諸所差廻り、大根田え差越申処に、仙巌様財部城御抜被遊候砌、天下天神え御奉納之御長刀拝見仕候、当分蒲生平右衛門家え覚護仕来り候処、覚護方麁抹相見得申候、右に付、入箱調方被仰渡、納メ置候様被仰付儀にてハ有之間敷哉奉伺候、御申上可被下候、以上

午十月十六日　　　重信弥市郎

北郷弥九郎殿

調査の際に、確認したあるいは提出された史料の保存について配慮している様子がうかがえる。すなわち、前段では諸系図や諸書付などの編集方において、預かって調査する史料については、嗳役または当人へ証文を渡し、返却した時には証文を受け取り、それに点を記すとしている。また後段では、仙巌様（八代北郷忠相《ただすけ》）が財部城を攻略した時

に天下《あもり》天神に奉納した長刀を見聞した際、その保存状態が粗末であったことから、箱を新調して、それに納めるように手当てしてほしい旨の意見書を、一〇月一六日付で家老に送付したことがわかる。つまり、調査にあたって、単に調査を実施するだけでなく、史料保存も視野に入れていたのである。

一〇月一三日〜一五日については記録がなく、一〇月一六日からは荒川らが役所に出勤していることがわかる(41)。つまり、この時に古戦場の調査を一応終了したものと思われる。帰還後、絵図の整理が行われるが、まず一〇月一八日には古戦場絵図用の紙の継ぎ方を岩満藤蔵という人物が勤めている。この日が三日目と記されていることから(42)、紙継ぎの作業は一六日から始めたことになろう。絵図の整理は長峯良八(等隠《とういん》)が担当している。長峯等隠は都城島津家の家臣であり、狩野探淵に師事した絵師である(43)。

一〇月一八日に「河合正八郎病気にて出勉無之候へとも、勲功記取扱方之儀、於宿元押て被相勉候」とあり(44)、この日からは「勲功記」の編纂が河合正八郎の担当で実施されている。そして一一月三日に「北郷家御勲功記壱冊、中清書成就にて、今日河合正八郎差出有之候に付、右勲功記壱本、古戦場麁絵図壱枚取揃差上候間、追て本清書之上鹿府へ差上候筈にて候」と、「北郷家御勲功記」と「古戦場麁絵図」が一応の完成を見て、河合正八郎により提出された。なお、いずれも本清書の上、鹿児島へ提出するとしている(45)。

都城島津家に伝来する藩に提出した「北郷家御勲功記」の控えと思われる「北郷勲功書上」の奥書には「此節御改撰方御用ニ付、当家之儀者古キ家柄ニ付、旧功之伝来も有之筈候間、相しらへ申上候様被仰渡、相糺シ申候処」とある(46)。つまり、藩の指示に基づき「勲功記」の編纂は実施され、古戦場の調査もこの事業の一環として実施されたものであろう。

以上、見てきたように庄内旧伝編集方は藩の命令に応じた業務をこなしつつ、これらの成果を「庄内旧伝編集」すなわち『庄内地理志』編纂に発展させていったのであろう。そこでは、地道で綿密な現地調査が実施されている。編集方の役人は地域へ依頼文書を送付するなど協力を求め、それに応じた郷士や百姓・古老など、地域住民の存在があって初めて可能となったのである。

四　編集方針

ここでは幕府の地誌編纂事業との関連を探るために、『庄内地理志』の編集方針についてみていきたい。そこで、『庄内地理志』の冒頭に掲載されている「凡例」をもとに検討する。

先述したように編纂にあたっては、地域住民の協力による綿密な現地調査が実施された。記述にあたっては地誌調所による『新編武蔵風土記稿』の編纂方針と同じく仮名交じり文が採用されており、次のような記事を網羅するとしている。

〔史料7〕(47)

凡そ旧伝編集之事、詳に部冊之郷村に配当す、由緒次第第一日向国之事、第二諸県郡之旧記、第三荘内之故事、第四北郷・中郷・南郷・三俣院、第五都城・安永・山田・志和池・野々美谷・梶山・梅北等は、何れも往古より領主・地頭之次第年月、第六其内之村名二十二ヶ所を分、第七は一村内之鹿倉・里山・門名・森林・野方之名幷名所・旧跡・神社・仏閣之由来、川筋・土産物、郷村界縄引、一村之高頭に御検地度々之年鑑、御当家御領所不残故事来歴を分て誌之、旧記実録を糺し、（後略）

つまり、①日向国の由緒、②諸県郡の旧記、③庄内の故事、④北郷・中郷・南郷・三俣院の位置、⑤五口六外城の領主・地頭の歴任者と就・退任年月、ただし、伊集院時代は記されず、⑥村名、⑦村ごとの地名・名所・旧跡・神社・仏閣の由来、川の名前や土産、村の範囲、村高などのあらゆること、すなわち、「都城島津家領のことについては残らず故事来歴を記す」としている。そして、旧記・実録を確認・再検討することも掲げている。これらの実践については、先述した通りである。こうしたあり方は、幕府の地誌調所による『新編武蔵風土記稿』の編纂方針と同様のものであったといえよう。

この他に都城島津家特有の方針もある。これは、凡例二一条目に「此書巻之内一冊にても紛失に及ハ御領内相欠と同し、能取扱可念入事（この書巻のうち一冊でも紛失してしまえば、それは領内が欠けたのと同じであるから、十分に気を付けて扱うように）」とある。(48)これは『庄内地理志』は都城島津家の象徴として位置付けていることを示していよう。また、四二条目には、山野や屋敷、寺中之墓塚等については、慶長・元和・寛永以前のものを収録する方針だが、それ以後のものであっても「勇士・勲功有る人は、百姓・町人・凡下成とも記之（勇士や勲功のある人に関係するものは百姓・町人などであっても記す）」としている。(49)

また、四七条目には次のような記載がある。

〔史料8〕(50)

一神社・仏閣・神体・仏像・仏具・書画・古宝器之類、此書に洩るゝ事無之といへとも、今世新敷下賤愚人之名聞に建立せしは除く也、新敷不細工成共、大家・貴人之寄進物は書記す、いかにも記しかたきハ、真言宗不残、其外大地之寺院辻堂之内、年番順礼に相重ミ都合八十体、弘法大師石像彫刻後背之銘文化□　山元松兵衛と彫付有、是ハ後町之町人山元松兵衛兼て仏心深き者、神体・仏像、数を並べ崇敬すといへともあきたらす、加治木之石工を以て、都て之入目八拾貫文に及ひ相調へ、寺院之住持格護人え申合せ、建立之第一名聞をかさり、石像に名前

を彫付て諸人に拝させ候は、世上に対してハ無此上無礼也、（後略）

ここでは、神社・仏閣・神体・書画などは、この書に洩れるものはないが、今世紀の新しいもので「下賤愚人」と聞く人が建てたものを除くとしている。また、金にものを言わせて建てたもの、石像等に自分の名前を刻んでその名声を得ようとしたりする者は、世の中に対して大変無礼であるので、収録し難いとしている。特に後半の主張はかなり感情的な記述にも見え、ここに編集者あるいは『庄内地理志』編纂方針の個性が見出せよう。

五　『庄内地理志』の活用

現存する『庄内地理志』を見ると、複数の写本があることがわかる。それをまとめたのが表3である。この表から、原本と想定されるものの他に写本が作成されていることがわかる。こうした複数の写本の存在は、後年に『庄内地理志』が積極的に活用されたことを示していよう。それは、巻一（凡例1）の表紙と表紙裏に欠本があることや、貸し出した『庄内地理志』の回収に奔走したことが記録として残っていることからも、窺うことができる。

まず、都城島津家に伝来した巻一（凡例1）の表紙には、明治四二年（一九〇九）一〇月に調査した記録の貼紙、表紙裏には明治一二年二月に調査した時の記録が残されている。まず、年代の早い後者から見ると、明治一二年二月に「鹿児島県青江秀」という人物が調査していることがわかる。冒頭に「庄内地理志目録」として、凡例三冊・地理志一〇五冊（計一一五冊）が掲示され、その内の欠本の巻数が記されている。これによれば、このとき四三冊が欠本となっている。さらに五年後の明治一七年三月に調査し、この時までに発見された巻数については、印が付けられており、これによれば、三三冊が発見されていることがわかる。なお、全てで一一五冊になっているのは、表3で示したように当時把握されていた写本も含めた『庄内地理志』の数である。表紙の貼紙は明治四二年一〇月に調査したもので、そのときに不足している巻が記してある。このときに一〇冊不足していることがわかる。

　このように『庄内地理志』が不足していたのは、それほど活用されていたからであろう。それを示す史料が明治期に見られる。明治三五年一一月二一日付の鹿児島県職員である祢寝重邦から都城島津家へ送られた書状(51)によれば、『庄内地理志』七六冊が借用されており、返却するとしている。ここでは「荘内地理誌七十六冊、本日到達ニ付差上申候、尤も学校へハ御邸へ送り置候旨引合置候間、御了知被下度候」とあることから、『庄内地理志』は学校から借りていき、本来の所蔵者である都城島津家に返されたものであることがわかる。なお、「追テ弐拾弐冊ハ未タ山林局ヨリ返付ナキ由、是モ到達次第返戻スルトノ事申来候」とあることから、まだ二二冊は鹿児島県山林局が借用してお

表3　『庄内地理志』諸本一覧表

	種別	表紙色	表題	筆者	備考
A本	原本	青灰色	庄内地理志	荒川儀方	
B本	写本	白	荘内地理志	荒川儀一・大河原隆作　外数人	A本をそのまま書写
C本	写本	白　簡易	荘内地理志	不明	絵図省略あり　簡易
東京大学史料編纂所本	写本	白	さまざま	内閣修史局編集久米邦武・北諸県郡役所	明治二〇年（一八八七）一一月久米邦武が北諸県郡役所に委託し謄写
図書館本	写本	白	さまざま	鶴田千蔵	昭和一一年頃、島津家が鶴田に委託し謄写

（出典）重永卓爾「庄（荘）内地理志の成立年代と編集に携わった人々」（『都城市史　史料編　近世1』、二〇〇一年）。

り、届き次第返却するとしている。さらにこの一一月二八日付の奥書では、山林局からの返却も済んで「左記ノ通返戻致候間、学校江モ引合置、御邸へ差上候間、御承知被下度候也」とあり、学校へも報告した上で都城島津家に返却している。

　ここで注目されるのは「学校」に『庄内地理志』が置いてあったことが読み取れることである。学校の借用については、『都城島津家日誌』[52]で知ることができる。その明治二六年六月八日の項に「荘内地理誌十一《ママ》冊　三、五、十、五十二、四十九、百五、五十六、六十一、七十七、八十三、右、学校ヨリ借入証書差入候、尤前以借用ノ八十八冊ヲ合テ九十九冊ニテ候事」とある。この「学校」について詳細は書かれていないが、学校に借り出され、活用されていたことがうかがえるのである。

　こうした記録は明治期の『都城島津家日誌』に数多く見られる。明治三二年七月七日には「山東行ノ部」を北諸県郡役所が活用したいとのことで、現在、県庁が借用しているため、その返却を「校長」が請求している。七月二一日の記事からはそれは「山調」に活用されていることがわかる。明治三四年三月二〇日には、現在の山の管理権について調べるための巻七十七の拝借願いがある。明治三五年一〇月二四日には、東京からの拝借依頼があるが、現在県庁山林局へ貸し出しているので、返却され次第送付するとしている。そして、明治三五年一一月二四日には「庄内地理志七十六冊、郡役所ヨリ為持相成候事」とあり、郡役所が返却していることがわかる。

　このように『庄内地理志』は明治期に郡役所や学校等で盛んに活用されていたこと。このことは、地域の人が『庄内地理志』の存在を認識しており、借用にあたり巻数を指定するなど、その内容もある程度把握していたということを示していよう。

おわりに―『庄内地理志』編纂過程の特色と意味―

以上、検討してきたことをまとめて、結びにかえたい。

『庄内地理志』は、都城島津家独自で編纂しているが、その編纂方針等は幕府地誌調所の方針を踏襲しており、こうした幕府や藩における地誌編纂事業の流れの中に位置付けることができよう。

編纂過程からわかるのは、「日々史」で見ることのできる現地調査は、藩に提出を命じられた「勲功記」に記載するための古戦場調査を主としたものであったが、それが、『庄内地理志』の編纂にもつながっていったことである。

編纂の責任者である記録奉行は、家老の次に位置する用人クラスの人物であり、また自身が直接役所に訪れるなど、この事業に対する領主の意識は高いことがわかる。編纂のための現地調査は、荒川佐長（儀方）と記録奉行の重信弥市郎が行っている。調査にあたっては、事前に絵図などの旧記を用意し、あるいは村に提出させるなどして、基本資料を用意した上で行っている。その際、重信弥市郎名で公文書を作成して曖宛に送付するのである。

現地調査は、用意した資料をもとに地域の人々（役人や古老）の協力を得ながら、その基礎資料の再検討も行った。また、調査時は調査先の農民の家に宿泊することもあった。現地調査における協力者は農民である名頭、武士身分の庄屋・横目・曖などで、さまざまな身分の者が参加した。調査が実現したのは在地役人（郷士）と農民とが近い距離にあったことが大きく影響しているといえる。『新編武蔵風土記稿』においても、編纂担当者は郷士である八王子千人同心という地元に密着した武士であった。つまり、鹿児島藩及び都城島津家の在地における行政運営システムが前提としてあって、調査が円滑に進んだのである。都城島津家で地誌編纂が実現できたのは、こうした藩及び都城島津家の支配制度が機能したからではないかと思われる。

また、地域の多くの人々が編纂に参加したことは、彼らにとっては、地元に残る史跡の再調査、再把握につながったものと思われる。これは古文書等の調査とその再確認、古老からの聞き取りからも同様の効果があったであろう。こうした現地調査とそれを記録する過程で、参加した多くの人々や、これらを見ていた人々にその地域の記録が認識・共有され、改めてその地域社会像が再確認され、あるいは新たに形成されていったといえるのではないだろうか。さらに、それは明治期になって、郡役所による山林等の地域確認や学校等で活用されるなど、新たな地域形成にも利用されていったものと思われる。

註

（1）白井哲哉『日本近世地誌編纂史研究』（思文閣出版、二〇〇四年）。

（2）羽賀祥二『史蹟論』（名古屋大学出版会、一九九八年）。白井前掲註（1）書。

（3）白井哲哉「近世政治権力と地誌編纂」（『歴史学研究』七〇三、一九九七年）。

（4）原口泉「近世地誌における庄内地理志の位置」（『都城市史　史料編　近世1』、都城市、二〇〇一年）。重永卓爾「『庄(荘)内地理志』の成立年代と編集に携わった人々」（『都城市史　史料編　近世1』、二〇〇一年）。高野信治「領域意識と地誌編纂」（同『近世領主支配と地域社会』校倉書房、二〇〇九年、初出は『地方史研究』二九八、二〇〇二年）。拙稿「『庄内地理志』の編さん」（『都城市史　通史編　中世・近世』一二六九～九三頁、都城市、二〇〇五年）。拙稿「都城島津家の領域意識と『庄内地理志』」（地方史研究協議会編『南九州の地域形成と境界性―都城からの歴史像―』雄山閣、二〇一〇年）。

（5）「私領」領主については、拙稿「近世大名家における「私領」領主家の形成―鹿児島藩入来院家を中心として―」（『地方史研究』三二五、二〇〇七年）参照。
（6）幕府の地誌編纂については白井前掲註（1）書。鹿児島藩の地誌編纂事業については原口前掲註（4）論文を参照。
（7）白井前掲註（1）書に同じ。
（8）重田正夫・白井哲哉編『『新編武蔵風土記稿』を読む』（さきたま出版会、二〇一五年）「第一章『新編武蔵風土記稿』のなりたち」参照。
（9）前掲註（4）と同じ。
（10）五味克夫「薩藩史料伝存の事情と事例」（『鹿大史学』二七、一九七九年）、同「記録所の変遷と伊地知季安」（『鹿児島県史料旧記雑録 前編1』月報1、一九七八年）ほか。林匡「重豪と修史事業」（鈴木彰・林匡編『島津重豪と薩摩学問・文化』勉誠出版、二〇一五年）、同「鹿児島藩記録所と文書管理―文書集積・保管・整理・編纂と文配―」（国文学研究資料館アーカイブズ研究系編『藩政アーカイブスの研究―近世における文書管理と保存―』岩田書院、二〇〇八年）ほか。
（11）重永前掲註（4）論文。
（12）なお、残存する『庄内地理志』のうち巻一〇〇については、東京大学史料編纂所が所蔵する写本のみである。
（13）拙稿前掲註（4）論文（二〇〇五年、二〇一〇年）及び高野前掲註（4）論文。
（14）詳細については拙稿前掲註（4）論文（二〇一〇年）。
（15）島津久倫による『庄内地理志』編纂とその他の業績については、拙稿前掲註（4）論文（二〇一〇年）参照。
（16）『都城市史 史料編 近世1』に【参考史料】として全文翻刻している。

(17)「日々史」(『都城市史　史料編　近世1』一〇八頁)。
(18) 重永前掲註(4)論文。
(19)「日々史」(『都城市史　史料編　近世1』一一〇頁)。
(20)「日々史」(『都城市史　史料編　近世1』一〇八頁)。
(21)「日々史」(『都城市史　史料編　近世1』一〇九頁)。
(22)「日々史」(『都城市史　史料編　近世1』一一二～一一三頁)。
(23)「日々史」九月二九日項(『都城市史　史料編　近世1』一一三～一一四頁)。
(24)「日々史」(『都城市史　史料編　近世1』一一四頁)。
(25)「日々史」一〇月二日項(『都城市史　史料編　近世1』一一七頁)。
(26)「日々史」一〇月五日項(『都城市史　史料編　近世1』一一九～一二〇頁)。
(27)「日々史」一〇月一〇日項(『都城市史　史料編　近世1』一二四～一二五頁)。
(28)「日々史」一〇月一日項(『都城市史　史料編　近世1』一一四～一一六頁)。
(29)「日々史」一〇月三日項(『都城市史　史料編　近世1』一一七～一一九頁)。
(30)「日々史」一〇月八日項(『都城市史　史料編　近世1』一二二～一二三頁)。
(31) 前掲註(28)。
(32)「日々史」一〇月二日項(『都城市史　史料編　近世1』一一六～一一七頁)。
(33) 前掲註(33)。
(34) 前掲註(29)。

(35)「日々史」一〇月六日項（『都城市史　史料編　近世1』一二一～一二二頁）。
(36)「日々史」一〇月七日項（『都城市史　史料編　近世1』一二二頁）。
(37)前掲註(26)。
(38)前掲註(22)。
(39)前掲註(28)。
(40)「日々史」一〇月一二日項（『都城市史　史料編　近世1』一二六～一二九頁）。
(41)「日々史」一〇月一六日項（『都城市史　史料編　近世1』一二九頁）。
(42)「日々史」一〇月一八日項（『都城市史　史料編　近世1』一三〇頁）。
(43)永田雄一郎・山西健夫『薩摩の絵師』（春苑堂出版、一九九八年）。
(44)「日々史」一〇月一九日項（『都城市史　史料編　近世1』一三〇頁）。
(45)「日々史」一一月三日項（『都城市史　史料編　近世1』一三三～一三四頁）。
(46)「北郷勲功書上」（「都城島津家史料」都城市所蔵）。
(47)「庄内地理志」凡例1（『都城市史　史料編　近世1』三頁）。
(48)「庄内地理志」凡例1（『都城市史　史料編　近世1』七頁）。
(49)「庄内地理志」凡例1（『都城市史　史料編　近世1』九頁）。
(50)「庄内地理志」凡例1（『都城市史　史料編　近世1』一〇頁）。
(51)明治三五年一一月二一日付「荘内地理誌返戻の分」（「都城島津家史料」都城市所蔵）。
(52)川越明編『明治に於ける都城島津家日誌巻四』（島津久厚、一九八三年）。

堰・堀普請と荒地開発にみる尊徳仕法
―常州真壁郡青木村の復興仕法を中心に―

松尾　公就

はじめに

「家ありや、芒の中の、夕けふり」(1)

これは常陸国真壁郡青木村（茨城県桜川市青木）に立ち寄った諸国行脚の者が詠んだと伝えられる歌である。近世後期の同村は茅が繁茂し、その茅の中から煙が立ち上るのを見て、家があるのを知ったというのであろう。実際、天明七年（一七八七）には村内の北原坪で茅が繁る荒地から野火が起こり、同坪の三一軒中三一軒が類焼したと記録されている。こうした状況は近世後期の特に北関東で深刻化した「農村荒廃」の一事例であり、本稿で取り上げる青木村は激しい農村荒廃の末に二宮尊徳に復興を願い出て、天保四年（一八三三）三月から正式に尊徳による復興仕法（報徳仕法）が着手された。この村の仕法は一村式報徳仕法の代表的な事例として広く知られ、仕法書の一部は転写され、他地域でも手本とされた(2)。

青木村の尊徳仕法を検討するには、荒地起し返しを軸とした村柄復興を見るのが本筋であろう。尊徳の伝記を記した『報徳記』(3)は、その荒地が拡大した要因を、同村の用水取水口である桜川堰（青木堰ともいう）が大破し、その修理修復が行われず、用水が確保できなかったことにより、作付けができず、農民は困窮し村は荒廃したと記す。同様なことは、尊徳や地頭川副氏の用人、青木村の村役人らも述べているが、『報徳記』の主眼は、難工事である桜川堰の普請を独特な工法で行った尊徳を顕彰することにあった。

尊徳顕彰という視点から離れ、客観的歴史的に青木村の尊徳仕法を検討したのは山中清孝「関東農村の〝荒廃〟と二宮尊徳の仕法―常陸国真壁郡青木村仕法を中心に―」[4]であろう。山中氏は「二宮尊徳の社会事業を幕藩体制崩壊過程における北関東農村とのかかわりにおいて歴史的に見て、彼の具体的な施策を明らかに」することを目的に、同村の仕法導入過程から終結までを述べ、同仕法を「入百姓による人口増、荒地開発、用水堰建設などがその成功例としてあげられる」とした。そして、「現実的には最初には〝失敗〟であるが、そのプロセスを虚心にみる場合、尊徳の農村にかける熱意、バイタリティ、農民に対する深い愛情にもとずく長期計画には素晴しいものが見られる」とまとめたところ、早田旅人氏から「情緒的な評価に終始」したと批判され、更に「仕法事業が村内でいかに実施されたかの具体的な検討」や「仕法に従事する人々の主体性」には触れておらず、これでは「報徳仕法が社会的自律的運動として展開した理由は説明できない」と批判されることになった[5]。

その早田氏は「報徳仕法の事業展開と民衆―常州真壁郡青木村仕法の構造と主体形成―」で川俣英一[6]や山中氏の研究について、「仕法事業が村内内部でどのように実施されたかの検討が不十分」であり、「実際に仕法事業で働く人々にとっての仕法の意味や、仕法に携わった人々の主体性に触れられていない」と問題を提示し、「荒地開発や諸普請などの仕法事業とそれに従事する人々に焦点をあて」、彼らを編成する仕法の構造や人々の主体のあり方、その主体が報徳仕法やこの時代の社会においてもつ意義を考察することを目的とした。

ただ、早田氏は尊徳仕法の主体を次三男や分家・新百姓らと掲げているが、何(何をした人)が「主体」なのか、幅広い尊徳の復興仕法にどの程度携われば「主体」なのか、恐らく従事の度合いではないだろうが、少し「報徳仕法（青木村仕法）の主体」を主題として検討することの意味が不分明になっているのではないかと思われる。

これまで青木村の報徳仕法を扱ってきた論考は少ないが、(7) 尊徳や村での仕法指導者を顕彰するものが多く、青木村の尊徳仕法の実態を客観的に明らかにしようとしたのは、山中・早田論文以外に見ることはできない。

一　青木村の農村荒廃と尊徳仕法の着手

1　青木村の農村荒廃

青木村は旗本川副氏の知行地で、(8) 尊徳は、天保四年（一八三三）二月に川副勝三郎頼紀からその直書を受け取ってから、正式な仕法に着手している。その直書には次のようにある。(9)

当知行所常州真壁郡青木村之儀、桜川用水堰并溜井共手入等行届兼、次第ニ田畑荒地等多分ニ相成、百姓次第ニ困窮致シ、一村亡所同様ニ相成、投ケ（歎）者鋪存候、幸御自分隣村江御出役ニ而、右趣法之趣村方ゟ具ニ承り、右之趣法を以当青木村開発之儀世話御頼申度候、尤趣法中百姓共江茂申聞、不依何事差図為相背申間鋪候、仍而御頼申処、如件

二月

勝三郎㊞

二宮金次郎殿

青木村では桜川用水堰と溜井の手入れが行き届かなくなり、次第に荒地が増え、農民らは困窮し「一村亡所同様」

になったとし、自分（川副勝三郎）が出役した際に、尊徳の仕法のことを聞き、その仕法で同村開発の世話を頼みたい、というのである。荒地開発が同村復興の主たる課題であり、直書でその復興を依頼したのであった。

同村の荒地拡大の要因について、天保一四年（一八四三）に村から領主川副氏に提出した嘆願書によると、(10)元禄期（一六八八～一七〇四）の青木村は周辺村と同じく幕領で、代官中川吉左衛門の支配地であった。家数は一三〇軒余、桜川堰の普請も支配所から毎年三〇〇〇人程人足が出て、約一六五両の費用で行い、「村方無難相続」することができた。ところが、同村は宝永五年（一七〇八）に川副氏の知行地となり、毎年の普請人足と費用が不足したうえに、「高堰難場」で、大雨や満水のたびに破損した。その都度普請を願うが、一村限りの普請では人足も普請費用も用意できない。次第に堰は大破し、用水も不便利となり、苗代の時期には天水を待つよりほかになく、稲の植付けにも難儀した。農事が疎略になるとともに村民は困窮し、荒地が拡大した。

村の荒廃の様子は「一円草野に相成、軒之下より葭萱相茂り居候得共、銘々貧苦に被責、是を苅取候気力も無之、其儘致置候に付、終に竹木生立、山原同様に罷成、狐狸猪鹿之類住居をなし、生地作付之分も相荒、益々困窮至極に陥り、既に一村亡所同様之有様」であった。そのため、荒地から出火した野火で農家が焼失する被害もあり、文政期（一八一八～三〇）には「家数弐拾九軒、其外新百姓借家共、人別一八五人、家数三拾九軒」に減少した。元禄期の青木村の村高は八五〇石余り、田畑の反別は一〇五町八反歩程であったが、文政期の生高は三九〇石余、生反別は四〇町歩にすぎなかった。村の六割以上が荒地になり、軒数も往時の約三割に減少していた。

このように、青木村は常陸国真壁郡の中でも農村荒廃が激しい村であった。(11)

2　尊徳仕法の着手

隣村高森村は野州真岡代官所の支配地で、文政一一年（一八二八）に荒地開発、入百姓取立などの村柄復興の動きが見られた[12]。青木村も川副氏に復興事業を嘆願し、桜川用水堰大破の経緯も示した。堰の敷設場所は隣村の笠間藩領鍬田村（茨城県桜川市）地内の方が相応しいとして、同藩役所とも掛け合った。堰普請費用を御用達らに交渉したが、「金子借用調達致兼」ねる状況であった。野州芳賀郡桜町領（旗本宇津家の知行所）で復興仕法を進めている尊徳のことを知った青木村は、西沼村（栃木県真岡市）の丈八、嶋村（同）の与物兵衛を世話人とし、新堰築造の目論見帳も持参して「趣法金之内拝借」を尊徳に申し入れたが、「御趣法繁多」を理由に断られた。

その後、真岡代官田口五郎左衛門の所替えなどもあり、天保二年（一八三一）に青木村の村役人は村柄や荒地の様子を認め、再度尊徳に村復興を嘆願した。尊徳は「新堀堰筋普請而已にも無之、田畑共皆荒同様之儀に付、荒地開発、入百姓、夫喰、種穀、農具代共、一村立直之儀は不容易入用も相掛り可申に付、先ヅ古来之堰筋を見立、一旦致修覆、若順水不仕歟、又は土地開け金子出来之上相願候ても可然儀に候」と述べ、桜川堰の普請だけでなく、村を復興するには荒地開発や入百姓、夫喰・種穀、農具代など様々な費用が必要になるとし、堰は古来の堰を見立てた仮の普請で水を確保する、一方で土地を開いて金銭を準備したうえで願うのも良いだろうと答え、この時も仕法着手を断っている。彼はただ断るのではなく、次のような教諭をあたえた。

新堰堀替御普請、荒地開発、一村取直し大望之儀は暫差置、用水之有無に相拘り不申、眼前荒地残居候生畑手入致し、粟稗作立候ても御百姓相続可相成之旨御理解有之、扨亦軒下家ノ門前より葭萱荻萩一円に生ひ茂り、年々野火にて焼失致候萱苅取、屋根替仕、雨露之凌を致可申段御諭、

村方から出願のあった桜川堰の普請、荒地開発、一村取直しの大望はしばらく差し置き、荒地の中でも耕作中（耕作できる）の生畑の手入れをし、軒下などに生い茂り毎年野火で焼失している萱を刈り取り、その萱で屋根を直し、

雨露から凌ぐように諭した。村方は、萱刈りには各農民の受け持ち箇所があるが、年々他出の者や病気の者などがいて、十分な相談ができないと告げた。すると、尊徳は「小義に相拘り、大業を失い、空敷焼捨候儀、実々歎鋪事」で、親先祖から伝え受けた家を修復せず、大破するまで捨て置いてきたことは、困窮しているとはいえ、「代々相続仕来候大恩を忘れ」、住居に困って他所稼ぎをするようになったからではないか、と問い糺した。村柄取直し仕法を願うならば、村民一同相談し、早々萱を刈り取り、それを相場の値段で買い取ると伝えた。村は指示通り一同が作業に参加し、わずか二、三日で一七七八駄もの萱を刈り取った。その報告をうけ、尊徳は一五駄で金一分の割合で代金を渡し、出精者には唐鍬や鍬・鎌の褒美を与えた。刈り取った萱で神社や堂、大破した民家などの屋根葺替えを指示し、職人らの扶持米も下付した。村民は「雨露之凌を仕、相助り」と感服し、復興事業を願う機運が高まり、村役人らが川副氏の用人と同道して、尊徳に復興仕法の実施を嘆願するに至った。

尊徳は仕法を引き受けるにあたり、仕法全体の費用を二八三六両と毎年一割の利息分が必要になると見積もった。荒地開発費用は約二一四六両（約七六％）で、青木村復興に荒地開発が大きな比重を占めていたことが窺える。同村にとって「元利相嵩候ては返納之出道無御座」という問題は避けられない課題であった。尊徳は、

> 是迄過去候年数凡十ケ年も米永小物成共微細に取調致平均、少も過不及無之様聢と御土台を相立、生地之分定免に仕置、残り荒地之儀は前々も申通、当方村々（桜町領）退転亡所に罷成居候荒地起返り、村柄立直り、為冥加相納候報徳金無利足にて繰入、任御頼荒地開発、入百姓人別増、救（窮）民撫育、村柄取直趣法取行、一村立直候上平均御土台外冥加米金相納り次第被成御返済候はゞ、御趣法御入用米金之儀は一切御出方にも相拘り不申、若又見込通荒地起返り、村柄立直り不申候はゞ御返済に及び申間鋪候、[13]

と借財返済の道を説いた。過去一〇年の年貢高を平均し、地頭川副氏の収入の「土台」を立て、生地約三一町七反歩

分を「定免」にする。荒地開発は桜町領での復興仕法の成果による報徳金を無利息で繰り入れ、青木村の荒地開発や入百姓人別増などの仕法を行う。村が立直り「平均御土台外」（川副氏への「土台」以外の年貢）の冥加米金が納入でき次第に返済すれば、一切の「出方」＝支出もないと諭したのである。

尊徳は江戸の宇津（桜町領の地頭）邸に滞在した時に川副勝三郎と面会して、仕法を依頼された際に[14]、

右趣法之根元は、先荒地壱反歩切起し作立、取増候米穀之内、其半を以、且又繰返し起返候へば、全荒地へは荒地之力を以起返可申、又借財之儀は、利足礼禄諸雑費之出捨を以、元金に振替、無利足金を以、取計候得ば、借財は借財之費を以無借相成可申、若又任御頼、御知行所引請起返仕候迚、別段米金等御渡に不及、右村御収納米永、是迄豊凶十ケ年も致平均、天道自然之分度を定則といたし候之外有御座間鋪候、

と述べたという。青木村再建の根元は荒地起し返しで、一反歩開発して得た取米の半分を暮し向きに充て、残り半分を次の荒地開発費用とする。これを繰り返し、荒地を荒地の力で起し返すが、起し返しによる収益は川副氏に渡すものではない、川副氏の収入分は過去一〇年間の平均年貢高とし、それを「天道自然之分度を定則と」して暮らすよりほかにない、と説いた。勝三郎は尊徳の方法を「妙々之御趣法と深ク被致感服」とし、「分度」策定を家臣に命じたところ、関係帳面が見当らなかったため、天保三年（一八三二）の年貢高である米八〇俵、永三四貫文余を「分度」と定め、「二宮様にても厚御承知被成下」たという[15]。尊徳は川副氏からの直書を受け取った翌月、「天保四巳年三月七日、西沼村丈八、東沼村専右衛門、物井村忠次、岸右衛門始、其外大工木挽、破畑人足等御召連」れて青木村に入った。

桜町仕法で尊徳に協力した報徳世話人と大工・木挽ら、さらに「破畑」と称する人足を伴っていた。以上のように、青木村復興仕法を検討するには、まず堰普請と荒地開発の実態を明らかにすることが不可欠で、本稿ではそれを担った人足の実態とあわせて見ていくことにしたい。

二　桜川堰と用水堀の普請

1　桜川堰の普請

青木村の用水を確保する必要から、尊徳は、川副氏より正式な仕法依頼を受ける前年の天保二年（一八三一）五月に桜川堰の仮普請を行った。『報徳記』[16]はこの時の普請について、敷設場所が砂地で、川水で基礎部分がさらわれてしまうため、桜川の川幅と同じ長さの萱葺き屋根を作って吊るし、それを瞬時に川底に沈め、土砂を止めつつ水を確保するという独特な方法であったという劇的な話を記している。この記述は同書以外にはなく、後年、尊徳が青木村村役人に宛てた書状には「元来高関（堰）難場之儀、殊に川底左右共、岩石之類は不及申に、小砂利等一切無之、全寄洲灰土の如くにして何分水保兼申候」[17]とあり、『報徳記』と異なる川底の様子を記している。

青木村の桜川堰の本普請について「或は井堰堀立、又は東山之中央より岩石之類大小掘出し、或は材木諸色共終日夜に入迄持運び、奇々妙々之御手段を以大堰御留切御普請被成下、用水堀浚共、同廿三日迄に出来」[18]と記すように、堰築造前に用水浚いを行い、東の山から採石をし、材木の搬入なども夜中まで行い、堰は「奇々妙々」の工法でなされたという。工法について「極々難場に候処、普請之仕方格別之工夫を以築留之、無難に致成就」[19]と述べた仕法書があるものの、具体的な工法は明らかでない。堰普請は「当座凌之為、大堰仮普請同様被成下」[20]たとあり、前年の仮普請と同様な方法が用いられたようである。[21]その後も堰の修復が行われ、数度の洪水にも保ち続けたという。

桜川堰築造の影響は大きく、川副勝三郎が「用水堀筋等迄手厚出来致し、順水十分に相成、百姓共一同力を得、相励候に付、追々荒田畑致起発、本百姓、分家、入百姓、又は次男、三男之もの共迄取立之、新家作夫食種穀農具料等被相与」[22]と記すように、青木村農民一同が力を得て励むようになった。その結果、荒地開発が進み、分家や入百姓の取立、次男・三男の取立があり、新家作、扶食、種穀、農具代等も与えられ、村の軒数・人数も増加し、生活・生産の向上をもたらしたというのであろう。

翌年には周辺村々が旱魃に見舞われた。青木村が桜川堰によって救われたことを尊徳は次のように記す[23]。

> 翌午年（天保五）之儀は、近郷山水村々不残旱魃致、用水一切無之処、御普請之助に依て青木村而已順水致し、全天之憐を蒙り候米穀之儀に付、一村旧復之為、数年致困窮居候暮方取直之ため、銘々所持之分作り取申付候、前々相嵩居候借財致返納、窮迫を免れ、一同気力相増し、出精致し相励居候、

近郷の村々が旱魃で苦しんでいても、青木村は水に困ることもなく、天の恵みによる米穀の生産ができた。農民らには「作り取」を許し、川副氏への年貢分以外は個々の農民の収入とした。天保七年にも天保飢饉の影響をうけ、北関東の村々は翌八年にかけて一層困窮した。

だが、青木村は「用水有之候潤澤に依て、一同無懈怠農業致出精、相互助合、暮方取続、一致之精力を以度々之天変凶荒危難を相免れ、無難に御百姓相続仕、しかのみならず、大凶荒飢饉之年柄、米麦雑穀諸色高直、渡世難相成者共僅合勺之救を慕ひ、夥敷相聚り、村柄先づ古へに立戻り、一村之幸ひ、是より大成はなし」[24]とあるように、用水が潤沢で無難に取り続くことができた。周辺地域が凶作であったために、青木村の農民が生産した米穀は高値で売れ、収入が大幅に増えた。その増収分で借財返済を進め、窮迫から逃れることができ、一同はますます出精し励むようになったと、堰普請の意義を語る[25]。

さらに、困窮した者が救いを求めて青木村に集まって来たという。飢饉の時でも復興を続けている村には人々が集まって来ることを示した[26]。人口増加により荒地開発の労力も増し、村復興を大きく前進させる一つの原動力であった。

その結果、同村は天保一四年までに旧来からの百姓、新百姓、分家、借家の者を含めて六二戸、人口は三二三人に増え、尊徳も「追々村柄起返り候」と記すに至った[27]。

2　桜川堰・堀普請と村方・破畑人足

天保三年(一八三二)七月から八月にかけて行った桜川の「堰仮留普請」や「堀普請」に多くの人足がでた。普請人足の出勤を日付ごとに示したのが表1である。

表1　堰仮普請・用水堀普請の人足(天保3年)

月　日	堰仮普請		用水堀普請		
	村人足	破畑人足(物井村)	村人足	破畑人足	破畑人足(物井村)
7月19日		17人			
7月20日		17			
7月21日		15			
7月22日		15			
7月23日		15			
7月24日		13			
7月25日		12			
8月1日	47人		30人	10人	11人
8月2日			32	15	9
8月3日			38	14	9
8月4日			37	14	
8月5日			35	14	8
8月6日			36	14	9
8月14日	33				
8月15日			29		
8月20日	45				
8月21日	47				
8月22日	47				
8月23日	45				
8月24日	42				
8月25日	25				
計	331	104	237	81	46

〈出典〉　天保3年8月「堀普請人足扣帳」(全集22-323～324)、天保3年8月朔日「用水堀普請人足賃金扶持米取調帳」(全集22-326～327)、天保3年8月14日「大堰仮普請人足扶持米取調帳」(全集22-327)

七月中の堰仮普請は破畑人足が担当し、七日間で一旦区切りをつけ、八月一日からは堀普請が中心となる。同六日まで従事した破畑人足二〇人程の中に、桜町領から来た破畑人足が含まれており、尊徳に同道して来た者であろう。堰の仮普請後用水を村内の田畑に巡らすよう用水堀の普請をし、村内から多くの人足が従事した。八月二〇日からは村方人足によって堰の仮普請が行われている。人足の総計は延べ七九九人、村方人足は五六八人で全体の七割以上、破畑人足は二三一人で約二九％を占めた。

翌天保四年三月に尊徳は桜川堰の本工事に着手した。この普請については前述したように、山中から石や材木を切り出して運搬する準備の作業があり、桜川堰の普請を前年の仮普請と同様に行ったという(28)。この工事と関連する堀普請は三月六日から二四日まで一九日間行われ、一一五八人に及ぶ人足が携わった（表2）。村方人足が堰普請に従事したのは六

表2　桜川堰普請の人足（天保４年）

月　日	村人足			破畑人足	
	堰普請	新堀普請	石・杭木竹運び	堰・堀普請	堰・堀普請笊持（桜町）
3月6日	35人				
3月7日	35				
3月8日	40				
3月9日	48			4人	
3月10日	49		11人	17	
3月11日	46		12	20	
3月12日	47		12	12	8人
3月13日				13	
3月14日				15　（堰場）	
3月15日				6	
3月16日	49		12	6	13
3月17日	48.5		7	19　（新堀）	
3月18日	49		12	27　（堰場）	
3月19日	50		13	10　（堰場）	14
3月20日		50人	14	23　（新堀）	
3月21日		47	12	26　（新堀）	
3月22日		49	11	26.5（車引）	
3月23日		48		19.5（新堀）	
3月24日		49		24　（新堀）	
計	496.5	243	116	268	35

〈出典〉　天保４年７月改「諸普請人足並開発畑捲地下賃銭取調帳」（全集22-333～339）

日から一九日まで、その後は新堀普請に従事した。石や杭木・竹の運搬は村方人足一一六人が携わり、破畑人足は「堰堀普請」を村方人足とともに行い、一四・一八・一九日は「堰」普請を、一七・二〇〜二四日は「新堀」普請を担当したことが確認される。一二・一六・一九日には桜町からの破畑人足が堰か堀の普請を担当したが、彼らは「笊持」とされている。桜川堰の本工事と堀(新堀)普請には村方人足が八五六人、破畑人足が三〇三人参加しており、四分の一以上は破畑人足が従事していた。

破畑人足の中で桜町領からの者は明示されているが(29)、他の者は出所が明らかでない。ただ一人、堰普請の直後に金三分二朱を受け取った佐太郎について、次のような記述がある(30)。

三月廿七日　　　　　　　　小田原
　　　　　　　　　　　　　　　佐太郎
㊝一金三分壱朱
　　　是ハ青木村堰普請罷出候に付、賃金相渡申候事、

彼が破畑人足であったかは明らかでなく、職人(大工や木挽き等)であった可能性もある。人足は村方人足と破畑日雇い人足に分けられ、人足として堰の普請に従事したとすれば、破畑人足であったことになろう。いずれにせよ、彼が小田原から来て堰普請に従事していたことは注目できよう。その賃金は三分二朱と多額であることから、数日間滞在して普請に従事していたとみて間違いなかろう。天保四年の破畑人足の賃金・賃米を見ると(31)、

　拾六口〆人足弐百六拾八人　　　但壱人ニ付銭三百文宛、
　　此賃銭八拾貫四百文
　　為金拾弐両弐朱ト銭三百七拾弐文　　但シ銭相場六貫六百文替、
　　此扶持米弐石三升五合壱勺弐才

朝晩両度之分　但シ壱人ニ付米壱升弐合五勺わり、

此俵五俵弐斗三升六合壱勺弐才　但四斗入、

是者堰普請新堀人足罷出候所賃米被下置候事

とある。最初の「拾六口〆」は一六日分の合計で、人足は延べ二六八人であった。桜川堰と堀普請では一人一日銭三〇〇文の賃金と、朝晩の扶持米として米一升二合五勺が与えられた。同じ時に「堰普請」や「石並杭木竹附運」を行っている村方人足には、一日「米三升七合八勺」の賃米が支給されている。(32)破畑人足は他所から来た人足であることを前提に食事の保証と金銭の支給をしている。村方人足は自村の復興事業であり、金銭よりも生活に直結する米の支給になったのであろう。一日当たりの支給額は、村方人足は一定で、破畑人足は天保三年の堰仮普請の時は「銭弐百四拾八文ヅヽ」で、この金額が青木村仕法における彼らの基本的な賃金であった。ただ、四年三月の堰本工事では特別に銭三〇〇文が支給されている。

二か月後の五月二八日から四日間、延べ一二〇人の人足が出て堰普請が行われた。(33)翌五年には村方人足と馬がその普請に携わり、堰の維持に従事したことがわかるが、この時は「為冥加無賃人足相勤」めている。(34)翌年以降も「堰溜井普請賃銭被下置候」とあるように、賃金が支給され、破畑人足には扶持米も与えられた。(35)

三　荒地起し返しと破畑人足

1　荒地の起し返し

青木村の総反別は一〇五町八反二畝歩、その内訳は、田方が三九町九反六畝歩（約三八％）、畑が六二町四反九畝歩

表3　青木村開発反別

年　代	田　方	畑　方	その他（畑屋敷）	計
天保3年	9反　　25歩	3町2反7畝15歩		4町2反7畝10歩
天保4年	1反6畝23歩	8町1反3畝5歩		8町2反9畝28歩
天保5年		1町9反6畝2歩		1町9反6畝2歩
天保6年		2町6反1畝3歩		2町6反1畝3歩
天保7年		1町6反7畝12歩		1町6反7畝12歩
天保8年		8町1反5畝18歩		8町1反5畝18歩
天保9年		3町3反7畝2歩	2町2反6畝26歩	5町6反3畝28歩
天保10年				0
天保11年		3町7反3畝24歩	3反9畝19歩	4町1反3畝13歩
計	1町7畝18歩	33町0反0畝21歩	2町6反6畝15歩	36町7反4畝24歩

〈出典〉　天保3年～11年「帰発田畑反別之大概」（天保13年4月調、谷中家文書）

（五九％）、屋敷が三町三反七畝歩（三％）であった。[36] それが天保三年（一八三二）までに約七割におよぶ七四町七畝歩が荒地となり、「生地」はわずか三割、三一町七反四畝歩と見積もられた。[37] この荒地を「生地」にすることが同村復興の鍵であり、桜川堰築造と用水普請、その後の諸普請も荒地を「生地」にし生産力を高めるためのものであった。以前、尊徳が萱の刈り取りを指示したのも荒地開発の準備であった。この年には四町二反七畝歩（荒地反別の五・八％）を開発し、翌四年には八町二反九畝歩（荒地反別の約一一％）が開発された。天保一一年までの荒地起し返し反別は表3で示した。同一〇年だけは何故か起し返しが行われていない。

田方の開発は天保三、四年のみで、その反別も一町七畝歩にすぎない。畑方は毎年起し返しが進み、合計三三町歩が「生地」となった。他に屋敷畑など二町六反歩余りの開発があり、全体で三六町七反四畝歩が起し返された。これは荒地反別の四九・六％で、荒地の約半分しか開発できていない。堰の大破で荒地が増大したならば、田方が多く荒地となり、堰普請後は田方の開発が進んだと見るのが自然であろう。だが表3はそのように示していない。開発地の大部分が畑方なのは、以前が「田方」であっても、開発後は「畑」として登録したことになる。その理由は明らかでないが、年貢率の低いとされる「畑方」で登録し、後に「地押」

などで正式に「田方」「畑方」反別を確定すると考えていたのかもしれない(38)。

年代ごとに起し返しの反別を見ると、堰の本工事が行われた天保四年と、天保飢饉の被害が大きかった翌年の同八年に、八町一反歩以上の荒地が開発された点が注目されよう。

2　荒地の開発人

開発者には、①青木村の「百姓」、②荒地起し返し後に同村の「百姓」となった者、③開発人と登録されていても、青木村の「百姓」でない者に大別できる。ここでいう「百姓」は天保四年(一八三三)正月と同一四年四月の青木村人別帳に登録されている者で、「借家」などの農民も含む。①天保四年の人別帳に記載されている三九軒をみると(表4-①)、弥六・友吉・常法院・伊兵衛・五右衛門の五人は荒地開発に従事しておらず、他の三四軒はわずかでも起し返しに携わっている。最多の起し返し地を名請したのは善吉で、悴の仙吉と合せて二町一反二畝歩におよんだ。一町歩以上起し返した者は他に四人おり、中には借家の周蔵もいた。九反以上には鹿蔵や由兵衛のような借家の者もみられ、本百姓に限らず、「極難借家之者」も広く荒地開発に加わっていたことが伺える。

表4-②は天保四年の人別帳に名前はなく、荒地起し返しに従事し、一〇年後の天保一四年の人別帳で登録されるようになった者一二人である。清助と市右衛門はすでに天保三年から開発に携わり、市右衛門のように一町歩以上を開発した者に左右衛門・弥之助・喜之助の三人がいるが、彼らは新百姓であり、借家であった。①と②では、本百姓だけでなく、「借家」が開発に大きく拘わっていたことが注目される。

表4-③の八人は二つの人別帳に記載されておらず、その住居地や身分などは明らかでない。六兵衛は四年間にわたって計一町四畝歩を起し返している。他の七人は一～二年の短期間開発に従事し、その反別も一反歩程と多くない。

天保７年	天保８年	天保９年	天保11年	開発反別合計	天保14年 家主名
			畑２反５畝16	３反６畝６	嘉兵衛
				0	名前なし
				１反６畝16	源兵衛
	畑１反８畝16	屋敷畑 １反３畝６		４反７畝12	直吉
				２反９畝	名前なし
	畑１反８畝			４反９畝２	久左衛門
				２反６畝10	弥兵衛
	畑１反３畝20 畑１反３畝22			２反７畝12	豊治
畑　５畝20				１反２畝20	栄助
畑　８畝15 畑１反４畝				７反３畝22	惣兵衛 (繁蔵倅)
	畑１反７畝４		畑５反１畝26	９反４畝27	儀兵衛
				0	常法院りつ
畑　８畝６	畑１反１畝９			１町　８畝13	利左衛門
				0	名前なし
畑１反４畝19	畑２反２畝８			１町１反１畝６	勘右衛門
	畑５反　４		畑２反５畝16	１町７反１畝７	喜助
	畑１反８畝22			６反８畝22	名前なし
	畑１反１畝８		畑１反９畝15	１町　８畝24	勇助
				４畝15	重左衛門後家 みね
				0	名前なし
	畑　６畝28	屋敷畑？		２反７畝４	浪右衛門
	畑１反７畝５			２反６畝18	健治

表４－①　青木村各農民の荒地起し返し反別

天保４年 家主名		天保３年	天保４年	天保５年	天保６年
嘉兵衛	上組百姓	畑　6畝00 田　4畝20			
弥六	上組百姓				
源兵衛	上組百姓	畑　6畝23 田　4畝20	畑　5畝3		
直吉	上組百姓	田1反5畝20			
惣吉	上組百姓	畑1反5畝 田1反4畝			
彦治郎	上組百姓	畑　7畝10	畑2反3畝22		
勇吉（清吉）	上組百姓	畑1反6畝		畑1反　10	
新吉 （倅豊治）	上組百姓				
栄助	上組百姓	畑　7畝			
繁蔵 （父丹蔵）	上組百姓	畑2反8畝27		畑1反3畝	畑　9畝10
儀兵衛	上組百姓	畑1反1畝15	畑1反4畝12		
常法院りつ	上組百姓				
利左衛門	上組百姓	畑1反1畝20	畑5反5畝9		畑2反1畝29
伊兵衛	上組百姓				
勘右衛門	上組名主	畑4反9畝		畑2反5畝9	
喜助	上組組頭	畑　4畝15	畑9反1畝2		
与右衛門	借家	畑5反			
勇助	下組百姓代	畑1反9畝28	畑5反　3	畑　4畝	畑　4畝
重左衛門 （柳蔵事）	下組名主	畑　4畝15			
五右衛門	下組百姓				
元三郎	下組百姓			畑　6畝19	畑1反3畝17
善六 （倅健治）	下組組頭	畑　7畝9	畑　2畝4		

天保7年	天保8年	天保9年	天保11年	開発反別合計	天保14年
	畑2反1畝19			2反1畝19	平次右衛門
	畑　8畝13		畑1反1畝8	3反9畝22	儀右衛門 父重右衛門は隠居分家
				6畝24	角次
畑2反	畑5反8畝25		畑1反5畝10	2町1反2畝11	〆之助 (仙吉倅)
				0	友重後家
	畑2反	屋敷畑 9畝		4反6畝10	重蔵
	畑3反4畝		畑2反8畝4	5反9畝4	太和田山城 良助
	畑　2畝12	屋敷畑 8畝7		1反2畝3	藤左衛門 (岩吉倅)
	畑2反3畝1		畑3反3畝6	6反9畝5	定吉 (定次郎の倅)
				1反1畝11	儀助(佐七倅)
	畑1反4畝22	屋敷畑 8畝7		3反6畝16	伊助
	畑4反3畝11	屋敷畑 3反1畝7		1町1反7畝20	周蔵
	畑4反2畝4			4反2畝4	半之丞家内
畑1反	畑　5畝24	屋敷畑 1反4畝20		5反5畝21	助右衛門 (新百姓借家)
	畑　3畝			9反9畝14	名前なし
			屋敷竹山畑 6畝23	5反9畝6	元右衛門
			畑　8畝04 屋敷竹山畑 1反2畝	9反1畝20	名前なし

天保4年		天保3年	天保4年	天保5年	天保6年
平次右衛門	下組百姓				
茂十郎 （父重右衛門） （倅儀右衛門）	下組百姓	田　6畝10 田　3畝	田　3畝8 田　7畝13		
吉左衛門 （倅角次）	下組百姓		畑　1畝18	畑　5畝6	
善吉 （倅仙吉）	下組百姓	畑1反　15	畑　3畝4	畑4反1畝	畑5反 畑1反3畝17
友吉	下組百姓				
重兵衛 （倅重蔵）	下組百姓	畑1反2畝10		畑　5畝	
大和田山城 （弟良助）	下組百姓				
岩吉	下組百姓			畑　1畝14	
定右衛門 （倅定次郎）	下組百姓	畑　2畝 田1反	畑1反　18		
佐七後家しを	下組百姓借家			畑1反1畝11	
伊助	下組百姓借家				畑1反3畝17
周蔵	下組百姓借家		畑　5畝22	畑1反4畝23	畑2反2畝17
半之丞	下組百姓借家				
助右衛門	下組百姓借家			畑1反1畝20	畑1反3畝17
鹿蔵	下組百姓借家	畑4反2畝25 田1反2畝	畑4反1畝19		
元右衛門	下組百姓借家	畑1反5畝25 田　6畝	畑3反　18		
由兵衛 （忠蔵）		畑　6畝 田1反3畝8	畑5反2畝8		

天保6年	天保7年	天保8年	天保9年	天保11年	合計
					4反3畝19
			屋敷畑 4畝	畑1反1畝8	2反7畝8
				畑6反8畝4	6反8畝4
		畑1反7畝27		畑1反6畝12	3反4畝9
		畑　6畝12	屋敷畑 1反3畝6		1町　3畝19
畑8反5畝8	畑1反2畝	畑1反2畝3			1町　9畝11
				畑　8畝26	8畝26
畑1反	畑1反	畑3反6畝2		畑4反2畝17 屋敷竹山畑 2畝16	1町3反1畝12
				畑　7畝	1町2反4畝11
				畑1反4畝28	1反4畝28
				畑1反1畝20 屋敷竹山畑 1反5畝14	2反7畝4
			屋敷畑 2反5畝		2反5畝

天保6年	天保7年	天保8年	天保9年	天保11年	合計
		畑1反8畝			1反8畝
	畑2反3畝8				2反3畝8
	畑　5畝	畑　9畝19			1反4畝19
					1町　1畝18
	畑　5畝29				5畝29
	畑　6畝9	畑3反7畝3			4反3畝12
					6畝5
畑1反　22	畑1反1畝6	畑1反1畝12			1町　3畝27

保14年4月「家数人別取調書上帳」（全集22巻220～235頁）、天保3年～11年『帰発田畑反別之

表４-②

天保14年家主	借家・新百姓等	天保３年	天保４年	天保５年
清助	分家並潰式取立（天保13年）	畑　9畝15 田　1畝15	畑　2反9畝7	畑　3畝12
角右衛門	分家並潰式取立（天保13年）			畑1反2畝
三治	借家			
吉次郎	新百姓借家			
市右衛門	分家並潰式取立（天保13年）	畑1反2畝1	畑　7反2畝1	
左右衛門	分家並潰式取立（天保13年）			
卯(宇)兵衛				
弥之助（父角助）	新百姓借家			畑3反7畝7
喜之助	新百姓借家		畑1町　3畝20	畑1反3畝21
直蔵	新百姓借家			
安右衛門	分家並潰式取立（天保13年）			
与左衛門	借家			

表４-③

荒地開発名請人	天保３年	天保４年	天保５年
慶蔵			
吉重郎			
清兵衛			
春吉		畑1町　1畝18	
市太郎			
勝蔵			
作蔵		畑　6畝5	
六兵衛		畑　6反4畝15 田　6畝2	

〈出典〉　天保４年正月「常陸国真壁郡青木村家数人別取調書上帳」（全集22巻172～180頁）、天
大概』（谷中家文書）

この八名の中に破畑人足がいたかは確認できない。

3　破畑人足と荒地起し返し

ここでは荒地開発と破畑人足との関わりを見ていくことにしたい。桜川堰の本普請を終えた天保四年（一八三三）の五月に破畑人足は荒地起し返しに携わり、「巳（天保四年）五月田起破畑覚」には堰普請のほかに「草刈」や「川久保捲」「荒田地下ケ」に従事し、一人一日二四八文の賃銭と一升二合五勺の扶持米が与えられた(39)。

同五年に行われた「畑地下ケ」と「捲り」に破畑人足が関わった様子はない。翌六年に堰の修理普請が行われ、六人の破畑人足が携わったほか、「畑捲」「土手散」「畑散」には一〇八人の破畑人足が従事した(40)。

大社塚
一畑捲　　　勇　助
　此破畑人足三拾人
六反田
一土手散　　新　吉
　此破畑人足拾六人
壱町田
一畑捲　　　勘右衛門
　此破畑人足四拾八人

作業の詳細は不明だが、いずれも村役人所持地への作業である。前年に「地下ケ」「捲り」をした竹三郎について、

辨天
一　拾五間半
　八間弐分　四畝歩　竹三郎
　　取坪廿壱坪壱分八厘　但深サ壱尺

とあり(41)、畑地（開発地と思われる）の表面の土地を取り去る（土を入れ替える）作業であったと考えられる。とすれば、広い範囲の土地改良するこれらの作業はかなり重労働だったと予想される。彼らには八日で金一分と一日米一升二合五勺の割合で扶持米が与えられた。

天保八年には村民が七三坪余りの地の「畑捲り」を行い、破畑人足はその「道付」に一九・五人携わり(42)、同六年と同額の賃金・扶持米が支給された(43)。また、この年は大飢饉の翌年ということもあってか、疫病が流行し、破畑人足が村民の農作業を代行している(44)。

当酉年（天保八）時疫流行仕、村方一同平臥罷在、田畑無仕附皆無にも可相成之処、厚以御仁恵、破畑日雇は不及申に、田植賃銭等被下置、種々御手宛を以、無難熟作仕候、

青木村で疫病が流行し、村民が田畑の仕付けができなかったが、尊徳の手配によって破畑日雇による田植えの賃銭が下付され、無事作付けができた、というのである。疫病流行という村の非常事態に、破畑人足や日雇人足が農作業を代行したのであった。

天保九年も引き続き「畑捲り」や「畑起」が進められた。この年の「畑捲り」反別は約一町四反歩で、人足は青木村の者が出ている。その書上の冒頭に「破畑　慶蔵」とある(45)。慶蔵は天保八年に畑一反八畝歩を起し返したが、人別帳などに名前はなく、状況から「破畑」として村民の「畑捲り」作業を指揮したと考えられる。また、竹山を啓蔵・

田蔵・作太郎・佐渡の四人で一反四畝歩ほど開発したが、人別帳に彼らの名前はない。田蔵には「破畑」と肩書きされ、他の三名には賃銭が支払われており、日雇人足だった可能性が高い。「畑起」で村内の七人が従事し（一町二反二畝歩余り）彼らに賃金が与えられた。この他に荒地三町一畝歩程が開発されたが、これには「作太郎組起」とある。作太郎は青木村の百姓ではなく、「組」単位でこの作業を行い、開発地一反歩当たり三貫文の賃金と扶持米を得ていた。

天保一〇年は荒地の起し返しが行われず、石高にして四石七斗に相当する開発地の「畑捲り」が進められた。[46] 前年の荒地開発に従事した破畑の「作太郎組」がこの作業に携わったほか、「伊作組」も従事した。伊作は組頭勇助家の厄介人として青木村に居住し、弘化二年（一八四五）以降は「百姓」として同村に定着した。「作太郎組」「伊作組」の「組」編成の詳細は明らかでないが、賃金と扶持米は「組」単位で支給されていた。

翌一一年には約三町七反三畝歩と三反九畝歩余の荒地起し返しが行われた。[47] 前者は通常の開発で、反当り三貫文と扶持米が支給された。後者は「竹山」の開発で、村内の者が従事したが、開発地一反につき四貫文という高い賃金が与えられている。この年、天保四年に築造された桜川堰の大規模な補修工事が行われた。その普請には破畑の「伊作組」から一〇人、同じく破畑の「作太郎組」から一五人が携わった。

おわりに―青木村仕法とネットワーク―

常州青木村の尊徳仕法について、荒廃の一大要因とされた桜川堰の普請と、堰大破のために拡大した荒地の起し返し、それを担った村民や破畑人足らの作業に限って見てきた。復興事業はこの他に民家の屋根葺き替えや堰の補修があり、それに従事する大工・木挽らの存在も無視できないが、これらは別の機会に検討することにしたい。

青木村の復興仕法を行うにあたり、尊徳は村民らに、繁茂していた萱の刈り取りを指示し、刈った萱は尊徳が買い取った。身近なところの労働を自覚させ、得た賃金で生活を見直すことの大切さを教示している。特に、その萱を用いて大破していた民家などの屋根を葺き替え、生活意識を改善させたのであった。復興の意欲が出ても、荒廃著しい青木村の人口は少なく、労働力も資金も足らない。そこで尊徳は桜町領復興の成果を善種として仕法資金に充て、桜町仕法で培った荒地起し返しの経験と技術を青木村仕法に導入したのである。桜町領から派遣された破畑人足、近村からの人足も青木村仕法に従事したと考えられる。遠方の小田原から赴いた人足も見られた。そうした労働力を集める、又は人足が集められるネットワークの存在を軽視できないと考える。

破畑人足は、所持地が少ないか又は所持地がない困窮人で、青木村仕法では、堰・堀普請、荒地開発、「畑捲り」などに従事した。尊徳仕法は数年間におよぶ復興事業で、継続して賃金を得られる機会がある点で破畑人足にとって魅力的であった。一方、尊徳や村方は彼らの労働力を不可欠としたが、その確保には苦心したようである[48]。

天保一〇年（一八三九）五月九日から一四日にかけて、「右者鍬田村堰大破ニ付青木村より手伝人足差遣シ申候事」[49]として青木村から六六人の人足が出ている。他領他村の堰普請に青木村の人足が従事するのは、桜川堰普請の経験と、その情報が鍬田村に伝わっていたことによる。尊徳仕法の経験と情報は、そうしたネットワーク形成と、その拡散の前提として見逃すことができないであろう。

次に、青木村仕法の成果から同村復興仕法の意味と影響を考えておこう。尊徳は桜町仕法の善種を青木村仕法に投入し、同村農民と破畑人足・日雇人足らの労働力を用いて、荒地起し返しや「畑捲り」という土地改良を行い、村の生産力を高めた。だが、生産力上昇分を領主財政に組み込むと、仕法資金を恒常的に確保し回転させることができなくなる。そこで、尊徳は年貢を領主財政分と復興資金に回す分に分ける。これは桜町仕法でも行われた方法で、領主財政に組み入れる高は仕法期間中一定になっていた。復興が進み生産力が増すことで仕法資金を豊にし、一層復興事業を促進させる構造になっていた。天保六年の年貢について次のように記している。[50]

十二月七日
未年（天保六）御物成迄
(合)一米弐百四拾八俵弐斗六合　　但四斗壱升
内
(合)米八拾俵　　御定免
(合)残米百六拾八俵弐斗六合　　村方冥加米

同年の物成米（年貢）は二四八俵（一俵四斗一升入）余り、この内八〇俵が川副氏の財政に組み入れられた。[51] 残り一六八俵の「村方冥加米」は村復興資金に組み入れるというのである。[52] 川副氏に渡る分の倍以上を復興資金として捻出できるほど生産力が回復し、村の立直しが進んでいたことを意味していた。翌七年は大飢饉で、北関東の多くの村が困窮し飢えていた。下野国烏山藩領の村々も同様で、尊徳に救済を求めてきた。尊徳は最初桜町領の米穀を送り、炊き出しをして飢民を救済した。[53] 翌八年の四月から六月にかけて七回にわたって、青木村から計一〇六俵（一俵四斗二升入）の米穀が烏山領に送られている。そのうちの五月一八日の記述に、[54]

五月一八日
(合)一米弐拾俵　　青木村米、烏山行
　是ハ青木村米之内物井村馬にて附送り申候、

とあるように、青木村の米穀は桜町領物井村の馬を使って烏山に送られた。青木村の復興が桜町領の善種によって進められ、今度は青木村の善種を烏山領に送り、飢民を救済したのである。復興の成果を次の貧窮地に送り救済し、復興に着手していく。報徳仕法の実施はこうした地域のネットワークを築いていく過程でもあった。

　青木村は天保一〇年までに、新百姓や分家・借家を含めて六二軒に増え、人数も三二三人と倍増した。尊徳自身「追々村柄起返り候」と記すほど、同村の復興は進んでいた。川副勝三郎も感心し、「御感被為思召、同年（天保一〇）、外九ケ村、並御勝手向御取直御趣法御頼被遊度、御直書を以金澤林蔵殿御知行所村役人、重立候者一同召連被罷越歎願有之候」とあるように、青木村を除く他の川副氏の知行所（いずれも相給）の復興と、勝手向き（川副氏の財政）再建を嘆願するに至った[55]。この時の川副氏の直書には[56]、

　右者当知行所九ケ村々用水、並圦樋溜井等有之候処、自普請手入等不行届、水旱共田畑江相障り、次第ニ荒地等出来、村方難渋ニ及、別而加生野村・柴内村・金指村（以上は常州新治郡）・成井村・中根村（以上は常州真壁郡）之儀、困窮難行立、歎ケ敷存候間、貴所様（尊徳）御趣法を以、荒地開発困窮難渋之村方立直り候様御趣法之程御頼申上候、右御趣法中何事茂御差図相背申間鋪旨、村々江急度申渡置候、

とある。各村の自普請の不行届、用水など水利の不便利、耕作への支障、荒地の拡大という、青木村の仕法以前と同じ状況を掲げたうえで、村々が荒地開発をはじめとする「村方立直り」趣法（仕法）を尊徳に嘆願したのであった。尊徳は「手廻不申候」としつつも、「同拾壱子年（天保）、常州新治郡加生野村之儀、青木村同様発業致し」、他の八か村には「村々取直遣被申候」と伝えていた[57]。川副氏の知行所村々は青木村を先例手本として、尊徳指導によって村の立直しができるという情報を共有するネットワークが機能していたことが伺えよう。

　二年後の天保一三年に村方一同から嘆願書が出された[58]。それは、

同拾三寅年正月、其村一同歎願申立候子細は、御地頭所御暮向、近年打続臨時物入等相嵩、年々御増借に相成、一
此儘差置候は丶、御上御勝手向は勿論、詰り御知行所一統之難渋に相成可申候、左候ては多分之御入用を以、
村御取直被下置候御丹精甲斐も無之段、銘々心痛致居候、

というものであった。川副氏の財政は臨時物入りが多くなり、借財が増えた。このままでは川副氏の借財を知行所村々が肩代わりすることになり、難渋することになる。そのため、一村を再建してもその甲斐がなくなってしまうと、それぞれ心を痛めているという状況が生まれていたのであった。青木村の復興・再建が進んだことで新たに多くの問題を抱えるようになったのも確かである。それらの検討は今後の課題としたい。

註

（1）『二宮尊徳全集』22巻五〇頁。以下、同書については「全集22-五〇」のように表記する。
（2）例えば報徳二宮神社資料（報徳博物館蔵）に、書写された青木村の仕法書がある（「報徳二宮神社資料目録」『報徳博物館館報』一、一九八三年参照）。
（3）全集36-五四～二六八。
（4）山中清孝「関東農村の荒廃と二宮尊徳の仕法―常陸国真壁郡青木村仕法を中心に―」（『人間科学研究所紀要（江戸川学園）』三、一九八二年）。
（5）早田旅人「報徳仕法の事業展開と民衆―常州真壁郡青木村仕法の構造と主体形成―」（『地方史研究』三〇六、二〇〇三年、のちに同『報徳仕法と近世社会』東京堂出版に再録、二〇一四年）。
（6）川俣英一『幕末の農村計画―二宮尊徳の青木村仕法について―』（『田園都市資料』三、一九七六年）。

（7）たとえば『大和村史』（一九七四年）、『茨城県史 近世編』（一九八五年）。
（8）青木村の村高は八五〇石余りで、旗本川副氏の知行高一五五〇石の半分以上を青木村が占めた。同氏は他に常陸国・武蔵国において九か村を知行した（『寛政重修諸家譜』巻四四九）。
（9）二宮尊志家資料（報徳博物館蔵）。全集22‐一六など。
（10）天保一四年「荒地起返難村旧復之仕法御地頭所へ奉歎願候扣」全集22‐六二〜六九。
（11）文政一一年一一月「申渡覚」（桜川市青木　谷中家文書、以下「谷中家文書」と表記する）には、
青木村是迄潰百姓多、先年ゟ田畑荒地ニ相成、八百五拾石余之所、当時四百石不足　殿様御知行所御高不足ニ相成、自然与御勝手御不如意ニ被為成、千五百五拾石之御軍役も御勤難被成、御残念ニ被　思召候、殊ニ青木村之儀者常陸ニ而高村之事故、甚以歎敷思召候、
とあり、潰百姓・荒地が多くなったことで「高不足」となり、財政難となった。それゆえに、知行地高分の軍役が勤められなくなったという。知行高の半分以上の石高を占める青木村の荒廃は、川副氏にとって深刻な状況を招いていた。
（12）この項では特記しない限り、註（10）の資料による。
（13）天保一三年正月九日「報徳冥加金無利五箇年賦貸附準縄帳」全集22‐一七〜五八。
（14）弘化二年五月二八日「川副勝三郎様より宇津釩之助様へ御使者口上手扣写」全集22‐七三〜七五、弘化二年閏五月二日「宇津釩之助様より川副勝三郎様へ御使者口上手扣写」全集22‐七七〜七九。
（15）同右。
（16）註（3）に同。
（17）註（10）に同。

(18)　弘化三年一二月「御帰発田畑冥加米永並御拝借返納願書写」全集22―七九〜八七。

(19)　天保一四年九月「御伺之下書」全集22―六九〜七三。

(20)　註(10)に同。

(21)　「川副勝三郎様より宇津釩之助様へ御使者口上手扣写」(註(14)に同)には「難場之堰普請妙慮を以て築留成就致し」とあり、弘化四年六月「青木村御仕法向御勘定奉行へ御伺書扣」(全集22―八九〜九一)にも「極難場之堰普請、妙々之以工夫築留之」とあるが、堰の具体的な工法についての記述は見られない。

(22)　註(19)に同。

(23)　註(13)に同。

(24)　同右。

(25)　註(18)に同。

(26)　早田氏は前掲論文で「仕法は「諸国一統差詰り」という社会状況のなか、「渡世難相成者」に普請・荒地開発などの事業で賃金取得の機会を与え、そのことで人別増加をはかるという「財散則民聚」の仕法であり、「渡世難相成者」という困窮者層からも支持された理由」として「財散則民聚」の古語を強調する。仕法は村柄を復興し、生活・生産の場を整備することが主眼であって、その事業の労働場として集まった賃金労働者の人別増加、あるいは尊徳仕法が支持されたというのは恒常的なことではない。青木村の仕法主体を新百姓や借家、次三男などの分家層など、隷属・従属農民に設定し、冥加米金が彼らに再分配(?)されることを先に設定したために拡大、強調し過ぎた指摘と思われる。

(27)　註(10)に同。

(28)　「差上申書附之事」(年欠、谷中家文書)には「荒地之次第御見分之上、山ノ中ふくら岩石之類大小堀出シ、材木之義ハ神社堂地潰屋敷、又者銘々持山等ニ至迠切出、昼夜持運ひ、わづか十六七日之内ニ石わくせきに御仕立被下」とあり、山の中腹から石を、材木は神社境内や潰百姓の屋敷地、各農民の持山から昼夜切り出したという。それらを用いて「石わく」の堰が造られた。

(29) 註(28)と同資料にも「同年(天保四)三月、古堰修復ニ取掛り候処、大工・木挽・破畑人足、其外□□之面々大勢御召連被下」とあり、破畑人足の中には尊徳が桜町領から連れてきた者が含まれていたが、その人数などは明らかでない。

(30) 天保二年～一二年「川副勝三郎様御知行所青木村金銀米銭出入書抜帳」全集22-四二七～四五一。

(31) 天保四年七月改「諸普請人足並開発畑捲地下賃銭取調帳」全集22-三三三～三五二。

(32) 同右。

(33) 同右。

(34) 「諸普請人足並開発畑捲地下ケ御褒美取調帳(天保五年分)」全集22-三五四～三六〇。

(35) 「天保六乙未年分」全集22-三六〇～三七六。

(36) 全集22-一三八。

(37) 註(13)に同。

(38) 領主川副勝三郎は天保一四年九月「伺之下書」(全集22-五五二～五五五)で、「右村方(青木村)致地押、反別地境等相改、広狭之争無之、百姓永続為致度」と述べ、村方も「御手透次第帰発田畑ニ至ル迠御地押御改等被下置、田畑御取箇御定被下候迠、土地之善悪、用水」などを「一同談事村中立会」で決めるとしており(谷中家文書)、地押が予定されていたことがわかる。

(39) 註(31)に同。

(40) 註(35)に同。

(41) 註(34)に同。

(42) 「天保八丁酉年分」全集22-三七九〜三八八。

(43) 註(35)に同。

(44) 天保八年一一月「当酉年冥加籾取調名前書上帳」全集22-五〇〇〜五〇三。同様な記述は天保八年一二月「夫食種穀諸掛無利七ケ年賦御拝借名前書上帳」全集22-四五一〜四六七にも見られる。

(45) 「天保九戊戌年分」全集22-三八九〜三九九。

(46) 「天保十己亥年分」全集22-四〇〇〜四一〇。

(47) 「天保十一庚子年分」全集22-四一〇〜四一五。

(48) 尊徳の弟子の一人と言っても良い吉良八郎(谷田部藩士)にあてた某書状下書(年月日不詳、谷中家文書)には「此度段々荒地起返し御初被下候、新吉殿(青木村百姓)江ハ被仰越、破畑共有之次第可差出趣奉畏候得共とも、破畑共何程も無之、又者村人足等も此節破畑相勤り候人物者大概困窮もの故ニ［　　］出戻或凡奉公ニ出乍《ママ》思人足相揃兼、漸く十七日ニ者四人計り差上申候」とある。青木村ではある時期、新吉が破畑人足を集める役割を担っていたこと、その破畑人足は大抵は困窮者であったこと、その破畑人足を集めるのにかなり苦心していたことが窺える。

(49) 註(46)に同。

(50) 註(30)に同。

(51) 米八〇俵、永三四貫文が領主財政に繰り入れる分で、「分度」と言われる高である。「差上申書附之事」(谷中家文書)には「御収納米永拾ケ年平均ヲ以取調、以前ゟハ米三十五俵相増、米方八十俵、永方三十四貫余御定例相定」とあり、過去の平均年貢高を算出して「分度」としたが、以前より米三五俵増加したとしている。「分度」設定は過去の平均年貢高に基づくことを基本とするが、実際の「分度」設定などについては根本的に見直す必要があると考える。

(52) 同様な記述は天保六年一〇月「当未田方冥加米書上控帳」（谷中家文書）に見られる。

(53) 早田旅人「藩政改革と報徳仕法―烏山仕法にみる報徳仕法と政治文化―」（早稲田大学史学会編『史観』一六二、二〇一〇年、後に同氏前掲書第七章に再録）。拙稿「二宮尊徳の窮民救済仕法―天保飢饉直後の野州烏山領と小田原領―」（小田原近世史研究会編『近世南関東地域史論』岩田書院、後に拙著『二宮尊徳と藩政改革』第三章に再録、勉誠出版、二〇一五年）。

(54) 註(30)に同。

(55) 註(13)に同。

(56) 天保一〇年「川副勝三郎頼紀直書」（二宮尊志家資料、報徳博物館蔵）。全集22―一六～一七。

(57) 嘉永四年一一月「永代神社修復造営祭祀料議定書」全集22―九八三～九九四。青木村仕法の広がりは本文で若干触れたが、他領へは下石橋村への尊徳仕法「引移」がある（早田氏前掲書、第四章）。

(58) 同右。

江戸近郊農村の地域文化人と明治

太田和子

本編では、近代社会において近世社会が果たした役割について考察することを目的として、幕末維新期に地域文化人としての基礎を築いた本多雖軒《すいけん》が、明治の新制度や社会の中でどのような文化活動や社会活動を行ったのかをみることにする。

一　修業時代―嘉永四年〜文久元年―

本多雖軒については、国分寺市から史料集(1)が刊行され、『国分寺市史　中巻』(2)にも記述されている。また医術の修業については長田直子(3)と菅野則子(4)の研究がある。

近世の地域文化人が近代にどのような活動を展開したかについては、多くの研究があるが、渡辺尚志が『幕末維新期の名望家と地域社会』（同成社、二〇一四年）で近世において村内の指導者的立場であった者（名望家）が、近代になると広域の課題に取組んだ事例などを紹介し、家や村落のありかたについて、論じている。

本稿では、地域文化人として雖軒を見るため、医業の面についてはほとんど触れていない。雖軒の活動を、一〇年余におよんだ修業時代、師から独立以後の開業と帰郷、明治政府の新制度と向き合った時代、変容する社会の中で地域文化人として活発に活動した晩年に分けて述べる。

1　医・書・画の修業

まず、本多雖軒の履歴を自身が明治三六年(一九〇三)に書いた「本多雖軒履歴」(5)によって紹介する。

東京府下武蔵国北多摩郡国分寺村大字国分寺ノ創々世々里正(挿入)〔名主ト云コト〕本多良助ノ四男ニシテ、天保六年乙未ノ三月三日生レニシテ、幼名為吉、長シテ雖軒ト称シ、又武相居士ノ号ヲ用ウ、七歳ノ時ヨリ十四歳迄父良助ヨリ習字読書等家庭ノ教育ヲ受ケ、又十四歳四月ヨリ十七歳二月迄農事ニ携リ父兄ノ助手ヲ成ス、然レトモ予性質剛強ニシテ十有五六歳ヨリ青雲ノ望ミ止マス、其結果医道ニ志シ、父兄ニ請フテ同郡谷保村本田覚庵(6)へ入熟(塾)セシハ嘉永四年辛亥三月十有五日也、而テ文久元年辛酉ノ年迄(挿入)〔居塾〕殆十有一年ニシテ漸ク成業、尤其間予廿四歳ノ時ハ安政五年戊午一月諸州漫遊ニ志シ、西肥長崎ニ遊ヒ、春徳寺住鐵翁禅師(7)ヲ訪ヒ入門、画伝ヲ受ク、同年五月帰国後、尚前師へ立戻リ勤務スル事又三箇年ニシテ、師家ヲ退塾セシハ、予廿有七歳ノ時、即チ文久元年辛酉三月帰郷開業ス、(後略)

雖軒は天保六年(一八三五)武蔵国多摩郡国分寺村(現東京都国分寺市内)の名主本多良助の四男に生まれた。没年は大正五年(一九一六)。幼名為吉、俗名仲右衛門、後に雖軒・天爵堂・有隣・朗山・武相居士、と名乗っている。七歳から父良助に基礎教育を受け、一四歳からは家事を手伝っていた。当時は商家の丁稚などの奉公は概ね一四歳ごろから始める。農家である雖軒の実家も同様に一四歳を一人前になる準備段階の始まりとしたのであろう。嘉永四年(一八五一)一七歳で「青雲の望ミ止マス」生家の近隣村である下谷保村(現東京都国立市内)の医者本田覚庵に弟子入りし、医者の修業を始め、文久元年(一八六一)に退塾した。

雖軒の修業について具体的な史料が無く不明であるが、同時期一緒に修業している弟弟子の小川弘斎[8]は『本田覚庵日記[9]』に「（文久元年閏三月一九日）弘斎書経終ル」と記述されており、覚庵塾で漢籍の「書経」を読んでいたことがわかる。長田直子は『本田覚庵日記』を分析し、師本田覚庵の修業を事例として「『傷寒論[10]』・鍼灸書・便覧などの読書、本草学書や鍼灸本などの筆写や輪読、（中略）師匠のお伴で病家への診察、（中略）製薬なども行っていた[11]」と述べ、弟子の養成も同様であろうと推測している。

菅野則子は、本田家の蔵書について「本田家を特徴づけるのが、（B）に整理されている書籍類の群（八六四点）である。それは、冊数にして三四〇〇冊をうわまわる。その内訳は、図書[12]（三九八点）、漢籍[13]（一六一点）、医書[14]（一二四五点）、新聞・雑誌・地図など（六〇点）である[15]」と述べている。修業には、漢籍や歴史書などの読書や、「（文久元年五月）四日雨、卯斎終日薬製[16]」と日々薬剤の製造も含まれている。

雖軒は医術以外に漢詩文を学び、習作を書留めた横半帳が多数残っている。書も師覚庵から米庵流を学び多くの臨写を残した。後年雖軒は覚庵の書を「此人ノ書実ニ稀成出来也[17]」と評している。米庵流とは「幕末三筆」の一人である市河米庵[18]の書法で、覚庵の養父昴斎[19]が入門し、以後本田家は代々米庵流の書を家流とした。

画については、明治一八年（一八八五）に書いた「画伝履歴[20]」に、「嘉永七年（安政元年＝一八五四）下谷保村の南養寺鉄石禅師に入門し南宋画を学んだ」とある。さらに鉄石について「鉄石は始め白雲道人、中頃は鉄石と称し晩年に鉄舟と改号した。（中略）長崎の春徳寺鉄翁禅師に僧道のあいまに画伝を受けた」と記述している。

雖軒は安政五年（一八五八）に長崎へ赴き鉄翁と面会した、その時鉄石について次のように語ったと記述している。

鉄翁予ニ向テ曰ク、画ノ門人天下普ク多ト雖トモ先僧侶中其神妙ニ入シハ唯鉄石壱名アル耳ト、而シテ其画ノ気韻ニ於ルモ予鉄石ニ及ハスト深ク追慕セラレ、予（雖軒）カ面前ニテ語ラレキ、因テハ元来画法勉励ノ粉本ハ残ラ

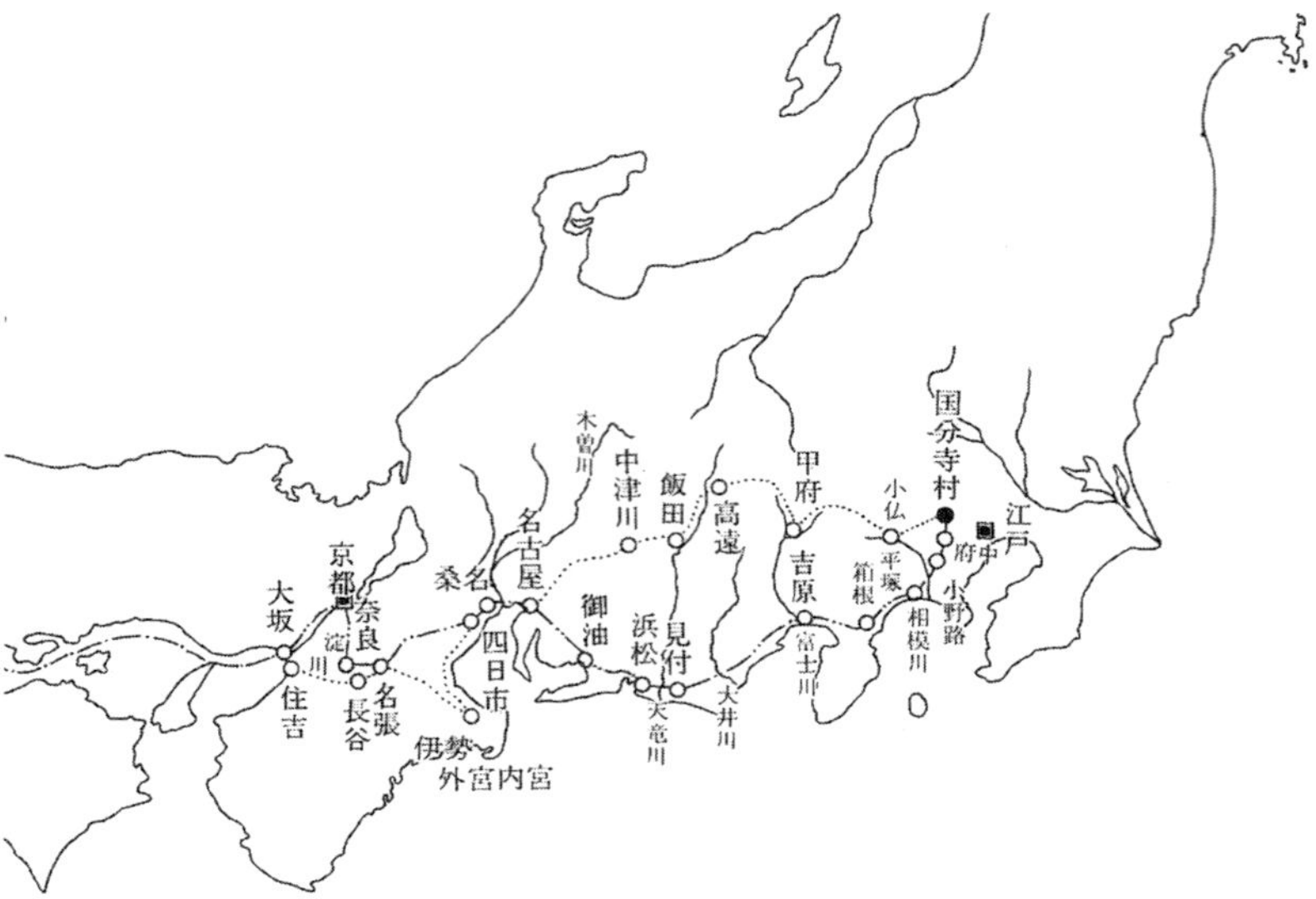

長崎漫遊行程(『国分寺市史 中巻』806頁図37転載)

ス鉄石ニ譲リタシ、依之必一度嵜陽へ来ルヘシト予ニ伝言セラル、、

鉄翁は私(雖軒)に向かって、画の門人は多く、僧侶の中で神妙に入ったのは鉄石一人であった、画の気韻は私も及ばない私が習得した画法の粉本は残らず鉄石に譲りたいので一度長崎に来るように伝言した、とある。しかし、鉄石は病に侵され長崎へ向かうことができずに亡くなった。

2 長崎漫遊

雖軒は、安政五年(一八五八)二三歳の時に長崎まで漫遊の旅に出ている(上図)。この旅については『国分寺市史 中巻』「第十一章　第三節　本多雖軒の生涯」で詳細な分析を行っている。その成果を参考に、あらためて雖軒の修業の旅をみることにする。なお本項の引用文は特に断らない限り長崎

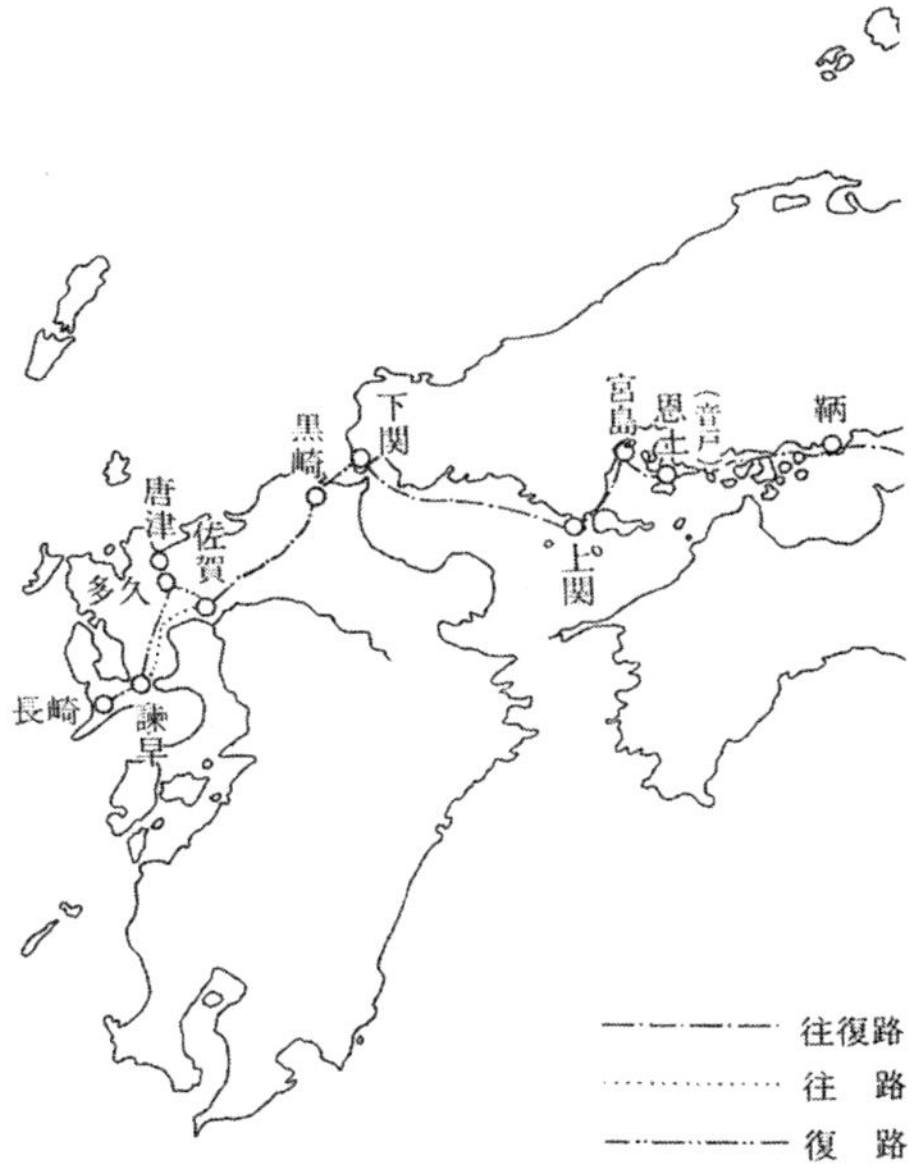

漫遊の紀行文「筆墨遊戯」[21]からとった。

漫遊の目的を「本業医道兼ルニ書画ヲ以テ諸州へ漫遊」と述べ、その言葉通り、旅の途中で漢方・蘭方を問わず医家を訪ね、また文人を訪ねている。

出発は同年一月一二日、最初の訪問先は拝島村（現東京都昭島市内）の桑原玄順[22]。桑原は兄弟子で旅立ちの挨拶をしたのであろう。その後、関所手形を所持していなかったが駒木野関所（現東京都八王子市内）を通過し甲州道中を西へ向かった。

金沢駅（現長野県茅野市内）から甲州道中をそれて伊那へ向かったのは、信濃国上殿島村（現長野県伊那市内）の兄弟子である那須彭逸[23]を訪ねるためであった。那須宅では「（一月二〇日）談話当洞類聚方[24]」と古医学書の「類聚法」について語り合い、「而一得功予漫遊中一之執行」とこの旅の中で一番有益な語らいであったと感想を記している。この地では、那須の知人の伊奈部宿（現長野県伊那市内）中村柳与宅に八泊し、近隣の富裕者や文人を紹介され、書や絵を揮毫し、大いに感嘆されたと記録している。

上殿島村を出発した後の旅は、長距離の移動に一月の寒さが重なり、飯田城下（現長野県飯田市内）で雨による悪路を回避するために四泊し、同宿の市ヶ谷の人（医者）に触発されたのか『傷寒論』を読んでいる。

その後、美濃国・尾張国を抜けて伊勢参宮をしたのち、伊賀国から大和国へ入り、旦那寺妙法院の本山である長谷寺（現奈良県桜井市内）を参拝し、知己の僧に寺内を案内してもらった。

その後河内国を抜けて大坂へ向かい、大坂から瀬戸内海の船便に乗船する予定であったが、一〇日も風待ちで出港が長引き、天満天神（現大阪天満宮）、住吉大明神（現住吉大社）、中ノ島（現大阪市中之島）、新堀端（現大阪市新町）など繁華街を毎日のように見物した。大坂を出港すると、船から見える瀬戸内の名所や景色に感動し、源平合戦に思いを馳せ、港に入れば物売りの小舟が近寄り賑やかに品物をめぐり船客とやりとりをする光景など、日常では体験できない情景を目の当たりにしている。その後も風待ちなどで、九州黒崎（現福岡県北九州市西区）に到着するのに大坂から一〇日かかっている。

最終目的地の長崎では南画の師鉄石の師春徳寺鉄翁に面会し、その画伝を受けたことは前述した。また漢方・蘭方の別なく医家を訪ね、また木下逸雲[25]など高名な画家も訪ねている。さらに丸山遊郭では遊女から長崎の方言を教えられ記録し、飽ノ浦[26]では「火車」を目撃している。

帰路では多久城下（現佐賀県多久市内）へ着くと、蘭方医伊東玄朴の塾象先堂出身の医師を訪れ、翌日は下多久（同市内）の同じく象先堂門下生鶴蔵六を訪ねた。ここで疲れが出たのか、発病し二三日も逗留している。この間に、医学の勉強はもとより珍しい習俗や佐賀藩の「大砲稽古」などを見学している。

再度の瀬戸内海の船旅はほぼ順調で、六日で大坂に上陸後、京都・伏見・奈良から名張（現三重県名張市内）へ回り、往路に訪れた医者の家に二泊し、四日市（現三重県四日市市内）から宮宿（現愛知県名古屋市内）へ渡り、東海道を寄り道もせず宿屋に泊り、安倍川の川留に合うなどしながら、箱根を越え五月二五日に府中宿に到着、四ヵ月を超える修業の旅を終えた。

この漫遊の全日程は一三二泊、宿泊先は宿屋が一番多く五二泊。次いで医者宅三一泊、文人宅が一三泊、その他三六泊となっている。旅の途中で雖軒が出会った人数は、医者一六人、文人八人、画家三人、書家一人、僧二人、名主二人、不明八人となる。宿泊と面会を合わせると一〇四人となる。医師宅で医書や医業に関する話題が出ることに刺激され、大坂で『傷寒論』を購入している。また文人宅では地元の文人を紹介され、詩作・書・作画・俳諧などで交流を深めることもあった。

漫遊は近世の修業方法の一つであり、実地訓練の場である。多様な人々と多くの出会いがあり成長があった。雖軒も医術・画・書・詩文など自信を付けた。

3　代診

帰郷後の雖軒は、覚庵のもとに戻り代診を主に行っている。長田の分析[27]では、万延元年（一八六〇）二月一日から翌文久元年（一八六一）三月二三日までに、弟子三人（本多雖軒・福田卯斎・青木省庵[28]）の代診回数は一年余の合計で六五七回、そのうち雖軒は三三五回（五一%）、卯斎二二一回（三三・六%）、省庵一〇一回（一五・四%）となる。覚庵の診療範囲は天保九年（一八三八）は、ほぼ半径二里に収まる範囲であったが、万延元年以降は半径二里半以上に広がっている。

このことは、弟子の代診が医療活動では重要であったことがわかる。雖軒の代診回数が過半数を占めるのは一番在籍期間が長いからである。修業年数が長くなると、往診など実地体験をすることで、能力を高めている。

代診先で雖軒は、万延元年「（六月一日）北方狼藉流行之由、砂川辺迄北筋一般騒敷趣」と、北の方で犯罪が頻発し砂川（現立川市内）辺りまで人々が騒いでいるらしいという情報を持ち帰った。また府中六所宮神主家から桜田門外の変の一報を持ち帰っている。[29]ほかの弟子たちも坂下門の変や、近隣の村に子供さらいが発生した、強盗があった、など社会情勢に関わる情報を聞きこんできている。村名主である覚庵のもとへは、幕府からの通達は頻繁に届いているが、弟子たちも、村の治安や江戸で起こっている政治不安など噂話を持ち帰り、情報網の一端を担う役割を果たしていた。

二　独立―文久元年～明治五年―

1　府中宿時代

雖軒は文久元年(一八六一)覚庵塾を退塾した後、府中新宿(現東京都府中市内)に居を構え開業した。府中宿在住時代の医療活動については史料が乏しく詳細は不明であるが、元治元年(一八六四)の治療記録(30)が一件残っている。

子正月廿二日夜五ツ時　控

府中新宿百姓豊吉弟万吉、何者共不相知三人程罷出被疵追候、親類共我等相頼ニ来候間、

(中略)

医師　本多雖軒

食客、高輪伊皿子大町高橋権斎弟　斎藤宗卓

江戸四ッ谷より来、宿内偶居　平井周達

〆医三人　但シ十五針縫

この診断書の末尾に、雖軒を含めて医師三人の名が記されている。雖軒と同時期に府中宿に江戸から二人の医師が移り住んでいたことが分かる。余談であるが、患者の万吉は府中宿寄場組合の案内を勤めた人物で渡世人である。

また連光寺村の名主冨沢忠右衛門は、雖軒が退塾以前の万延二年（一八六一）二月七日から退塾後の慶応二年（一八六六）二月二五日まで治療を受けていた（「日記」）[31]。

このことを長田直子は、独立後も雖軒が冨沢家の医師であること、薬の仕入れ先が覚庵と同じこと、などをあげて「師匠と弟子の関係は、相互依存的な関係であった」[32]としている。師は患者の一部を弟子に代診させる。独立後、師から代診していた患者を譲られ、薬の仕入れ先も師が懇意にしている薬種問屋を利用する。師匠はいわば保証人のような関係となるのであろう。

さらに府中宿在住中に雖軒は、文久三年（一八六三）一一月から剣術の寒稽古を開始し、年明けの正月からは府中宿に来住した直心影流島田寅之助[33]のもとで剣術稽古[34]をしている。

慶応元年二月には師覚庵が死去。同年一〇月には相模国淵野辺村（現神奈川県相模原市内）出身の金三郎を弟子[35]にしている。

府中宿六所宮神主猿渡容盛[36]が慶応四年に編纂した和歌集『類題新竹集』に雖軒の和歌が一首掲載[37]されており、また雖軒の史料中に樅園社中[38]の「慶応四年戊辰歌暦」が残っているので、この頃、猿渡容盛に入門したのであろう。容盛の跡を継いだ盛愛[39]には、明治三年（一八七〇）に入門[40]した。

維時明治三年庚午三月廿八日、府中町大国魂神社神官猿渡守枝君新婚ヲ迎へ席上歌賀会、兼題ハ杉榊也、此日予始テ歌会ノ席ニ列シ、不得止事加入シ、夫ヨリ歌道ニ入リ始ム、[41]

和歌は晩年になっても猿渡家の歌会「言霊会」に参加し[42]、終生創作を続けた。

揮毫の依頼について最初の記録[43]は、慶応二年九月粂村（現所沢市内）の仏元寺の依頼で「奉献水天宮」の一件であった。翌三年は府中宿世話人から「蚕影山大権現」と、府中本町桑田佑賢からの「大國魂神社屋根銅板寄進石碑」の二件である。

雖軒がちかと結婚したのは文久元年（一八六一）であるが、慶応二年（一八六六）の「国分寺村宗門人別帳」に雖軒の名は無く、ちかは兄良助の厄介と書上げられている。また長女しづは明治元年（一八六八）二月の生まれであることから、慶応三年中に府中宿から郷里である国分寺村へ戻ったと考えられる。同二年一〇月には父議右衛門（前良助）が亡くなり、同三年に分家の名跡仲右衛門家を継いだ。[44]

2　帰郷

帰郷直後の医療活動については不明であるが、慶応三年一二月から明治三年一二月までの金銭出納の記録である「小づかい覚帳」[45]に、淀橋にある薬種業いわし屋への支払い記録は、慶応三年分一回一〇両、明治元年分二回二八両、同二年分七回三六両余、同三年二回分一五両余である。また同年には落川村（現日野市内）の五十子藤四郎[46]（のち敬斎）を弟子にしており、郷里で本格的に医師としての活動をはじめた。

前述の「小づかい覚帳」には、前記のほかにいくつかの特徴的な記述がある。その一つは隣村恋ヶ窪村出身の俳諧宗匠宝雪庵可尊[47]との交流である。交流についての記述は慶応四年八月に可尊から「米庵先生三幅対」を一分で買取ったことが最初である。俳諧に関しては同年九月「月次句会」四〇〇文をはじめとしてその後も、兼題料・運座料・春興出句すり代・衆義評世話料・扇面引入代・茶代を明治二年二月まで継続して支出。同三年閏一〇月には「会はせを忌」に一分と二〇〇文の支出記録がある。さらに米庵三幅対だけでなく、「蒙休（求）」三冊をはじめ、万葉集や伊勢物語など一七巻七八冊の書籍を慶応四年一一月二九日と明治三年八月一九日の二回に分けて買い取っている。兄良助（号芳城）は可尊の門であるが、雖軒はそれほど俳諧に親しんではいなかったが、兄の影響もあり地域文化人として交流するようになったのであろう。

もう一つは、書画と書籍などの売買である。書では書家の名前がわかるのは米庵・蜀山人・寺門静軒・佐藤一斎の四人で、蜀山人は他へ売渡している。画で作者が判明するのは、祖門鉄翁・野呂介山・狩野伊川・高久靄崖・椿椿山・渡辺崋山・谷文晁・酒井抱一の八人で、作者不明分も含めて買取りは一八件、うち一一件を売っている。

書籍は、前述した可尊からのもの以外に、慶応四年一一月二九日神田須田町和泉屋、室町三丁目勝太郎、本石町十軒店角椀屋、日本橋金花堂と日本橋須原屋の「書」に関する本や医学書・漢籍など八巻四四冊を入手、別の時期に四人の人物から「小畑詩山文草」「象山文章」「文選」「春秋左氏伝」「南木誌」など五巻四七冊を入手しているが、書画と異なり売った記録はないが現存せず、いずれかの時期に手放したのであろう。

揮毫の依頼(48)は、明治元年は四件内二件が「屏風」、一件が「傍示杭」、一件が「鳥居」である。同二年は「上杉政憲の詠草」一件、同四年ごろの「榕禁園醂」一件で、これ以降同九年まで揮毫作品の記録はない。

三　新制度との出会い―明治五年～同一九年―

1　教員

雖軒が明治の新制度と最初に出会ったのは、明治五年（一八七二）八月公布の「学制(49)」である。学制は明治政府が教育を国力向上の基本と位置付けたもので、全一二一条からなっている。

学制には、

第一章　従来の寺子屋や私塾・藩校などに代わって文部省つまり国によって教育を行うこと。

第九章　学校の運営は学区取締が行いその任命は地方官が行うこと。

第一〇章　学区取締は地域の名望家（戸長・里正など）をあてること。

第四〇章　教員は男女を問わず二〇歳以上、師範学校または中学の卒業免状を所持すること。

などが示されている。宮川秀一は、「教員養成には時間がかかるため、臨時的措置として教員資格について、小学校教員免許状授与方心得第七条に「訓導準訓導に附属シ授業生等ノ名ヲ以テ其授業ヲ助クル者ノ学力ヲ検定スルト否トハ地方ノ便宜タルヘシ」と規定を定め[50]」たと述べている。また「七年七月大約二十歳以上の者に全科の試験を行ない学力に応じて第一等・第二等・第三等の免許状を与えることとしたが、これを三年限りの証書とした。[51]」と記されている。学校創設当初の教員は「学制」に規定したものではなく臨時的措置に依ったものであった。地方では教員任命や準備段階での遅延、資金の問題などもありすぐに軌道に乗ったわけではなかった。

雖軒の履歴[52]によれば、同六年五月に学校設立令が交布、九月に神奈川県から訓導に任命され、第一〇大区三小区[53]の「第八中学区第八拾六番国分学校」に勤務している。

（前略）

明治六年癸酉五月　神奈川県ノ時始テ小学校開設令発布

明治六年九月廿二日小学訓導被申付　神奈川県

　但第八中学区第八拾六番国分学校掛

同八年八月廿三日小学五等訓導被申付　神奈川県

同十年六月廿六日小学二等授業生被申付　神奈川県

（中略）

同十一年七月十五日依願小学二等授業生被免　　神奈川県

（後略）

前述の通り、文部省は訓導を正規の教員資格を所持する者、授業生は訓導を補助する正規の教員資格を所持していない者、という区別を設けたが、同六年九月その区別を廃止し訓導と称し等級を設ける、と決めた。さらに同七年九月の神奈川県通達[54]では、等級により月給額が定められた。

明治七年九月十二日

小学教員之ヲ訓導ト称シ其補助ヲ受業生ト称ス、各等級アリ、六年九月其等級ヲ廃シ十月概シテ訓導ト称ス、是ニ至リ六月其月給ヲ定ムル左ノ如シ

一等訓導	二等訓導	三等訓導	四等訓導	五等訓導
上等　金三拾円	金弐拾円	金拾三円	金八円	金五円

（以下、中等・下等略）

履歴で見た雖軒の身分の変化をより細かく「国分学校大試表[55]」で検証すると、同六年開校当初は「訓導」、同八年八月に五等訓導、同一〇年四月二二日まで五等訓導であるが、同年六月には二等授業生の辞令が出されている。こうした身分の変化は「明治政府は次第に旧来からの教師との交代を図っていった。また、旧来の教師に対しても度々試験を行って等級・給与を決定し、教育の統制を強めていったのである。雖軒自身、一〇年二月の試験を経[56]」た結果であった。さらに同年一一月には、二等授業生の谷中真吾と仮教員の大久原安次が加わり三人体制となり、雖軒は翌年六月に次に挙げる辞職願[57]を提出し七月に辞職を認められた。

辞職願

第八中学区第八十六番小学
国分学校教員
本多雖軒

右私儀明治六年中奉職致シ、以後焦心覃思シテ勉励罷在候処、去ル九年中ヨリ年毎ニ煩ヒ荏苒トシテ神気疲レ、剰へ当今ニ到リテハ物事ニ付朝聞夕忘シテ殆健忘症ノ兆アリテ一朝授業向キ相勤リ難ク依之暫ク養生差加へ度候間、是迄奉職罷在候国分学校在勤之儀辞職被仰付度、此段奉懇願候、以上

右　本多雖軒　印

明治十一年六月廿九日

神奈川県権令野村靖殿

辞職する理由となった病は、同九年七月二四日から八月三〇日まで病臥し、この間に村内や近隣で交流のあった医師や教員、親類など三二人から病気見舞いを贈られるほどの状態であった。この時雖軒は、大試験直前からの発病に生徒の指導が遅れることを危惧し、後任が決まれば辞職願を提出するという内容の退職願[58]を三小区へ提出している（句点は雖軒自身による）。

先般癸酉年中県庁ヨリ学校設立之布達有之。此時ニ臨テ。当「拾大区」《（消シ）》三小区亦数度評決之上。僕後学短才ト雖トモ。苟モ衆人之選挙委頼ニ預リ。「今日ニ至ル迄」《（見セ消）》国分学校訓導職拝命「以来」《（消シ）》已後。傍眼ニハ朝寝怠惰ニシテ。其職務尽サル者ノ如ク。其臭ノ悪キ説区々トシテ「止サル」《（消シ）》四方ニ散布セシガ。素ヨリ後学短才之僕一心。且此三小区「内」《（消シ）》中ハ「異ル」《（消シ）》各小区中ノ最モ小区「中之校タリト」《（消シ）》ニシテ校ノ守備亦未全動スレバ敗《（廃）》校ノ萌芽アリ然レトモ僕ハ亦小ナリト雖トモ。他校生徒ニ劣ノ譏ヲ免ント昼夜奮励激発。昼夜焦心覃思シテ勉強スルニ随

ヒ。生徒モ亦他校ニ並列シ共ニ進歩スレトモ。僕一身退テ屈指スレバ。最早「年齢モ」(見セ消)初老ニ及ヒ。「且」(消シ)就中過日大試験前授業最中ヨリノ発病ハ各生徒ノ所知ナリ。然レトモ授業「之」(消シ)臨期ハ勿論「□ク」(消シ)尽ク張紀律以テ漸ク「験」(消シ)査済ス「今日ニ及ヘ」(消シ)抑今日ニ至レトモ。尚荏苒トシテ其病不愈四肢煩熱羸痩シ雖未臥床眼中朦朧トシテ聊モ懸隔スレバ事物ヲ明瞭スル事能ハズ。実ニ授業之途ニ迷フ。剰ヘ目今八級ヨリ三級迄ノ六課ニ及ヒ如何共為ス能ハズ。「況」(消シ)僕庚申之「像生」(消シ)徒ニ非ズ。「唯此肉身ニシテ」(消シ)復タ金銅仏ニモ非ズ。唯此肉身今「哉」(消シ)也「必報所及」(消シ)何程粉骨砕身スト雖も不及「バズ」(消シ)。然リ而シテ。其知不及「以テ為ト」(見セ消シ)テ生徒ヲ「導ト」(消シ)指揮スルト雖トモ。誤テ生徒ノ学術「不至」(見セ消)実地「ハ」(消シ)ニ至ラ「ザレハ」(消シ)ズ其「職」(消シ)課ヲ尽ザレバ僕モ生徒モ共ニ其譴責遁ル、能ハス。果ハ教員ノ罪ノミナラス県庁ノ罪ナリ。真ニ戦競ノ極ニアラスヤ。僕嗟歎ノ余リ偶「且」(消シ)其授業ノ便不便ヲ「以」(消シ)言テ其役「ヲ勤ル」(消シ)ニ関係スル人ニ「告」(消シ)語ト雖トモ此レ夏虫ノ氷ヲ疑フノ類ニテ其呆ノ辛苦ヲ知ラザル者ノミ豈「無益ナラズ哉」(見セ消)語スルニ足ラザラン。然ラハ則チ辞職ヲ請フノ外他策アルベカラス。是ニ依テ僕ノ発病情ヲ憐察「セバ」(消シ)シ。朝開夕閉ノ徒ナラズ真ニ後職ノ人ヲ選挙シ。以テ学校ノ衰敗セザラン事ヲ「希望ス」(消シ)仰ク。猶評議一決シテ後職ノ定報至ラバ。僕辞職ノ一書ハ速ニ其筋ヘ可差出候。右件々「洞察之上」(見セ消)ノ首尾「ヲ洞察シ」(消シ)雖不尽毫釐之希諸君洞察。「当」(消シ)至急区中「内諸君」(消シ)集議之英断ヲ仰ク而已

明治九年丙子六月九日夜選　　「国分学」(消シ)本校訓導

本多雖軒　敬白

三小区会所臨席御中

待報

請書

本多雛軒

先般私儀第八中学区第八十六番小学国分学校在勤之儀、今般依病気辞職願出候処、速ニ御聞届相成職務差免之御指令御下渡相成、奉請取候処相違無御座候也

前半では開校以来の苦労や思いを書き、続いて、自分が原因で生徒が大試験を失敗したら学校の存続も危ぶまれると、多方面への影響を危惧している。この時は辞職に至らなかったが、二年後には前掲した必要な文言以外書いていない辞職願をもって辞職している。

雛軒が二通の辞職願を提出した時期は、学校の位置をめぐり三小区内で各村の主張がぶつかるという事態が発生した時期でもあった。「明治八年頃には（中略）それぞれ分校を設置した。その後明治一〇年五月に三校を合併して中央に校舎を新築するよう、神奈川県が斡旋し、一時は決定しかけたが村民の反対にあって実現せず（中略）県側の意志はあくまでも学校の統合にあり、再度介入して（一一年）六月二四日には国分学校と武野学校（恋ヶ窪村所在）を合併させ、校名も中和学校と改めた(59)」。つまり雛軒の辞職には、病や資格という個人の事情だけではない背景もあると思われる。

2 医者・教導職

医療について明治政府は、同七年「医制」を制定し免許制をとった。近世社会に医師免許は存在せず、大げさに言えば本人が医者を名乗れば医者である。さらに患者が認めれば自他ともに認められた医者となる。

「医制」について牧昌見は、教員免許と比較して「「学制」では卒業資格の考え方が採用された。この卒業資格主義は、医職にあってはとられなかった。明治七年八月十八日に制定された「医制」においては、医学校を卒業すること

と有資格の医師たる「免」を与えることとは別に考えられた」[60]と、医者の実地経験を重視したと述べている。しかし、西洋医学を日本医学の基盤とする政府の考えに、従来の医学「漢方」を基盤とする大多数の漢方医は、医師免許試験科目を西洋医学の科目で受験することとなり、全国的に漢方医の存続が危ぶまれ保護を求める声があがった。

雖軒の場合はどのようであったのであろうか。複数の履歴を総合してみると、提出した履歴書の内容は不明であるが、「明治六年酉七月中履歴書上ケ」[61]とあり、医制が公布されると履歴を提出して医師として認められた。続いて「明治十年六月神奈川県ヨリ漢方医免許証下付、其後明治十七年神奈川県、(中略)五月五日也、内務省ヨリ内外科医術開業免状拝命」[62]とあり、同一〇年に漢方医の免許を神奈川県から受け、同一七年には内務省から内外科医術開業免状が下付された。同二七年には前年東京府へ移管されたことにより、「医業開業届(中略)別紙免状(同一七年免状)写シ」を添えて警視総監園田安賢あて提出し、東京府から改めて開業許可を受けた[63]。

雖軒の医業について知ることができる史料は、同六年から同四四年までの「遠近病者診断死亡書上控簿」が五冊残っている。また就任時期は不明であるが、同四三年三月一九日に村医辞職届[64]を村へ提出している。さらに同四四年一二月一六日の「北多摩医師会」発会式に出席しており[65]、終生医者を続けた。本稿では地域文化人として雖軒をとらえるために、医者としての活動分析については機会を別に譲ることとする。

履歴[66]によれば訓導を辞職した四ヵ月後の同一一年一一月二八日に、神道事務局から教導職試補に任命された。

同年十一月廿八日　　教導職試補拝命　神道事務局

同十二年五月廿九日　権少講義拝命　　内務省

右ノ通相違無之候也

明治十三年二月　　　　　右権少講義　本多雖軒　印

教導職とは、神仏判然令（神仏分離）によって動揺した民衆の教化を図るため、仏教・神道の組織を利用しようとしたもので、同五年三月設置した教部省の職員のことである。神官僧侶の有力者を教正に任命し布教にあたらせた。教正以下講義・訓導などの階級にさらに大中小があり全部で一四の階級があった。六月には仏教各宗に教導職管長一人を置いた。八月になると文部省は、学校教師と教導職の兼職を禁止した。

このことについて山口和孝は、「田中（不二麿）は其批判に応える論拠として（1）「学術」による人材陶冶と宗教による「人心勸戒懲」とは別のものであること、（2）教育活動とは他職を兼ねてできる程かんたんなものではないこと、（3）ミッショナリー（宣教師）の任務は宣教活動であり、学校教師と兼務した場合、宗教活動と教育活動は「混淆」するおそれがあることを太政大臣に上陳した。また彼は学校教育と宗教の分離を徹底させるため、ミッショナリーのみならず「彼我之別無之様」教導職も学校教師兼務を禁止する必要があると提案した(67)」と述べている。キリスト教の布教者を学校教員として雇用することを禁ずる布達との整合性を図ったのである。

翌六年には神官・僧侶をすべて教導職に補し神仏合同の布教体制を整え、さらに一般の俳諧師・噺家なども加え民衆教化を図った。しかし国の方針は必ずしも末端の教導職が理解しているとは言えず、神奈川県は、同八年四月一五日付で、

> 教導之儀ハ不容易筋ニ有之候処、管内神官僧侶末々教部省御班布の教憲判然弁明致兼候者モ有之ニ付、当分之間各小教会長ノ中有志之者二名宛横浜中教院へ集会致シ教憲ヲ始メ各基本分ノ書籍等講究致シ各区内同職之者へ可相及此旨相達候事

という「教導職心得之事(68)」を公布した。

その後、神道内部の争いから、明治一五年一月には神官と教導職とを分離したが、神道仏教共に内部の対立を解消

できず、さらに他宗教間の対立も解消されなかったため、同一七年に教導職を全廃した。

多摩郡の教導職は、同六年一月に大國魂神社の宮司猿渡盛愛と禰宜の猿渡盛孝が神奈川県知事から任命され、大國魂神社を中心に活動を始めた。多摩郡の教導職についての史料はわずかしかなく組織の変遷など不明であるが、コレラ対策の周知など民衆の生活に密着した活動(69)も行っていた。

同一七年教導職は廃止となり、「従前教導職ハ勿論、其他未試補ノ神官ト雖モ、更ニ教師ニ可被補候趣其筋ヨリ達有之(70)」と神道事務局から任用替えを通知された。

雖軒は家事都合を理由に辞退している。教導職試補就任が雖軒にとってどのような意味を持ったのかは不明である。

3　武相大書画会

明治一六年(一八八三)雖軒は、府中駅安養寺を会場に武相大書画会を開催した。

書画会とは、「江戸時代後期から明治の前半期にかけ、書画会と呼ばれる催しが日本各地の都市で流行していた。その始まりは、通説では寛政四年(一七九二)の江戸両国の料理茶屋万八楼《まんぱちろう》における谷文晁・鈴木芙蓉らの席画会、同年の京都東山における皆川淇園《ぎえん》主催の新書画展覧会とされるが、近年ではさらに一〇年ほど遡るとの研究もある。当時名の知られた画家や書家といった文人墨客が客の面前で即席に描き(これを「席画」と呼ぶ)、それをその場で展観に供する催しである。江戸においては両国の料理茶屋の座敷などを借り切り行われることが多く、客は料金を払ってこれを観覧した」(『歴博』一九〇、連載「歴史の証人—写真による収蔵品紹介—　書画会に関する資料群」、国立歴史民俗博物館、二〇一五年)。

武相大書画会の案内印刷物(71)には「席上揮毫」に山岡鉄舟を筆頭に二七二人、「補助」に中川清八郎を筆頭に二九九人、「幹事」に北多摩郡長砂川源五右衛門を筆頭に二八二人、合計八五三人の名前が掲載されている。

席上揮毫者で印刷された注記があるのは東京三二人、横浜二人である。墨書による注記は「勅任」「奏任」など八人、「儒者」六人、補助は注記が無い。幹事には「西多摩郡長」「県議会議員」など公職者を含む四六人、「是ヨリ下門バツ家又豪家富ノ人」二〇五人、「東京」二人、「八王子」一人、「府中」一人がなっている。

また「展観届所」は、「北多摩郡府中駅柏屋三四郎」「同駅甲州屋嘉左衛門」「武州入間郡所沢町三上平吉」「南多摩郡八王子横山町綿屋八左衛門」「東京府内内藤新宿伊勢屋孫兵衛」「東京上野三橋旅人宿埼玉屋」「相州愛甲郡厚木駅中町百六十一番地山本屋七三郎」の七ヵ所である。

案内に掲載された大部分の人は書画会に出席したとは思えないが、席上揮毫の市河万庵について、後年「武相両国之書画会相催之際、服部波山翁と河先生之御両名、特別之御注意御尽力ヲ蒙り、因テ右会無恙成功満足致し候」[72]と、万庵の長男三陽からの問合せに交流の内容を答えている。雖軒にとって晴れがましく、忘れられない思い出となり地域文化人としての名は高まったのであろう。

新制度と出会った同五年から同一九年の間に雖軒が依頼された揮毫数[73]は、同九年・一〇年・一一年は各一件、一二年六件、一三年一五件、一四年一八件、一五年一件、一七年二件、一八年一二件、一九年二件となる。依頼の内容はこれまでと大差なく、寺社の燈籠や鳥居・幟などであるが、特徴的なのは個人宅の襖や屏風へ漢詩文の揮毫依頼が増えたことであろう。同一六年には玉川上水小金井橋の茶店ののれんに「さ久羅もち」と書いている。雖軒は「餅・饅頭等の商法に懸る」[74]と不本意であったが、飛鳥山や墨田川河畔に比べると遠距離にある小金井桜が東京の庶民に注目され出した時期である。茶店の主人も客の目を引きたかったのであろう。

この時期は雖軒が医師免許の取得、教員・教導職就任と、明治政府が執行した新制度に対応していた。世情も県議会が発足し、憲法制定へ向けた自由民権運動が活発化した時期であり、甥である本家の本多儀太や弟子の五十子敬斎が政治運動に関わり自由党員となった時期でもあった。しかし、雖軒自身が自由民権運動に関わる活動を行ったという記録は見出せない。

四　地域文化人として—明治二〇年～大正五年—

1　漢方医師免許公認運動

明治二二年（一八八九）四月に市制・町村制が施行され、国分寺村[75]が誕生、同時に甲武鉄道（現JR中央線）が開通し、国分寺駅が開業した。翌年兄良助が死去し、甥の儀太が良助を襲名し、同二五年三月、二代目の国分寺村村長となった。

本格的に新時代を迎え　雖軒が鉄道を詠んだ和歌[76]が残っている。

明治二十一年秋の頃より　予里の山々谷々ひらけて　蒸気車の通ひ路となりて其さわがしさ故に　おろちも住ひをかゆるの為に出ければ

このむらの　蛇ちおほかみ　住む谷も　都にかよふ　道ひらけつつ

武蔵国国分寺村の山々谷々は云も更なり　鉄道線路に当り　むさし野は日々月々開け行て蒸気車の通ひ路となりければ

ひらけゆく　世にもあるかな　家里も　まかねの道の　かきりなきまで

前述したように、雖軒は政治活動とは一線を画し医者として過ごしていた。しかし、国が西洋医学を根本としたことにより、漢方医である雖軒は、漢方医の団体である温知社[77]に入会し、漢方医免許の存続を図る運動に参加している。温知社解散後の同二四年、漢方医師免許の公認を求めて帝国医会が結成されると、そこへ参加した。帝国医会が同年の第一回帝国議会へ提出した「医師免許規則改正法案」[78]は同二八年に帝国議会で否決され、漢方医師免許公認の望みは絶たれ、「明治廿八年乙未十月三十日東京（中略）於テ和漢医道継続の件の秘密会席上ニ於てよめる」という詞書に、「こゝろある　くすしらかとも　あつまりて　つゝますあかす　道のくさ〳〵」という和歌を詠んでいる[79]。漢方医師免許公認運動は、雖軒唯一の政治活動である。

2　東照宮遺訓

明治三〇年代以降も、前述したように医者として活動[80]している。しかし、同三九年（一九〇六）六月から九月までの三ヵ月余、病臥している。

病気回復後の翌四〇年七月一六日、東京上野で開催された内国勧業博覧会の見物に出かけ二泊している。さらに一〇月二九日から一二月七日まで、三女ほんの嫁ぎ先である横浜の杉中家へ逗留している。年齢的なことや漢方医であることなどから、患者数が減少したのであろう、文人として興味を引かれる事物に接する機会も多くなり、旅など長期不在をすることもあった。

横浜では婿の太一郎が伊勢崎町の夜店見物に案内したり、後日伊勢山大神宮に詣でたりして横浜見物をしている。この横浜行は孫久恵の三歳の祝も兼ねていた。三歳の祝いを持参する人も多く、夫婦が外出中は留守番の雖軒が祝いを受取ったり、客の対応をしている。また、代官江川太郎左衛門の手代吉岡慎蔵の息子の消息や、市河万庵の親戚市河得庵との面会など、縁故ある人々の消息に接する機会もあった。

さらに杉中の周旋で揮毫の依頼が四三件寄せられている。依頼者は杉中の職場や、その取引き相手などの知人で主に横浜で商売をしている人々である。この揮毫について雖軒は、

明治四拾年丁未十月廿九日自宅ヲ発シ横浜港へ行、同年十二月七日漸ク帰郷、御内羽二重絹地而已揮毫多ク其他ハ羽織の裏へ三枚程墨画之依頼あり、或書画帖或扇面或ハふくサへ歌一首染筆、此品ハ極上ちり面（緬）故ニ大ニ心配困難啻ならす、其後既ニ出立之前日より半切ニ祝之歌或ハ哀傷之歌染筆もあり、又漸ク有増絹地認方相果テ、予之得意之草書ヲ肩休めとして額字其他凡弐十枚位書残シ置立チ去ル、併シ染筆始テ筆硯ヲ携へ行之事故ニ非常ニ施筆致し、且謝義ハ書家一方ヲ目的ニ来りに非ス、先ハ認物之善悪ハ各々目ニ見テ思召之謝義ト云ひ触し、右ハ杉中太一郎子之顔、又ハ拙老ノ顔ニ関係スル故ニをほやけに謝義ヲ受シ置候事故聊之集金なれ共、跡々の為ニ是則世俗の所謂飛鳥跡ヲ混乱《ニゴスナ》せさる之仕方、併シ凡謝義持参之連名左ニ記載ス、

と述べ[81]、専業の書画家ではないので謝礼は依頼側の心のままにと主張しており、医者が本業であるという雖軒の矜持をうかがわせる。しかし依頼される作品が絹地や羽織裏などで大作ではないことに不満もあったようである。

同四三年には五月から一二月まで揮毫の依頼が集中し、三九件にのぼった。そのうち二〇件が「東照宮遺訓」[82]である。

人乃一生は重荷を負て遠き道を行か如し　いそくへからす　ふ自由を常とおもへハふ足なし　こころに望おこらハ　困窮したる時を思ひ出すへし　堪忍は無事長久の基　いかりハ敵とおもへ　勝事はかり知て　まくる事をしらされハ　害其身にいたる　おのれを責て人をせむるな　及さるハ過たるよりまされり

この遺訓は、同一六年の「座右漫録」（『国分寺市史料集Ⅳ』一七）の表紙に「此中東照宮遺訓モアリ」と書かれている物で、このころに入手したのであろう。同二〇年ごろから江戸時代の回顧が盛んに行われ流行した。この風潮は

徐々に庶民へ広がり、家康が残した人生訓を手元に置きたいと望む人々が増え、雖軒へ依頼が殺到したのかもしれない。

遺訓の依頼者は二〇人で職業は、神官六人、商人三人、農家二人、僧呂一人、教員一人、職人一人、婿二人、不明四人となり、神官が一番多く、次いで商人の三人で、内一人は府中駅、二人は国分寺村の停車場である。(83) 神官・商人・僧・教員・職人を合せると一二人となる。この人々は宗教者や教育者そして商人などの非農業従事者である。

居住地は現在の行政域では、国分寺市六人、小平市二人、小金井市二人、武蔵野市二人、以下、府中市・立川市・東村山市・武蔵村山市・清瀬市・稲城市・狛江市・横浜市各一人となる。稲城市(知人)と横浜市(婿)を除くと旧北多摩郡内の村である。国分寺市内は内二人が小学校の教え子、三人が停車場である。神官は、小金井市・立川市・東村山市・武蔵村山市・清瀬市・狛江市の各一人である。

3　地域文化人として

明治四四年(一九一一)九月には奥州松島と日光へ遊覧に出かけている。その後大正二年(一九一三)一一月八日から一二月二四日まで、長女しづの息子宮本錦司の許へ逗留している。(84) 宮本は当時中藤村(現武蔵村山市内)の日吉学校で教員をしており、その下宿先に滞在した。

この滞在中に宮本の周旋で四三件の揮毫依頼を受けている。ここでは横浜と異なり襖、床の間の掛物、表札や掛札、半切や短冊へ和歌や絵画などを揮毫する腕を振るう甲斐のある作品を手がけている。依頼人は主に現在の武蔵村山市・東大和市の居住者であった。この地では書画の収集をしている人々もいて画家の優劣を判断する手段として、自らが開催した武相大書画会の案内書を示し、「掲載してある画家であれば間違いはない」、などと話したり、「予此日気分悪敷、感冒シ為ニ気休旁谷文晁の幅古器物ニ日本蘭ヲ添し図アルヲ臨写、終日暮」すなど、体調不良時には書画愛好家の収集品を借りて書写したりや、また姪（兄良助の娘）の嫁ぎ先を訪れ書画を閲覧するなど楽しんでいる。

この時期、同二〇年から二四年の揮毫の記録は不明である。同二五年一件、同二七年二件、同三〇年六件、同三二年一件、同三三年二件、同三四年一件、同三七年一件、同四四年六件、大正二年七件、同三年三件、同四年二件が依頼されたと記録(85)しているが、横浜滞在中、中藤村滞在中の東照宮遺訓の揮毫分は一部しか記録されていない。雖軒の中で何か区別するものがあったのかもしれない。

本稿では、近世末に教育を受け基礎を築き、明治という新しい時代に活躍した地域文化人本多雖軒の事績をみてきた。そこには、国が西洋文化を取り入れたことで旧来の制度が否定され、その影響を受けながら常に近世社会で身に付けた基盤を見失う事なく過ごした姿が浮かびあがってきた。

多くの依頼を受けた書は、近世では社寺に造立された石造物や行事に際して使用される幟などに使用するためであったが、明治二〇年代には襖に字を書くことが求められた。それは庶民が経済力をつけ、身分制約から解放されたことを示し、三〇年代には徴兵制度や日露戦争の影響で兵士を激励する言葉が求められ、四〇年代には、横浜では羽織の裏地の画や絹地の扁額に「堪忍　忍耐」などの言葉を揮毫するなど小作品を求められた。都市生活者の窮屈な日常を垣間見せてくれる。また農村部では、養蚕や製茶によって経済的に豊かになった人々が、家康の人生訓に生活の指針を求め、襖や床の間に字を飾り、著名な近世の書画家の作品を収集した。

明治の新制度と近世の仕来りが混在した時代に、雖軒自身は青雲の志をもって従事した医師として、草創期の学校では地域文化人として関わり、西洋医学一辺倒となる医師免許制度に反対を唱えた。晩年には書・画を通じて地域の人々と交流し、求めに応じてその能力を発揮した。停滞ではなく、継続しつつ変化に対応し、変化を自分の物として一生を過ごしたのが雖軒ではないか。

雖軒の文化活動のうち主に書・画を取上げた。漢詩文や和歌などについては全く手を付けることができなかった。また医療活動についても同様であり、今後の課題としたい。

註

(1)『国分寺市史料集Ⅳ』(国分寺市、一九八四年)。

(2)『国分寺市史　中巻』第一一章第三節(国分寺市、一九九〇年)。

(3) 長田直子「幕末期在村における医師の養成の実態—本田覚庵と三人の弟子を事例にして—」(『論集きんせい』二四、近世史研究会、二〇〇二年)。

(4) 菅野則子『江戸の村医者—本田覚庵・定年父子の日記にみる』(新日本出版社、二〇〇三年)。

(5) 明治二七年三月「書家四方依頼認物記簿」(『国分寺市史料集Ⅳ』二四)。

(6) 本多覚庵。文政元年—慶応元年(一八一八—一八六五)。下谷保村名主孫三郎、諱定脩、号覚庵。本田家一一代目。本田郡司(新家)の長男、伯父昂斎の娘ギンと結婚、本家を継ぐ。医業は麹町の産科医(氏名不詳)で修業。書家としても高名である。

(7) 鉄翁禅師。寛政三年—明治四年(一七九一—一八七一)。南画家。臨済宗春徳寺一四世、鉄翁祖門ともいう。木下逸雲・三浦梧門とならび長崎南画三筆とよばれる。はじめ漢画を石崎融思に学び、のち南宗画の清国人江稼圃に学ぶ。「米法(米点法)」という筆の穂先を横に倒して描く画法を良く用いている。

(8) 小川弘斎。小川新田小川杏斎息子。弘二郎、のち弥一郎、明治七年(一八七四)没。

（9）日記は、天保三年分、万延元年～文久三年分、元治元年分の六冊が『本田覚庵日記』（くにたち中央図書館、一九八九年）として刊行されている。
（10）中国後漢の医学書。張仲景の撰。晋の王叔和の補修。二〇五年頃完成したという。急性熱性疾患の症候ならびに治療法を述べる。古来、漢方医、特に古方派の聖典とされた。
（11）長田前掲註（3）同書「幕末期在村における医師の養成の実態―本田覚庵と三人の弟子を事例にして―」。
（12）和歌集・国学関係・俳諧書・日本外史・南郭詩集・往来物など。
（13）周易・論語・孟子など。
（14）傷寒論・脉経・温疫論・類聚方など。
（15）菅野前掲註（4）『江戸の村医者―本田覚庵・定年父子の日記にみる』。
（16）常陸国土浦郡沖宿福田寿庵の子。のち土浦藩医安村家の養子となり安村江痴と改名。
（17）明治四五年「覚翁草書飲中八僊歌臨写」（『国分寺市史料集Ⅳ』三四）。
（18）市河米庵。安永八年―安政五年（一七七九―一八五八）。書家、市河寛斎の子。中国の顔真卿、米芾の書風の影響を受けた。寛政一一年（一七九九）に書塾小山林堂を開き、門人は五〇〇〇人を超えたと言われている。
（19）本田昂斎。寛政七年―天保四年（一七九五―一八三三）。医者、本田家一〇代目。通称孫三郎・捨蔵・諱定价、号昂斎・行斎。覚庵の妻ギンの父で伯父。漢詩を野村瓜州・菊池五山に学んだ。妻きんは石田村土方氏出身。
（20）明治一四年五月二八日「医師教導職農用其外諸之控」（本多忠良家文書）。
（21）安政五年「筆墨遊戯」（『国分寺市史料集Ⅳ』一）。
（22）桑原玄順は『本田覚庵日記』（前掲註（9））の万延元年二月一日から二八日まで登場する。覚庵の弟子である。「筆墨遊戯」中「朋友」と表現している。
(23) 那須彭逸。天保二年―大正四年(一八三一―一九一五)。医者。信濃国伊那郡福地村(現長野県伊那市内)医師那須惇徳の二男、別名環。父に従い上殿島村へ移った。長じて父の塾で学び、嘉永元年江戸へ出て、小峯宗祐に漢学と医術を学び、名倉玄琢に整骨を、本田覚庵に産科を学び、嘉永五年に帰郷した。明治一六年雖軒が開催した武相大書画会に出席、また同三七、八年頃に上京し雖軒と面会している。
(24) 「当洞類聚方」は漢方医の吉益当洞の著作「類聚方」の事と思われる。古医学書として高名である。
(25) 木下逸雲。寛政一一年?―慶応二年(一七九九―一八六六)。長崎八幡町の乙名。医者・画家。長崎南画三筆と呼ばれる。
(26) 当時飽ノ浦には幕府が製鉄所を建設中であった。
(27) 長田前掲註(3)同書「幕末期在村における医師の養成の実態―本田覚庵と三人の弟子を事例にして―」。
(28) 青木省庵。天保一二年―明治一七年(一八四一―一八八四)。医者。武蔵国多摩郡相原村青木得庵二男。谷保村本田覚庵弟子、文久元年退塾。
(29) 拙稿「幕末武蔵総社六所宮神主家の政治情報収集」(『國學院雑誌』一一七―八、二〇一六年)。
(30) 「元治元年正月二一日新宿百姓疵負ニ付届」(元治元年九月「手控帳」、『国分寺市史料集Ⅳ』三)。
(31) 『農民の日記』(国文学研究資料館史料館、二〇〇一年)。
(32) 長田前掲註(3)同書「幕末期在村における医師の養成の実態―本田覚庵と三人の弟子を事例にして―」。
(33) 府中宿へ来た当初文久三年には島田孝三を名乗っていたが、翌年には「父寅之助也後改号島田寅之助」(元治元年九月「手控帳」、『国分寺市史料集Ⅳ』三)と幕末の三剣士のひとり島田寅之助の息子と名乗っているが、詳細は不明。

(34)　文久三年「手帳」（『国分寺市史料集Ⅳ』二）。

(35)　慶応元年一〇月「善庵弟子入頼入一札」（『国分寺市史料集Ⅳ』四）。

(36)　猿渡容盛。文化八年―明治一七年（一八一一―一八八四）。神職・歌人・国学者。猿渡盛章長男。武蔵国多摩郡府中宿六所宮神主。幼名伊折之助、名は豊後・大炊・無位。師は小山田与清。父盛章の歌壇「樅園」を引継ぐ。『類題新竹集』を編纂・刊行。明治二年から明治政府へ出仕。

(37)　拙稿「近世後期における武蔵総社猿渡容盛の歌集編纂と武相の歌人」（『國學院大學大學院紀要―文学研究科―』四五、二〇一四年）。

(38)　六所宮神主猿渡盛章の主催した和歌の会、歌名「樅園」から採られ息子容盛、孫盛愛が跡を継いだ。

(39)　猿渡盛愛。天保一五年―明治三八年（一八四四―一九〇五）。神職、歌人。猿渡容盛男。武蔵国多摩郡府中宿六所宮神主。幼名涛之丞、名守枝、盛愛、号盛愛。師井上頼国、明治二年神主、明治一八年大國魂神社宮司。

(40)　明治四〇年七月一五日「勧業博覧会并諸費控簿」（『国分寺市史料集Ⅳ』二九）。

(41)　近世には六所宮又は六所明神とよばれたが、明治四年大國魂神社と改称。

(42)　明治四四年九月「奥州松島日光間遊覧諸費控」（『国分寺市史料集Ⅳ』三三）。

(43)　慶応四年九月「書配手控」（『国分寺市史料集Ⅳ』六）。

(44)　本多ちか。天保一〇年―明治一五年（一八三九―一八八二）。小川新田小川弥一郎養女。雖軒との間に一男四女をもうけた（明治一六年「診断書」、『国分寺市史料集Ⅳ』二一）。

(45)　慶応三年一二月二一日「小づかい覚帳」（『国分寺市史料集Ⅳ』五）。

(46)　五十子藤四郎。安政四年―昭和一二年（一八五七―一九三七）。音韻学者。落川村五十子文平二男。通称藤四郎、号敬斎。明治三年本多雖軒に入門、同一〇年頃退塾、帰郷。同一五年自由党員、『五十子敬斎日記』が有名。

(47) 宝雪庵可尊。寛政一一年―明治一九年(一七九九―一八八六)。俳諧宗匠。武蔵国多摩郡恋ヶ窪村生まれ。姓坂本、通称八郎兵衛。蕉門の宝雪庵六世。文政八年五世宝雪庵蘭山句集へ弥生庵草宇名で出句。神楽坂赤木神社居住。弘化二年宝雪庵六世を継ぐ。慶応二年可尊と改名。明治元年恋ヶ窪村へ帰郷。同七年恋ヶ窪村熊野神社境内に芭蕉句碑・恋ヶ窪歌碑建立、同一二年『古郷碑』刊行、同一九年九月没。

(48) 前掲註(43)同書(『国分寺市史料集Ⅳ』六)。

(49) 「公文録　文部省之部　壬申自六月至七月」(国立公文書館デジタルアーカイブ)。

(50) 宮川秀一「明治前期の小学教員―とくに補助員・授業生について―」(『大手前女子大学論集』一九、一九八五年)。

(51) 文部科学省白書『学制百年史』第一編第一章第五節四「教員の資格・待遇」、「小学校教員」。

(52) 前掲註(5)同書(『国分寺市史料集Ⅳ』二四)。

(53) 明治六年四月神奈川県は「区番組制」を改正し、大区小区制を実施、一〇大区三小区は国分寺村・本多新田・恋ヶ窪村・内藤新田・戸倉新田の五ヵ村からなる。

(54) 『神奈川県史料』五巻　政治部四　学校(神奈川県立図書館、一九六五年)。

(55) 明治八年「国分学校大試験表」(『国分寺市史料集Ⅳ』一〇)。

(56) 青木直己「四　教育者としての雖軒」(『国分寺市史料集Ⅳ』解説)。

(57) 明治九年「学校用医師用控」(本多忠良家文書)。

(58) 明治六年九月一日「遠近病者診断死亡書上之控」(『国分寺市史料集Ⅳ』七)。

(59) 前掲註(56)同書(『国分寺市史料集Ⅳ』解説)。

(60)　牧昌見『日本教員資格制度誌研究』（風間書房、一九七一年）。
(61)　明治一七年五月二一日「内外科医術開業免状」（『国分寺市史料集Ⅳ』二三）。
(62)　前掲註(5)同書(『国分寺市史料集Ⅳ』二四)。
(63)　前掲註(61)同書(『国分寺市史料集Ⅳ』二三)。
(64)　就任時期は不明であるが、明治四三年村医を辞職している(『国分寺市史料集Ⅳ』三二)。
(65)　『国分寺市史料集Ⅳ』口絵写真。
(66)　前掲註(5)同書(『国分寺市史料集Ⅳ』二四)。
(67)　山口和孝「訓導と教導職」（国際基督教大学教育研究所『教育研究』二四、一九八二年）。
(68)　『神奈川県史料』一巻制度部(神奈川県立図書館、一九七五年)。
(69)　前掲註(20)同書「医師教導職農用其外諸之控」（本多忠良家文書）。
(70)　前掲註(20)同書「医師教導職農用其外諸之控」（本多忠良家文書）。
(71)　明治一六年五月一〇日「武相大書画会」（『国分寺市史料集Ⅳ』一八）。
(72)　明治四〇年一二月一九日「市河万庵翁長男三陽君へ回答之下書」（『国分寺市史料集Ⅳ』三〇）。
(73)　前掲註(43)同書(『国分寺市史料集Ⅳ』六)。明治一三年八月「十全録」（『国分寺市史料集Ⅳ』一四）。
(74)　明治一六年一月「座右漫録」（『国分寺市史料集Ⅳ』一七）。
(75)　明治一七年成立の戸倉新田外九ヶ村組合(戸倉新田・国分寺村・本多新田・恋ヶ窪村・内藤新田・野中新田六左衛門組・榎戸新田・平兵衛新田・上谷保新田)が国分寺村となった。
(76)　『国分寺市報』昭和五一年一一月一日号。

(77) 漢方医学の存続をはかり明治政府の西洋医学採用方針に抵抗した浅井国幹らが、明治一七年に結成した漢方医の団体。明治二〇年会員の減少により解散。
(78) 明治二四年「医師免許規則改正私案并ヒニ其ノ改正ノ理由」(国立国会図書館デジタルデータ)。
(79) 明治二三年一〇月「漢方医試験科目其他雑録記」(『国分寺市史料集Ⅳ』二一二)。
(80) 前掲註(64)同書(『国分寺市史料集Ⅳ』三二二)。
(81) 明治四〇年一二月「本多雖軒旅行日記其他入費雑種録」(『国分寺市史料集Ⅳ』三一一)。
(82) 明治一二年五月刊行。大宮覚宝書『東照宮御消息』(国立国会図書館デジタルデータ)。
(83) 国分寺村の小字。明治二二年の甲武鉄道国分寺駅開業に伴って形成された駅周辺の新興集落。現在の本町一、二丁目辺り。
(84) 前掲註(42)同書(『国分寺市史料集Ⅳ』三三三)。
(85) 明治一六年一一月「座右漫録」(『国分寺市史料集Ⅳ』一九)、明治二七年「書家四方依頼認物記簿」(『国分寺市史料集Ⅳ』二四)、大正四年六月三〇日「書配控」(『国分寺市史料集Ⅳ』三三五)。

江戸幕府郡代・代官に関する一考察
―起請文を素材として―

高橋　伸拓

はじめに

幕領を支配した郡代・代官の研究は、幕府の代官政策や全国の郡代・代官個別の施策、役職就任者の履歴などが検討され(1)、下僚である手附・手代・地役人の研究も進められてきた(2)。近年では、各陣屋の性格や郡代・代官就任者を全て把握し、その履歴がまとめられるなど、郡代・代官の基礎的情報が整理されてきた(3)。

しかし、郡代と代官は、職名は異なるが、その違いは何かという点が追究されずに扱われてきた。『古事類苑』官位部の綱文は、「代官モ亦郡代ト同ジク幕府ノ領地ヲ支配スル職ニテ、勘定奉行ニ隷属シ、陣屋ヲ置キテ、租税ヲ徴集シ、争訟ヲ解キ、農桑ヲ勧ムル等、其職郡代ニ異ナルコトナシ、要スルニ郡代ノ小ナルモノナリ」とし、名称は異なるが、同じく幕領を治め、郡代は代官の大規模なものとして捉えている(4)。また、『徳川幕府県治要略』は、「美濃郡代は美濃奉行の換名せしもの、飛騨郡代は金森氏所領の地を収められし後を承け、西国郡代は雄藩の間に介在し、幕威に関するものあるより置かれしなるべし」、「美濃・飛騨・西国筋等の三郡代は、前述の如くたゞ其の資格を崇めたるものにして、施政上の権限に於ては、他の代官と異なるなく、その管轄地もまた御代官所と称するなり(5)」とし、郡代は資格を崇めたもので、『古事類苑』と同じく郡代と代官の職務と権限に違いはないとする。

こうした中で、関東郡代伊奈氏をめぐる研究の動向が注目される。伊奈氏を呼称する時に用いられていた「関東郡代」は、伊奈氏の自称であることが明らかにされた(6)。その行論の中で、「郡代・代官の格式・役順のあり方に関しては、現在においてもほとんど研究の俎上にのぼっておらず、何らの検討も経ないままに「郡代は代官の大規模なもの」といった程度にしかとらえられていないのが実情なのである(7)」と指摘されるが、この点は研究の進展がみられない。関東郡代を除いて、郡代は美濃郡代、西国筋郡代、飛驒郡代(8)が存在したものの、関東郡代とされていた伊奈氏が代官であったとされたことで、郡代がどのような存在であったのか、さらに問題が大きくなったといえる。郡代と代官の職務・権限などを丹念に検討して、郡代・代官の違いを明らかにし、幕領の支配機構を考察する必要がある。

そこで、本稿は起請文を素材として郡代・代官について基礎的考察を行う。起請文は、誓約内容を記した前書と罰文で構成され、将軍代替り起請文、役職就任起請文などがある。この内、本稿で扱う郡代・代官の起請文は、役職就任起請文である。役職就任起請文は、大名・幕臣が役職に就任した時点で提出する起請文で、職務の遵守を誓約したものであり、各役職の職務の内容を端的に記したものであることから、その職務・権限を検討する上で基礎的な史料である(9)。ただし、近世起請文は形式的・儀礼的なもので意味がないという指摘があるが(10)、本稿では、幕府が郡代・代官についてどのような認識でいたのかを確認するために用いてみる。

郡代・代官の起請文は、すでに村上直校訂『江戸幕府郡代代官史料集』で紹介されているが、案文であり、「現在、郡代・代官所関係の文書のなかには郡代・代官起請文の実物は残っていない(11)」とする。しかし、郡代・代官の起請文は現存しており、本稿では案文ではなく、これまで取り上げられたことがなく、実際に使用された郡代・代官起請文の原本を用いて考察する。原本は、案文で確認できない、作成者や宛先、牛玉宝印といった情報も検討することが可能である。

以下、具体的には、①飛驒郡代起請文及び代官起請文の史料的検討を行い、②次にその内容を比較して違いを明らかにし、③最後に相違点の意味について考察する。

一　飛驒郡代・代官起請文の内容

本節では、飛驒郡代・代官起請文の史料的検討を行い、次に内容を比較して違いを検討する。

1　飛驒郡代・代官起請文の史料的検討

本稿では分析史料として慶応二年（一八六六）の飛驒郡代・代官起請文を用いるが、これがいつから使用されていた様式であるのか。ここでは代官起請文の写しも用いて史料的検討を行う。

まず、飛驒郡代起請文を検討する。[12]飛驒郡代は安永六年（一七七七）に設置され、まずこの時に起請文が作成されたと推測される。飛驒郡代起請文の第九条付で、下僚に誓詞を申し付けることが記されているが、手附の記載があり、寛政期の手附制成立後[13]に、手附の文言を加えて様式が整えられたことが考えられる。寛政期の手附制成立後に整えられた様式が幕末まで使用されていた。

次に、代官の起請文について、写し・原本を使って検討する。寛政四年（一七九二）の代官江川英毅[14]と天保五年（一八三四）の代官池田季秀の起請文が写しで[15]、慶応二年の代官黒田直方の起請文が原本である。[16]代官起請文は、写し・原本ともに内容に違いはなく、管見の限りでは寛政四年から幕末まで同一の様式が使用されていたと指摘できる。

以上をまとめると、飛驒郡代の起請文は、安永六年の設置時に作成されたと考えられ、寛政期の手附制成立後に整えられた様式が幕末まで使用されていた。代官起請文は、寛政四年にはすでに使用されていた様式で、幕末まで使用されたものであった。

2　飛驒郡代・代官起請文の内容と比較

次に本項では、飛驒郡代起請文と代官起請文の内容を検討し、相違点を明らかにする。まず、飛驒郡代起請文の内容をみてみる。

〔史料1〕

〔那智滝宝印〕

（端裏書）
「慶応二年七月廿五日」

起請文前書

一今度飛驒国郡代就被　仰付候、諸事入念重　公儀を御為第一奉存、聊以御後闇儀仕間敷候事、

一御一門方を始、諸大名諸傍輩与奉対　御為以悪心一味仕間敷候、若御隠密之儀承候共他言仕間敷候事、

一支配所御仕置之儀及心之程精を入、私欲不仕万事　御為能様可仕候、以来他所ニ而支配所被　仰付候共、同事に相心得可申候、惣而金銀米銭何ニ而も納払之儀、無油断可成程入念物毎無贔屓偏頗正路ニ可仕事、

附支配所之内金銀銅鉄鉛山并野山海川御運上場出来候ハヽ、同前相心得可申候事、

一支配所毎年検見入念御取箇之儀及心之程遂吟味万事　御為能様仕、又百姓も不困窮様可申付候、幷堤川除御普請其外御作事御賄等御入用之儀ニ付随分吟味可仕候、支配所之儀者不及申惣而被　仰付候御役儀ニ付、金銀米銭

衣類諸道具其外何ニ而も一切受用仕間敷候、勿論手代之儀随分慥成者筋目等遂吟味召抱可申候、尤百姓町人等より金銀米銭衣類諸道具其外如何様之軽品ニ而も一切受用借用不仕、賄賂等堅請申間敷候旨誓詞可申付候、幷召仕之者至迄右同断可申付候事、

附上納可仕金銀米銭無油断取立之少も無遅滞相納可申候、若御用之儀ニ付手前ニ預置候共取散申間敷事、

一何方ニ而も検地仕候ハ丶、御条目之通相守無依怙贔屓正路ニ可仕候事、

一御用之儀不依何事相談之時存寄之通不残心底申出、其上　御為能方多分ニ付可申候事、

一跡々被　仰出候御条目之趣違背仕間敷候、支配所町人百姓江も無油断可申付候、自今以後被　仰出候御条目有之候ハ丶、同事相守可申付候事、

附公事訴訟有之時双方之申分随分入念及心之程致詮議、無依怙贔屓有躰可申付候事、

一不限御料私領何方ニ而も論所検使等ニ被遣候ハ丶、依怙贔屓不仕明細ニ見分之上可申上候事、

一以　御威光私之奢不仕対町人百姓非儀申懸間敷候、縦親子兄弟知音之好又者中悪敷輩たりといふとも、贔屓偏頗なく物毎入念可申事、

附手附手代幷召仕之者共常々相慎、私曲不作法不仕候様堅誓詞申付若相背候者有之候ハ丶、急度遂詮議可申付候事、

右条々雖為一事於致違犯者

梵天帝釈、四大天王総日本国中六十余州大小神祇、殊伊豆箱根両所権現、三島大明神、八幡大菩薩、天満大自在天神、部類眷属神罰冥罰各可罷蒙者也、仍起請如件

慶応二年七月廿五日　　　　　　　　　　新見内膳（花押）（血判アリ）

松平周防守殿

黒川近江守殿

右の史料は、飛驒郡代新見内膳正功の起請文である(17)。新見は、慶応二年(一八六六)四月一八日に大番から飛驒郡代となっており(18)、飛驒郡代に就任してから約三か月後に起請文を記していることがわかる。飛驒郡代起請文は全九か条で、その内容は、①公儀への忠誠、②徒党の禁止、機密情報漏洩の禁止、③支配所の仕置、納入物の厳守、付、運上場の納入物、④支配所の検見、普請等の入用吟味、賄賂の禁止、付、納入物の管理、⑤検地の実施、⑥御用の相談、⑦条目の遵守、付、公事訴訟、⑧論所検使等への派遣、⑨非議の禁止、親類縁者の贔屓禁止、付、手附・手代・召し使いへの誓詞申し付け、について記されている。署名の下に、花押・血判が据えられ、宛先は、老中松平周防守康直・大目付黒川近江守盛泰で、黒川盛泰は松平康直より一字下げて記されている。牛玉宝印は那智滝宝印である。

次に、代官起請文の内容をみてみる。

〔史料2〕

〔那智滝宝印〕

(端裏書)
「慶応二年十一月十日」

起請文前書

一今度御代官役就被　仰付候、諸事入念重　公儀　御為第一奉存、聊以　御後闇儀仕間敷候事、

一御一門方を始諸大名諸傍輩与奉対　御為以悪心申掛候族有之候者、早速御勘定奉行中迄可申達候、勿論一味同心仕間敷候事、

一御代官所御仕置之儀及心之程精を入私欲不仕、万事　御為能様可仕候以来何方ニ而御代官所被　仰付候共同事相

心得可申候、惣而金銀米銭何ニ而茂納払之儀、無油断可成程入念物毎無贔屓偏頗正路可仕候事、

附御代官所之内金銀銅鉄鉛山幷野山海川御運上場出来候者、同前ニ相心得可申候事、

一御代官所毎年検見入念御取箇之儀及心之程遂詮議、万事　御為能様仕、又百姓茂不困窮様可申付候、幷堤川除御普請其外御作事御賄等御入用之儀ニ付随分吟味可仕候、御代官所之儀者不及申、惣而被　仰付候御役儀ニ付、金銀米銭衣類諸道具其外何ニ而茂一切受用仕間敷候、勿論手代之儀随分慥成者筋目等遂吟味召抱可申候、尤百姓町人等より金銀米銭衣類諸道具其外如何様之軽き品ニ而茂一切受用借用不仕、賄賂等堅請申間敷旨誓詞可申付候、幷召仕之ものニ至迄右同断可申付候事、

附上納可仕金銀米銭無油断取立之少茂無遅滞相納可申候、若御用之儀ニ付手前ニ預置候共取散申間敷候事、

一何方ニ付而茂検地仕候者、御条目之通相守無依怙贔屓正路ニ可仕候事、

一御用之儀不依何事相談之時存寄之通不残心底申出、其上　御為能方多分ニ付可申候事、

一跡々被　仰出候御条目之趣違背仕間敷候、御代官所町人百姓江茂無油断可申付候、自今以後被　仰出候御条目有之候者同事相守可申候事、

附公事訴訟有之時双方之申分随分入念及心之程致詮議、無依怙贔屓有躰ニ可申付候事、

一不限御料私領何方ニ而茂論所検使等ニ被遣候者、依怙贔屓不仕明細見分之上有躰可申上候事、

一以　御威光私之奢不仕対町人百姓非儀申懸間敷候事、

附手代幷召仕之もの共、常々相慎私曲不作法不仕候様堅誓詞申付、若相背候もの有之候者急度遂詮議可申付候事、

右之条々雖為一事於致違犯者

梵天帝釈、四大天王、総日本国中六十余州大小神祇、殊伊豆箱根両所権現、三島大明神、八幡大菩薩、天満大

自在天神、部類眷属神罰冥罰各可罷蒙者也、仍起請如件

慶応二寅年十一月十日　　黒田節兵衛（花押）（血判アリ）

松平周防守殿

戸川伊豆守殿

右の史料は、代官黒田節兵衛直方の起請文である[19]。黒田は、慶応二年八月晦日に陸奥国桑折代官に就任しており[20]、その時の起請文とみられる。飛騨郡代新見と同様に、代官に就任してから約三か月後に記していることがわかる。代官起請文は全九か条で、その内容は、

①公儀への忠誠、

②徒党の禁止、勘定奉行への報告

③代官所の仕置、納入物の厳守、付、運上場の納入物、

④代官所の検見、普請等の入用吟味、賄賂の禁止、付、納入物の管理、

⑤検地の実施、

⑥御用の相談、

⑦条目の遵守、付、公事訴訟、

⑧論所検使等への派遣、

⑨非議の禁止、付、手代・召し使いへの誓詞申し付け、

について記されている。飛騨郡代起請文と同じく、署名の下に、花押・血判が据えられている。宛先は、老中松平周防守康直・大目付戸川伊豆守安愛で、戸川安愛は松平康直より一字下げて記されている。宛先は老中一名・大目付一

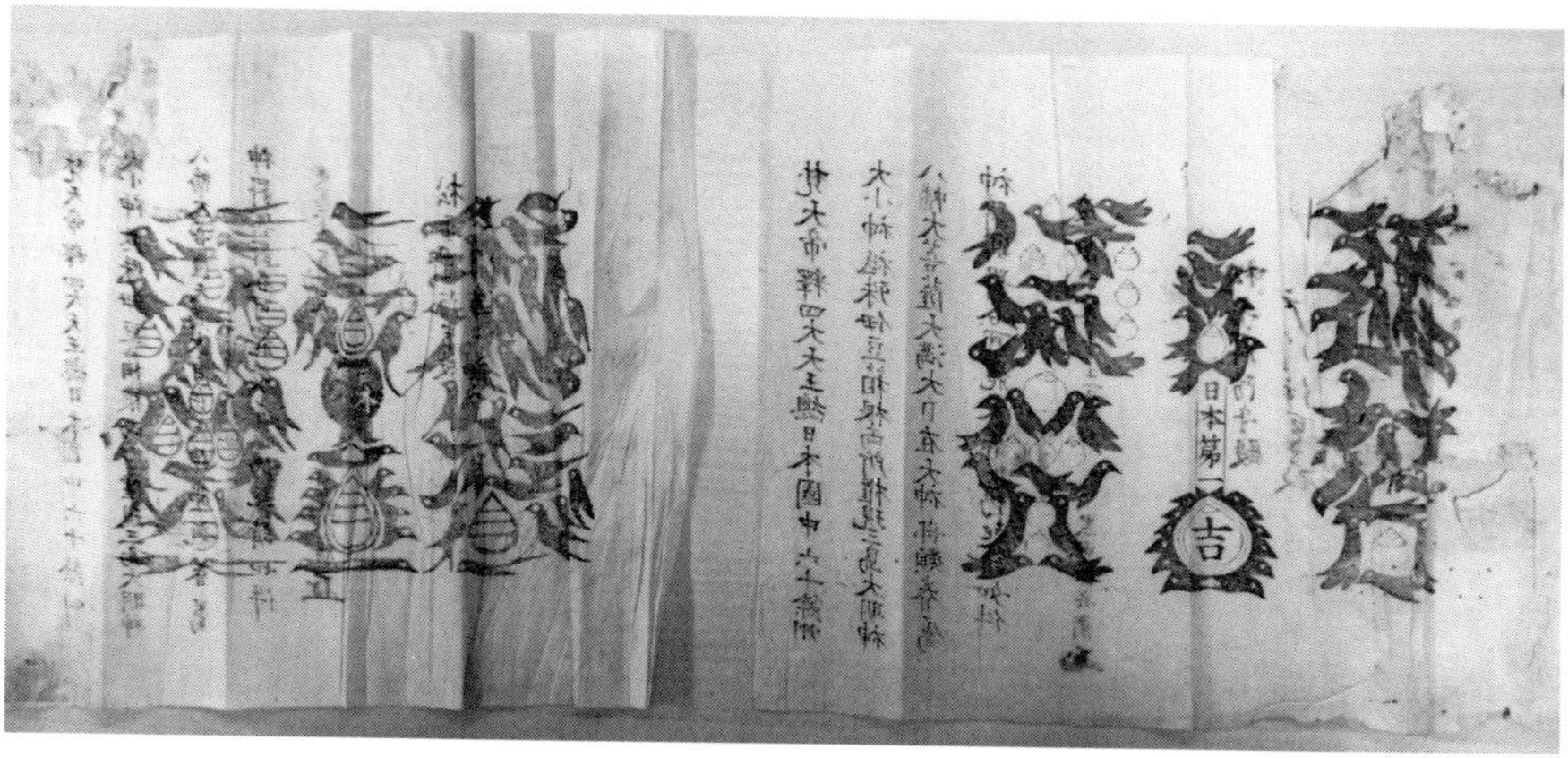

写真1　牛玉宝印（左が飛驒郡代、右が代官）

名で、大目付が一字下げて記されているのは飛驒郡代起請文と同じ様式である。これは、職制上、最上位の職である老中に宣誓し、それを監察するという意味で、一字下げて大目付が宛先になっているのか。[21]牛玉宝印は飛驒郡代と同様に那智滝宝印であるが、図様が異なる（写真1）。

以上の内容を踏まえて、両起請文の構成をまとめたものが表1である。両起請文ともに内容は幕領支配にあたっての注意点を誓約したものとなっているが、記述に違いがみられる。飛驒郡代起請文・代官起請文の相違点をまとめると、①郡代起請文は隠密のことを承っても他言してはいけないという機密情報漏洩の禁止の文面があるが、代官起請文にはない（飛驒郡代起請文（以下「郡」と略）第二条）。②代官起請文は徒党参加への誘いがあった場合、勘定奉行まで報告するようにとある（代官起請文（以下「代」と略）第二条）、③支配管轄地の表記が、郡代は「支配所」、代官は「御代官所」として記述が違う（郡・代、第三・四・七条）、④郡第九条の本文にある「縦親子、兄弟、知音之好身、又は中悪敷輩たりというとも無贔屓偏頗物毎念入可申事」という記載が代官起請文にはない、⑤郡代は手附に誓詞を申し付けることができるが、代官はできない（郡第九条付、代九条付）、⑥牛玉宝印は、熊野牛玉宝印で「那智滝宝印」であるが、図様が異なっている、となる。以下、各相違点の意味を考察する。

表1　飛驒郡代起請文・代官起請文の内容の比較

	飛驒郡代起請文	代官起請文
第1条	公儀への忠誠	公儀への忠誠
第2条	徒党の禁止、機密情報漏洩の禁止	徒党の禁止、勘定奉行への報告
第3条	支配所の仕置、納入物の厳守	代官所の仕置・納入物の厳守
第3条付	運上場の納入物	運上場の納入物
第4条	支配所の検見、普請等の入用吟味、賄賂の禁止	代官所の検見、普請等の入用吟味、賄賂の禁止
第4条付	納入物の管理	納入物の管理
第5条	検地の実施	検地の実施
第6条	御用の相談	御用の相談
第7条	条目の遵守	条目の遵守
第7条付	公事訴訟	公事訴訟
第8条	論所検使等への派遣	論所検使等への派遣
第9条	非議の禁止、親類縁者の贔屓禁止	非議の禁止
第9条付	手附・手代・召し使いへの誓詞申し付け	手代・召し使いへの誓詞申し付け
作成者	新見内膳(正功)（花押・血判アリ）	黒田節兵衛(直方)（花押・血判アリ）
宛先	松平周防守殿(康直・老中)・黒川近江守殿(盛泰・大目付)	松平周防守殿(康直・老中)・戸川伊豆守殿(安愛・大目付)
牛玉宝印	那智滝宝印	那智滝宝印

出典：慶応二年「飛驒郡代被仰付候ニ付起請文」・同年「御代官役被仰付候ニ付起請文」（江戸城多聞櫓文書一二一四三・一二一四四、国立公文書館所蔵）より作成。

二　飛騨郡代・代官起請文の相違点の意味

本節では、前節で明らかにした飛騨郡代・代官起請文の相違点の意味について考察する。

⑴勘定奉行への報告（代第二条）

代官は徒党参加への誘いがあった場合の勘定奉行への報告が明記されているが、郡代はなぜ記されていないのか。これは職制との関係が考えられ、郡代は田沼期に勘定奉行支配から若年寄支配へ移管されており[22]、勘定奉行支配から離れることがあった。こうしたことが起請文に反映され、勘定奉行への報告が明記されていないものと思われる。郡代は代官に比べて、勘定奉行の支配が強くなかったといえる。

⑵支配管轄地の表記（郡・代第三・四・七条）

支配管轄地の表記が、郡代は「支配所」、代官は「御代官所」となっている。『徳川幕府県治要略』では、「美濃・飛騨・西国筋等の三郡代は、前述の如くたゞ其の資格を崇めたるものにして、施政上の権限に於いては、他の代官と異なるなく、その管轄地もまた御代官所と称するなり[23]」とされているが、これは起請文にみるように区別されていたと考えられる。

⑶機密情報漏洩の禁止・親類縁者の贔屓禁止（郡第二・九条）

郡代の起請文の第二条にある「若御隠密之儀承候共他言仕間敷候事」が代官の起請文にはない。同じく郡代の起請文の第九条にある「縦親子兄弟知音之好又者中悪敷輩たりといふとも、贔屓偏頗なく物毎入念可申事」という記載が郡代起請文にはあり、代官起請文にはない。

ここからは、郡代は機密情報を知る立場にあり、代官に比べてより公正さを求められた立場にあったことがわかる。

(4)手附への誓詞申し付け（郡・代第九条付）

代官起請文には手附への誓詞申し付けが記されておらず、ここから郡代は手附に誓詞を申し付けることができるが、代官はできないといえる。なぜ代官には手附への誓詞申し付けが記されていないのか。郡代・代官と代官手附の身分・格式について「天保年間諸役大概順」をみると、美濃・西国筋・飛驒の三郡代は、共に勘定奉行支配で、四〇〇俵高、躑躅間席、布衣以上の役職である。代官は、勘定奉行支配で一五〇俵高、焼火間席、布衣以下の役職（一部布衣の代官もあり）であり、身分・格式に違いがある。代官手附は勘定奉行支配で、御普請役元〆格、五〇俵高三人扶持、抱席の役職である。[24]郡代と代官は、身分・格式に差があり、代官は手附より役順は上であるが同じく布衣以下であるため、文書上では手附に誓詞を申し付けることができなかったのではないか。

(5)牛玉宝印（写真1）

牛玉宝印は、熊野牛玉宝印の「那智滝宝印」である。内閣文庫多聞櫓文書の慶応三年（一八六七）の代替り誓詞や役職就任起請文をはじめ、現存する幕府起請文の中では、那智滝宝印の使用事例が圧倒的に多いという。しかし、飛驒郡代と代官で図様が異なり、前者は江戸飯倉に鎮座する熊野権現の別当正宮寺が発行した牛玉宝印と図様が同じであり、正宮寺牛玉宝印である。[25]牛玉宝印で格式の違いを示している可能性がある。

おわりに

以上、本稿では、郡代・代官起請文の内容を検討し、記載内容の違いとその意味について考察してきた。最後に本稿で明らかにした点をまとめておく。

飛驒郡代の起請文は、安永六年（一七七七）の設置時に作成されたものとみられ、寛政期の手附制成立後に手附の文言を加えて様式を整えられ、この様式が幕末まで使用された。代官起請文は、写し・原本ともに内容に違いはなく、管見の限りでは寛政四年（一七九二）から幕末まで同一の様式が使用されていた。飛驒郡代・代官起請文は、寛政期には使用されていたもしくは整備された様式で、幕末まで使用されたものであった。

飛驒郡代・代官起請文の内容は、幕領支配にあたっての注意点を誓約したものとなっているが、全九か条で記述に違いがみられた。両起請文の内容の相違点は、①機密情報漏洩の禁止、②勘定奉行への報告、③管轄地の表記、④親類縁者の贔屓禁止、⑤手附への誓詞申し付け、⑥牛玉宝印の図様を指摘できる。従来、郡代・代官の職務・権限の違いは十分に論じられてこなかったが、徒党参加への誘いがあった場合の勘定奉行への報告義務は、代官は必要とし、郡代はなかった。郡代は機密情報を知る立場にあり、代官に比べてより公正さを求められた立場にあった。手附への誓詞申し付けは、郡代はできるが、代官はできなかったといったように、職務や権限に若干の違いが確認できた。

以上の検討結果を踏まえると、郡代は代官に比べて勘定奉行の支配が強くなく、機密情報を知ることがあり、公正な立場を求められ、権限を有していた。ここから、郡代はある程度の裁量権が付与されていたといえるのではないか。この指摘はあくまでも起請文という文書上での郡代と代官の違いであるが、今後も意識的に考察する必要がある。郡代とは何かという点の考察について今後の展望を述べておく。

郡代についてさらに考察を深めるには、各郡代の設置時の状況を検討する必要がある。各郡代が何を目的に設置されたのか。美濃郡代は元禄一二年（一六九九）に設置されたといわれるが、西国筋郡代は明和四年（一七六七）、飛驒郡代は安永六年、京都郡代は天明四年（一七八四）に設置され、田沼政権期であった。田沼期の郡代設置について検討し、郡代の存在を考察することが今後の課題である。

註

（1）村上直『天領』（人物往来社、一九六五年）、西沢淳男『幕領陣屋と代官支配』（岩田書院、一九九八年）等。

（2）太田尚宏「寛政期における代官「手附」制の成立過程」（『史海』四五、一九九八年）、定兼学「代官手代」（久留島浩編『シリーズ近世の身分的周縁5　支配をささえる人々』吉川弘文館、二〇〇〇年）、戸森麻衣子「近世後期の幕領代官所役人―その「集団」形成をめぐって―」（『史学雑誌』一一〇―三、二〇〇一年）、西沢淳男「寛政改革期における手付制導入と運用の諸問題」（『日本歴史』六三八、二〇〇一年）、戸森麻衣子「幕領郡代・代官附地役人の歴史的性格について」（東京大学日本史学研究室紀要別冊『近世政治史論叢』、二〇一〇年）等。

（3）大石学編『江戸幕府大事典』（吉川弘文館、二〇〇九年）、村上直他編『徳川幕府全代官人名辞典』（東京堂出版、二〇一五年）。

（4）『古事類苑』官位部三（吉川弘文館、一九六八年）一四八七頁。

（5）安藤博編『徳川幕府県治要略』（青蛙房、一九六五年）三九～四〇頁。

（6）太田尚宏「「関東郡代」の呼称と職制―幕府代官伊奈氏の支配構造解明の前提として―」（徳川林政史研究所『研究紀要』三四、二〇〇〇年）、同「幕府代官伊奈氏の歴史的性格」（同『研究紀要』三五、二〇〇一年）、同「幕府代官伊奈氏の貸付金政策と家中騒動」（同『研究紀要』三六、二〇〇二年）、全て後に同『幕府代官伊奈氏と江戸周辺地域』（岩田書院、二〇一〇年所収）。

（7）太田前掲註（6）『幕府代官伊奈氏と江戸周辺地域』、五四～五五頁。

（8）　三郡代以外に京都郡代がある。京都郡代は、小堀邦直が天明・寛政の一時期に就任していたが（山田忠雄「天明期幕政の新段階—田沼政権の政策と評価をめぐって—」（山田忠雄・松本四郎編『講座日本近世史5宝暦・天明期の政治と社会』有斐閣、一九八八年）、『新訂　寛政重修諸家譜』第一六（続群書類従完成会、一九六五年）、大石学編『江戸幕府大事典』（吉川弘文館、二〇〇九年）、村上直他編『徳川幕府全代官人名辞典』（東京堂出版、二〇一五年））、あまり注目されておらず、郡代の性格を考える上で今後の検討課題の一つである。

（9）　大河内千恵『近世起請文の研究』（吉川弘文館、二〇一四年）一〇三～四頁。起請文を用いた研究として、上方支配機構を検討した、小倉宗『江戸幕府上方支配機構の研究』（塙書房、二〇一一年）が参考になる。

（10）　大河内前掲註（9）『近世起請文の研究』（一～二頁）で、荻野三七彦「古文書に現れた血の慣習」（同『日本古文書学と中世文化史』吉川弘文館、一九九五年、初出は一九三八年）、石井良助「起請文のこと」（同『新編江戸時代漫筆上』朝日新聞社、一九七九年）、隼田嘉彦「勤役」（『日本古文書学講座　第六巻　近世編Ⅰ』雄山閣出版、一九七九年、二六三～四頁）の指摘を本文のようにまとめている。なお、大河内氏は『日本古文書学講座　第六巻　近世編Ⅰ』からの引用を北島正元氏のものとされているが、隼田嘉彦氏が記したものである。

（11）　村上直校訂『江戸幕府郡代代官史料集』（近藤出版社、一九八一年）六頁。

（12）　慶応二年「飛驒郡代被仰付候ニ付起請文」（江戸城多聞櫓文書一二二四三、国立公文書館所蔵）。

（13）　手附制の成立については、竹内誠「関東郡代伊奈忠尊の失脚とその歴史的意義」（徳川林政史研究所『研究紀要』昭和四一年度、一九六七年、後に同『寛政改革の研究』吉川弘文館、二〇〇九年、所収）、太田尚宏「寛政期における代官「手附」制の成立過程」（『史海』四五、一九九八年）、西沢淳男「寛政改革期における手付制導入と運用の諸問題」（『日本歴史』六三八、二〇〇一年）参照。

（14）寛政四年「（代官役就被仰付に付起請文写」（伊豆国韮山江川家文書S二一六八、公益財団法人江川文庫所蔵、国文学研究資料館写真版使用）。江川太郎左衛門英毅は、寛政四年五月四日家督を継ぎ、同日伊豆国韮山代官となっており（工藤雄一郎「江川英毅」前掲註（3）『徳川幕府全代官人名辞典』）、この時の起請文とみられる。起請文の日付は、寛政四年五月一一日で、代官就任の七日後に起請文を作成している。

（15）藤村潤一郎「翻刻「縣令雑書」」（『史料館研究紀要』一八、一九八六年）に収録。「縣令雑書」は大阪経済大学日本経済史研究所蔵）。「縣令雑書」は、代官池田岩之丞に関する代官の任免や事務を控えたもので、年代的には寛政一一年から弘化三年の間で、池田岩之丞（安永九年生）が文政一二年に父池田仙九郎（宝暦元年生、天保五年没）の御役見習以降、特に天保五年代官仰せ付け以後が主であるという。また、池田岩之丞が嘉永元年以降に西国筋郡代として、代官関係書類を整理したものとされている（藤村潤一郎「日本経済史研究所蔵『縣令雑書』について」大阪経済大学日本経済史研究所編『経済史経営史論集』、一九八四年）。池田岩之丞季秀は、初め出羽国柴橋陣屋で父の代官見習であったが、天保五年九月一三日に家督を継ぎ、父に代わって柴橋代官となっており（内田鉄平「池田季秀」前掲註（3）『徳川幕府全代官人名辞典』）、この時の起請文とみられる。起請文の日付は、天保五年一一月で、代官就任の約二か月後に起請文を作成している。

（16）慶応二年「御代官役被仰付候ニ付起請文」（江戸城多聞櫓文書一二二四四、国立公文書館所蔵）。

（17）前掲註（12）と同。

（18）高橋伸拓「新見正功」（前掲註（3）『徳川幕府全代官人名辞典』）。

（19）前掲註（16）と同。

（20）阿部俊夫「黒田直方」（前掲註（3）『徳川幕府全代官人名辞典』）。

(21)　江川英毅の起請文の宛先は、老中松平伊豆守信明・大目付松浦越前守信程、池田季秀の起請文の宛先は、老中松平周防守康任・大目付初鹿野河内守信政で、老中一名・大目付一名である。大目付の職務に誓詞の文言・判形の改めがあったことは指摘されているが（山本英貴『江戸幕府大目付の研究』吉川弘文館、二〇一一年、一三頁）、起請文の宛先に大目付が入っている点について言及した研究は、管見の限りでは確認できない。国立公文書館内閣文庫江戸城多聞櫓文書の中の起請文では、千人頭・佐渡奉行支配組頭・佐渡奉行・大目付・大番組頭・日光奉行・甲州城勤番・納戸頭・開成所頭取・学問所頭取並の宛先が老中一名・大目付一名となっている（江戸城多聞櫓文書一二二一二～五・一二二四一・一二二四五・三四八八一～五、国立公文書館所蔵）。以上から、郡代・代官に限らず、起請文の宛先が老中・大目付となっていることが確認でき、起請文の様式に決まりがあったことが考えられる。なお、代官見習の起請文の宛先は、勘定奉行四名である（藤村前掲註（15）「翻刻「縣令雑書」」）。

(22)　山田前掲註（8）「天明期幕政の新段階―田沼政権の政策と評価をめぐって―」、西沢前掲註（1）『幕領陣屋と代官支配』、一四一頁。

(23)　安藤前掲註（5）『徳川幕府県治要略』、四〇頁。

(24)　「天保年間諸役大概順」（『徳川礼典録』下巻、尾張徳川黎明会、一九四二年収録）。

(25)　大河内前掲註（9）『近世起請文の研究』、一六四頁・二四五～六頁。

あとがき

北村行遠先生は、平成二九年(二〇一七)一〇月に古稀を迎えられ、平成二九年度をもって立正大学を定年でご退職される。北村先生が古稀を迎えられるにあたり、青木直己・石山秀和・斉藤司・澤登寛聡・白川部達夫・鈴木章生・松尾公就・望月真澄の八名が呼びかけ人となり、古稀を祝う会が企画され、平成三〇年二月に開催することとなった。古稀を祝う会を企画する際に、あわせて論集刊行の企画も話題には上がっていたが、スケジュール的にも難しいのではないかということで、当初企画を断念していた。『立正史学』などにおいて退職記念号が刊行されることは決まっており、それ以外に果たして原稿が集まるかという心配もされていた。そのような中、諸先生や諸先輩のアドバイスもあり、執筆募集の対象を北村先生の教え子だけでなく、立正大学近世史専攻などの卒業生にも広げて多くの方々へはたらきかけることで、論集刊行に向けて動いてみることとなった。以降の本書刊行にいたる経緯を説明しておきたい。

早速出版に向けて、呼びかけ人の石山秀和とともに岩田書院の岩田博氏に相談し、ご承諾いただいたのが平成二九年三月末のことである。実質的には、そこから論集の刊行に向けて動き出した。その際に私が編集担当をさせていただくこととなり、この「あとがき」も編集担当という立場から執筆させていただいている。

古稀を祝う会は平成三〇年二月の開催が決定していたため、その日までの刊行を目指すということで、スケジュールを逆算していった。八月末日に原稿〆切を設定して、執筆エントリーを募集したのが四月で、その締め切りを五月に設定した。エントリーしていただける方が集まるか心配だったが、多くの方々から執筆のエントリーをいただいた。

執筆者を募集するにあたり、「近世の宗教と地域社会」という仮題（テーマ）を立てた。テーマは、北村先生のご研究から「宗教」というキーワードを掲げ、また先生が長年にわたり立正大学古文書研究会（地域の古文書を整理・調査・研究する学生サークル）の顧問をお勤めになり、多くの学生をご指導されてきたことを意図して「地域社会」とした。原稿募集を呼びかけた方々にも書きやすいテーマではないかと相談した結果のものである。

このような無理なスケジュールにも関わらず、最終的に一四名の方々から原稿をご提出いただいた。ご執筆の方々にはこの場を借りて感謝を申し上げたい。立正大学文学部史学科近世史専攻の底力を強く感じる機会となった。一方で、執筆のご意志をお伝えいただいたにも関わらず、スケジュール的にご執筆いただけなかった方々にはお詫び致したい。本書の刊行を通して、あらためて北村先生の古稀をお祝い申し上げるとともに、本書が宗教史や地域史など諸研究の進展に寄与できることを願ってやまない。

なお、本書の他にも『立正史学』一二一号において北村先生のご退職記念号が刊行される予定である。あわせてご覧いただけると幸いである。

末筆ながら、タイトなスケジュールの中、出版をお引き受けいただいた岩田書院の岩田博氏に記して御礼申し上げたい。北村先生の単著『近世開帳の研究』（名著出版、一九八九年）は、岩田氏が名著出版に勤務されていた時に担当されたものであり、何か時を越えた御縁を感じている。

平成三〇年一月

北村行遠先生の古稀をお祝いする会

編集担当　栗原　健一

松尾　公就（まつお・きみなり）　1955年生まれ
立正大学大学院文学研究科史学専攻博士後期課程単位取得退学
昭和館相談役
『二宮尊徳の仕法と藩政改革』（勉誠出版、2015年）
『近世関東の村落支配と農民』（大河書房、2016年）
「小田原領における二宮尊徳の村柄復興仕法」（『立正史学』118、2015年）

太田　和子（おおた・かずこ）　1951年生まれ
國學院大学大学院文学研究科博士課程後期満期退学
國學院大学大学院特別研究生
「近世後期における武蔵総社猿渡容盛の歌集編纂と武相の歌人」
（『國學院大學大學院紀要―文学研究科―』45、2014年）
「幕末武蔵総社六所宮神主家の政治情報収集」（『國學院雑誌』117－８、2016年）

高橋　伸拓（たかはし・のぶひろ）　1980年生まれ
立正大学大学院文学研究科史学専攻博士後期課程修了
茨木市立文化財資料館学芸員
『近世飛驒林業の展開―生業・資源・環境の視点から―』（岩田書院、2011年）
「近世後期における酒の生産・流通・消費―東総沿岸地域を中心に―」
（渡辺尚志編『生産・流通・消費の近世史』勉誠出版、2016年）
「歴史系博物館における絵図資料の活用―「絵図で楽しむ茨木」展を事例に―」
（『Musa（博物館学芸員課程年報）』31、追手門学院大学博物館研究室、2017年）

細野　健太郎（ほその・けんたろう）　1975年生まれ
立正大学大学院文学研究科史学専攻博士後期課程修了
熊谷市史専門調査員
「十九世紀における頼み証文と地域医療」（『立正史学』97、2005年）
「北武蔵の酒造業と関東上酒試造」
（地方史研究協議会編『北武蔵の地域形成―水と地形が織りなす歴史像―』雄山閣、2015年）
「北武蔵における聖天信仰と妻沼聖天山」（『熊谷市史研究』８、2016年）

安藤　昌就（あんどう・まさなり）　1966年生まれ
立正大学大学院文学研究科仏教学専攻修士課程修了
池上本門寺管理部霊寶殿担当主事
「池上本門寺所在の狩野家墓碑と『古画備考』」
（古画備考研究会編『原本『古画備考』のネットワーク』思文閣出版、2013年）
「木挽町狩野家における法華信仰と絵画」（『鹿島美術研究』32、2015年）
「鼠山感応寺の伽藍」（日本女子大学総合研究所編『鼠山感応寺』、2015年）

石山　秀和（いしやま・ひでかず）　1969年生まれ
立正大学大学院文学研究科史学専攻博士後期課程修了
立正大学文学部准教授
『図説江戸の学び』（市川寛明共著、河出書房新社、2006年）
『近世手習塾の地域社会史』（岩田書院、2015年）

奥田　晴樹（おくだ・はるき）　1952年生まれ
東京教育大学文学部史学科日本史学専攻卒業
立正大学文学部教授
『立憲政体成立史の研究』（岩田書院、2004年）
『地租改正と割地慣行』（岩田書院、2012年）
『維新と開化』（吉川弘文館、2016年）

白川部　達夫（しらかわべ・たつお）　1949年生まれ
法政大学大学院人文科学研究科単位取得満期退学
東洋大学文学部教授
『日本近世の村と百姓的世界』（校倉書房、1994年）
『江戸地廻り経済と地域市場』（吉川弘文館、2001年）
『近世質地請戻し慣行の研究』（塙書房、2012年）

山下　真一（やました・しんいち）　1964年生まれ
九州大学大学院比較社会文化学府日本社会文化専攻博士後期課程修了
都城市都城島津邸副館長（学芸員）
「中近世移行期の種子島氏」（『日本歴史』694、2005年）
「近世大名家における「私領」領主家の形成」（『地方史研究』325、2007年）
「都城島津家の領域意識と「庄内地理志」」
（地方史研究協議会編『南九州の地域形成と境界性』雄山閣、2010年）

【編者紹介】

北村　行遠（きたむら・ぎょうおん）　1947年生まれ
立正大学大学院文学研究科仏教学専攻博士課程単位修得退学
立正大学文学部教授
『近世開帳の研究』（名著出版、1989年）
『反骨の導師日親・日奥』（寺尾英智共編著、吉川弘文館、2004年）

【執筆者紹介】掲載順

時枝　　務（ときえだ・つとむ）　1958年生まれ
立正大学大学院文学研究科史学専攻修士課程修了
立正大学文学部教授
『修験道の考古学的研究』（雄山閣、2005年）
『山岳考古学―山岳遺跡研究の動向と課題―』（ニューサイエンス社、2012年）
『山岳宗教遺跡の研究』（岩田書院、2016年）

鈴木　章生（すずき・しょうせい）　1962年生まれ
立正大学大学院文学研究科史学専攻博士後期課程修了
目白大学社会学部教授
『江戸の名所と都市文化』（吉川弘文館、2001年）
「天保期にみる江戸町人の社寺参詣と信仰生活」
（立正大学史学会編『宗教社会史研究』Ⅲ、2005年）
「都市祭礼の伝統と変容―弘前の「喧嘩ネプタ」を中心に―」（『目白大学人文学研究』７、2011年）

西海　賢二（にしがい・けんじ）　1951年生まれ
筑波大学大学院歴史人類学研究科博士課程修了
東京家政学院大学名誉教授
『近世のアウトローと周縁社会』（臨川書店、2006年）
『近世の遊行聖と木食観正』（吉川弘文館、2007年）
『江戸の漂泊聖たち』（吉川弘文館、2007年）

望月　真澄（もちづき・しんちょう）　1958年生まれ
立正大学大学院文学研究科仏教学専攻修士課程修了
身延山大学仏教学部長
『近世日蓮宗の祖師信仰と守護神信仰』（平楽寺書店、2002年）
『身延山信仰の形成と伝播』（岩田書院、2011年）
『江戸の法華信仰』（国書刊行会、2015年）

斉藤　　司（さいとう・つかさ）　1960年生まれ
立正大学大学院文学研究科史学専攻博士後期課程修了
横浜開港資料館主任調査研究員
『田中休愚「民間省要」の基礎的研究』（岩田書院、2015年）
『横浜吉田新田と吉田勘兵衛―横浜開港前史―』（岩田書院、2017年）
『煙管亭喜荘と「神奈川砂子」―近世民間地誌の成立と地域認識―』（岩田書院、2017年）

近世の宗教と地域社会

2018年（平成30年）２月17日　第１刷　350部発行　　定価［本体8900円＋税］

編　者　北村　行遠

発行所　有限会社岩田書院　代表：岩田　博　　http://www.iwata-shoin.co.jp

〒157-0062 東京都世田谷区南烏山4-25-6-103　電話03-3326-3757　FAX03-3326-6788

組版・印刷・製本：亜細亜印刷

ISBN978-4-86602-024-2 C3021　￥8900E

コピーOK